Reinhard Körner
Noch einmal den Anfang wagen

Reinhard Körner

# Noch einmal den Anfang wagen

Wege zu einem
neuen Christsein

**benno**

Bei dieser Ausgabe handelt es sich um eine Zusammenführung der beiden unverändert gebliebenen Titel:
Reinhard Körner, Weisheit – die Spiritualität des Menschen, 2004

Reinhard Körner, Die Zeit ist reif – fünf Schritte zu einem neuen Christsein, 2005

Bibliografische Information der Deutschen Nationalbibliothek
Die Deutsche Nationalbibliothek verzeichnet diese Publikation in der Deutschen Nationalbibliografie; detaillierte bibliografische Daten sind im Internet über http://dnb.n-db.de abrufbar.

**Besuchen sie uns im Internet:**
**www.st-benno.de**

ISBN 978-3-7462-2954-6

© St. Benno Verlag GmbH
04159 Leipzig, Stammerstr. 11,

Einbandgestaltung: Ulrike Vetter, Leipzig
Umschlagmotiv: © Gerhard Führing/Fotolia.com
Gesamtherstellung: Kontext, Leipzig (A)

# Inhalt

# Vorwort

„Wege zu einem neuen Christsein" – das klingt sehr anspruchsvoll. So, als ob da einer genau wüsste, was zu tun sei, um das Christentum aus seinen gegenwärtigen Krisen herauszuführen. Doch die Wege, die ich meine, sind sehr alt, sie sind nicht von mir erdacht worden. Vom Weg der Weisheit wird die Rede sein, den Menschen aus allen Kulturen schon seit Jahrtausenden gehen, und von Schritten, die einst Jesus selbst seine Jüngerinnen und Jünger lehrte. Anspruchsvoll sind sie in der Tat, und sie sind nicht allein von den Kirchenleitungen zu gehen, sondern – je persönlich – von allen, die mit Jesus Christus und seiner Frohbotschaft in Berührung gekommen sind, heute dringender denn je.

Die Krise, in der sich das Christentum befindet, ist epochal, und sie ist global. Seit langem schon. Sie äußert sich – weit über aktuelle Probleme hinaus – als Weisheitskrise und als Glaubenskrise, ja als Gotteskrise; und nicht zuletzt deshalb als Menschheitskrise.

Mögen die hier vorgetragenen Gedanken und Anregungen ein wenig dazu beitragen, dass wir gemeinsam – in Kirche und Gesellschaft – *noch einmal den Anfang wagen.*

Pfingsten 2010             P. Reinhard Körner OCD
                           Karmelitenkloster Birkenwerder

# Weisheit –
# die Spiritualität
# des Menschen

# Der Weg der Weisheit

*Weisheit* – ein traditionsreiches Wort in der Geschichte der Völker und Kulturen. Ein anziehendes Wort, auch in unseren Tagen. Gemeint ist nicht die Intelligenz eines Menschen, nicht seine Verstandesschärfe und nicht sein Wissen. Weise ist, wer sich den Wahrheiten stellen konnte, die das Leben an ihn herangetragen hat. Und das ist jedem möglich, unabhängig von Herkunft, Beruf und Bildungsgrad.

Wie man weisheitlich leben und weise werden kann, davon wird in diesem Buch die Rede sein. Was ich darüber zu sagen habe, verdanke ich der Bibel und den Glaubenstraditionen anderer Religionen, aber auch den Schriften und Lebenszeugnissen atheistischer Autoren – und nicht zuletzt meinen Freunden, den gläubigen und den religionslosen, die mein Leben mittragen und mich an ihrem Leben Anteil nehmen lassen.

Mehr und mehr bin ich im Laufe der vergangenen Jahre zu der Überzeugung gelangt, dass an der Geisteshaltung, die sich in den verschiedensten Menschheitstraditionen mit dem Wort „Weisheit" verbindet, unsere Zukunft hängt. In der heutigen religions- und weltanschauungs-pluralistischen Gesellschaft – hier zu Lande wie überall auf dem inzwischen zum Weltdorf gewordenen Planeten Erde – haben wir nur den *Weg der Weisheit*, um auf Dauer menschenwürdig miteinander leben zu können.

Deshalb habe ich dieses Buch nicht nur für Christen und religiöse Menschen geschrieben. Die Gedanken, die ich vortragen möchte, sind die eines *christlichen* Zeitgenossen, aber sie richten sich ebenso an religionslos Lebende in unserem Land. Das mögen die einen wie die anderen bedenken, wenn sie bei der Lektüre den Eindruck haben sollten, dass ich ihnen für sie fremd Erscheinendes aus der jeweils „anderen Welt" zumute. Denn um *das Miteinander von beiden, den Religiösen und den Religionslosen*, geht es auf den folgenden Seiten, und ich wünschte, sie würden in beiden Kreisen ihre Leserinnen und Leser finden.

Ich bin Mönch in einem Kloster nördlich von Berlin, promovierter Theologe, tätig in Seelsorge, Lebensberatung und Glaubensvermittlung. 1951 in der Nähe von Cottbus geboren und aufgewachsen in der DDR, war ich immer schon ein Christ unter mehrheitlich Andersdenkenden. Bis heute gehören zu meinem engeren Bekanntenkreis nicht nur Katholiken und Protestanten. Gerade auch meinen atheistischen und religionslosen Freunden verdanke ich, dass ich bin, der ich bin. Die gesellschaftliche Situation im östlichen Teil Deutschlands, vor und nach dem 9. November 1989, hat mich geprägt. Sie ist der Erfahrungshintergrund für dieses Buch.

Die *Religiösen*, das sind in meinem hiesigen Lebensumfeld vor allem Christen evangelischer, römisch-katholischer oder freikirchlicher Konfession, nach dem Mauerfall in kleiner, aber gewachsener Zahl auch Juden und Muslime, dazu buddhistisch, taoistisch oder esoterisch Orientierte und solche, die ohne ausdrückliche Bindung an eine Religion an Gott oder an Göttliches glauben. Und die *Religionslosen*, das sind atheistisch Denkende, die meist von marxistischem oder (in weltanschaulicher Hinsicht) „materialistischem" Gedankengut geprägt sind. Vor allem aber sind es Frauen und Männer, Kinder und Jugendliche, die mit Religion kaum näher in Berührung gekommen sind; weil sie den Hauptanteil in der Bevölkerung bilden, antworten sie auf die Frage, ob sie einer Religionsgemeinschaft angehören, am liebsten: „Nein, wir sind normal." – Mit ihnen allen verbindet mich die gemeinsame Lebensgeschichte.

Vielleicht ist es mir in die Wiege gelegt, jedenfalls lebe ich, seit ich denken kann, in dem Bewusstsein: Wir sind Menschen zuerst, *vor* jedem weltanschaulichen Bekenntnis und *vor* jeder Konfession.

Ich weiß, dass ich diese Einstellung nicht mit allen Christen teile. Für manchen ist der „Ungläubige" noch immer ein desorientierter, verirrter oder irregeführter, jedenfalls mit einem Makel behafteter Mensch. Und ich teile sie, das ist eine ebenso schmerzliche Erfahrung in meinem Leben, nicht mit allen Religionslosen. Mancher unter ihnen meint heute noch, ein religiöser Mensch sei nicht ganz von dieser Welt, vielleicht auch, er sei nicht ganz bei Verstand. Aber ich teile sie mit so vielen, die nicht nach Taufschein, Religion, Konfession und weltanschaulicher Überzeugung fragen, wenn es um die alltägliche Mitmenschlichkeit geht. Meiner Wahrnehmung nach bilden sie, gerade hier im Osten, die Mehrheit im Land. Das ist mir persönlich zur besonders intensiven Erfahrung geworden, als ich vor drei Jahren nach mehreren schweren Operationen vier lange Monate im Nachbarort Oranienburg im Krankenhaus lag, neun Wochen davon auf der Intensivstation. Unter den vielen Ärzten, Schwestern und Pflegern waren die Wenigsten Christen; in ihrem Team spiegelt sich, was den Anteil von Religiösen und Religionslosen betrifft, die weltanschauungspluralistische Situation im östlichen Teil Deutschlands. Dass ich nun wieder gesund bin – meine Überlebenschance war nur eins zu hundert –, verdanke ich nicht nur ihrem hohen fachlichen Können. Es war vor allem ihre menschliche Ausstrahlungskraft und ihr manchmal übermenschlicher Einsatz für mich, der mir half, an meine Genesung zu glauben. Ich war ein Mensch für sie, und sie sorgten sich als Menschen um mich. In ihrem Charakter begegnete mir der Geist, den ich als Christ den Heiligen Geist nenne. – Eine solche Erfahrung erweitert den Freundeskreis. Sie gab auch den entscheidenden Anstoß, dieses Buch zu schreiben.

Einer meiner Freunde sei mit Namen genannt, der Naturwissenschaftler Dr. Erhard Hayer aus Wien (1941-2003). Zusammen mit seiner Familie begleitete er die Entstehung dieses Buches von den ersten Kapiteln an. Mit dem Laptop im Krankenbett per E-Mail-Kontakt verbunden, vertiefte er meine Gedanken Schritt um Schritt durch seine reiche Lebenserfahrung, und es war ihm bis in die letzten Wochen vor seinem Sterben hinein ein großes Anliegen, dass wir den Weg in ein neues Europa als einen *Weg der Weisheit* gehen, der allein uns Zukunft geben wird – Zukunft, so war er gemeinsam mit mir überzeugt, selbst über jeden Tod hinaus.

*Die Erde, dieses schöne, warme,*
*lebende Objekt sah so zerbrechlich,*
*so zart aus, als ob es zerkrümeln würde,*
*wenn man es mit dem Finger anstieße.*
*Ein solcher Anblick muss einen Menschen*
*einfach verändern ...*

*James Irwin, Astronaut*

# Der eine Planet

## WIR WOHNEN IM SELBEN HAUS

Ein farbiger Ball, freischwebend im Raum, deutlich zu sehen die Meere und die Kontinente – ein vertrautes Bild seit den ersten Flügen ins All. Die Erde. Jahr um Jahr zieht sie ihre Bahn um eine der kleinsten Sonnen des Universums, irgendwo am Rande einer winzigen Galaxis. Ein Staubkorn in den Weiten des Kosmos. Tag wird es und Nacht wird es um sie herum in immer gleichem Rhythmus. Aufs Feinste abgestimmt für das darauf wimmelnde Leben sind ihre Fliehkraft und ihre Schwerkraft, ihre Temperaturen und ihre kleinsten Teilchenstrukturen; kein anderer Himmelskörper weit und breit könnte diesen Lebensformen Heimat sein. Auf ihrer hauchdünnen Schale, unter der die kosmischen Gewalten der Urzeit brodeln, trägt sie gegenwärtig mehr als sechs Milliarden Menschen durch den endlosen Raum, den Prognosen zufolge werden es im Jahr 2025 fast acht Milliarden sein. „Die Erde war so klein, blau und rührend einsam – unsere Heimstatt, die wir erhalten müssen", schrieb der sowjetische Kosmonaut Aleksej Leonow nach einem Weltraumflug.[1] Sein amerikanischer Kollege, der Astronaut James Irwin, erinnert sich: „Mit größerer Entfernung wurde die Erde immer kleiner. Schließlich schrumpfte sie auf die Größe einer Murmel – der schönsten Murmel, die du dir vorstellen kannst. Die Erde, dieses schöne, warme, lebende Objekt sah so zerbrechlich, so zart aus, als ob es zerkrümeln würde, wenn man es mit dem Finger anstieße. Ein solcher Anblick muss einen Menschen einfach verändern ..."[2] Und Ben Salman Al Saud, ein wohlhabender Sultan, einer, der es sich leisten konnte, die Forschercrew einer Discovery-Expedition der NASA zu begleiten, erzählt in seinem Reisebericht:

*Am ersten Tag deutete jeder auf sein Land. Am dritten oder vierten Tag zeigte jeder auf seinen Kontinent. Ab dem fünften Tag achteten wir auch nicht mehr auf die Kontinente. Wir sahen nur noch die Erde als den einen, ganzen Planeten.*[3]

Nichts kann uns so anschaulich und so überzeugend vor Augen führen wie der Blick aus dieser Perspektive, dass wir zusammengehören, auf Gedeih und Verderb.

„Kinder der Erde" sind wir, sagen die Mythen und Schöpfungserzählungen der Menschheitstraditionen. Ehrfurchtsvoll sprechen sie von der „Mutter Erde", und vom „Bruder" oder vom „Vater", wenn sie hinauf zum gestirnten Himmel weisen. Die Bibel nennt uns „Adam". Das hebräische Wort meint nicht, wie wir Christen lange glaubten, den ersten aller Menschen, sondern steht als Gattungsbegriff für den Menschen schlechthin. Wörtlich übersetzt heißt „adam": der *Erdling*, der aus der „adama", dem Erdboden Gebildete. Und „Erdlinge", so fährt die zweieinhalb Jahrtausende alte Erzählung fort, sind nicht nur wir Menschen. Derselben „adama" entstammt alles, was lebt an Land, in den Meeren und in den Lüften; wir sind aufeinander angewiesen: Erde und Mensch, Mensch und Tier, Tier und Pflanze, Mensch und Mensch.[4] – Man muss nicht einer Religionsgemeinschaft angehören, nicht Christ oder Jude sein, um dieser Einsicht zustimmen zu können. Sie gehört zum kollektiven Grundwissen der Menschheit. *Uns eint, dass wir Bewohner desselben Planeten sind.*

In den Nachrichtensendungen der Fernsehanstalten ist der Erdball, unterschiedlich im Layout, inzwischen zum optischen Blickfang geworden. Tag für Tag werden wir über die Ereignisse rund um den rotierenden Globus informiert, über Freud und Leid – meist ungleich verteilt – in unserer großen Menschheitsfamilie. Wir erleben schwierige Zeiten, und wir haben, wenn nicht alles täuscht, schwere Zeiten noch vor uns auf unserer Erde:

Wetterkapriolen und Umweltkatastrophen erinnern uns unliebsam an schlimmste Menetekel einstiger und gegenwärtiger Unheilspropheten. Die Frage lässt sich nicht mehr verdrängen, ohne traumatisch weiterzuwirken, ob nicht vielleicht doch und irgendwie wir selbst schuld oder mitschuld sind an den Turbulenzen der Natur.

Das soziale Elend war nie so groß wie heute, auch vor unseren Landesgrenzen macht es nicht Halt. Noch gestehen wir uns nur ungern ein, dass sich die Kluft zwischen Armen und Reichen in der derzeitigen Form der Marktwirtschaft unweigerlich weiter vergrößern wird. Die bange Frage steht im Raum, wie lange wir unseren liebgewonnenen Lebensstandard halten können, und ob wir nicht längst schon die Konflikte mit dem weit größeren Teil der Menschheit vorprogrammieren, auf dessen Kosten wir heute leben.

Kritisch ist es vor allem um den Frieden bestellt. Alte Feindschaften zwischen Völkern und Volksgruppen brechen auf, Kriege, Vertreibungen und Gewalttaten schrecklichster Art kennzeichnen unsere Zeit. Fanatischer Terror in nie zuvor gekanntem Ausmaß erschüttert den Erdkreis und lässt uns an keinem Ort der Welt mehr sicher sein. Militärische oder wirtschaftspolitische Gewalt werden, wie Geschichte und Gegenwart zeigen, keine dauerhaften, ja nicht einmal kurzfristig befriedigende Lösungen bringen.

Lang ist die Sorgenliste am Beginn des dritten Jahrtausends. Den Nachrichtenredakteuren geht, selbst im „Sommerloch", der Stoff nicht aus. Und immer sind es sehr konkrete Erdenbewohner, die betroffen sind – die „stummen" wie die Wälder und die Meere, die mit einer Tierseele fühlenden und die mit Menschengeist begabten. Hinter den zwanzig Minuten Redezeit der Fernsehsprecher stehen in der Wirklichkeit Tage und Nächte im Bangen um die Existenz, Jahre in Angst, Elend und Leid.

Als der deutsche Zoologe und Naturphilosoph Ernst Haeckel (1834-1919) den Begriff *Ökologie* einführte, verstand er darunter die Wissenschaft von den Beziehungen der Organismen zueinander, die Lehre vom oikos (griech.), dem „Haus", in dem – unter einem und demselben Dach – alles Lebendige lebt. Schon damals, im 19. Jahrhundert, war dieser Begriff mit der erschreckenden Feststellung belastet, dass ein Teil der Menschheit den Haushalt, die *Ökonomie*, schlecht führt und dadurch das gesamte Haus bedrohlich gefährdet.

Es ist nicht zu leugnen, dass daran auch die Kirchen ihren Anteil haben. Zu lange haben wir Christen gehört und in die Welt hinein verkündet: „Bevölkert die Erde, unterwerft sie euch, und herrscht über die Fische des Meeres, über die Vögel des Himmels und über alle Tiere, die sich auf dem Land regen." Auch das sind Worte aus der Bibel, sie stehen auf ihrer ersten Seite.[5] Doch sie sind herausgebrochen worden aus dem Zusammenhang, in dem allein sie verstanden sein wollen. Schon auf der darauf folgenden Seite der Bibel wird beschrieben, worin die „Unterwerfung" der Erde – ohnehin eine ganz und gar unpassende Übersetzung – besteht: Gott, so heißt es da, „nahm also den Menschen und setzte ihn in den Garten von Eden, damit er ihn bebaue und hüte (!)"[6]. Die jahrhundertelange Blindheit der Kirchen für die

Würde der Schöpfung ist mitursächlich dafür geworden, dass sich über das sogenannte „christliche Abendland" eine Haltung in die Welt hinein verbreiten konnte, die der Indianerhäuptling Seattle in seiner berühmt gewordenen Rede von 1856 vor dem Gouverneur des Washington Territory mit den Worten charakterisierte:

*Wir wissen, dass der weiße Mann unsere Art nicht versteht. Ein Teil des Landes ist ihm gleich jedem anderen, denn er ist ein Fremder, der kommt in der Nacht und nimmt von der Erde, was immer er braucht. Die Erde ist sein Bruder nicht, sondern Feind, und wenn er sie erobert hat, schreitet er weiter. ... Er behandelt seine Mutter, die Erde, und seinen Bruder, den Himmel, wie Dinge zum Kaufen und Plündern, zum Verkaufen wie Schafe oder glänzende Perlen. Sein Hunger wird die Erde verschlingen und nichts zurücklassen als eine Wüste.[7]*

Seither ist der Chor solcher Stimmen nicht mehr verklungen. Heute gehören die Kirchen, zumal die großen christlichen Konfessionen, zusammen mit vielen Wissenschaftlern, Politikern, Schriftstellern und Kulturschaffenden zu den Inspiratoren eines „Neuen Denkens". Ein Geisteswandel hat begonnen und erfasst weltweit immer mehr Frauen und Männer unterschiedlichster Religion und Weltanschauung. „Zur Erarbeitung dieser ‚globalen Ethik'", schreibt Michail Gorbatschow (geb. 1931) in seinem MANIFEST FÜR DIE ERDE, „rufen bereits so unterschiedliche Persönlichkeiten wie Papst Johannes Paul II., der jordanische Prinz Hassan bin Tallal und die birmesische Friedensnobelpreisträgerin Aung San Suu Kiy auf. Ihren Stimmen möchte ich meine hinzufügen."[8] In der auf seine Initiative hin erarbeiteten und im März 2000 veröffentlichten ERD-CHARTA heißt es:

*Wir stehen an einem kritischen Punkt der Erdgeschichte, an dem die Menschheit den Weg in ihre Zukunft wählen muss. Da die Welt zunehmend miteinander verflochten ist und ökologisch zerbrechlicher wird, birgt die Zukunft gleichzeitig große Gefahren und große Chancen. Wollen wir vorankommen, müssen wir anerkennen, dass wir trotz und gerade in der großartigen Vielfalt von Kulturen und Lebensformen eine einzige menschliche Familie sind, eine globale Gemeinschaft mit einem gemeinsamen Schicksal sind.*[9]

Was können wir tun, um unsere Erde zu erhalten? Wie kommen wir aus der Sackgasse heraus, in die Profit-, Leistungs- und Herrschaftsdenken die Menschheit gebracht haben? Und wie finden wir zu einem menschenwürdigen – "erdlingswürdigen" – Miteinander auf dem einen, gemeinsamen Planeten?

Wenn uns nicht gerade die näherliegenden Sorgen des Alltags beschäftigen, sind das die großen, bedrängenden Fragen, die uns heute bewegen. Ihre Beantwortung allein den Politikern zu überlassen, dazu ist uns, wenn es jemals begründet und ausreichend vorhanden war, das nötige Maß an Vertrauen geschwunden. Während noch immer viele Völker der Erde von beängstigend machtorientierten Diktatoren beherrscht werden, scheint selbst die Demokratie, die hart und mit so viel Blut erkämpfte Errungenschaft der modernen Staaten, in die Krise geraten zu sein. Wie demoskopische Untersuchungen in Deutschland zeigen, ist das Vertrauen in den Staat und in die Parteipolitiker drastisch gesunken. Nicht besser, eher schlechter noch schneiden die öffentlichen Vertreter der Kirchen und der Gewerkschaften ab. Als durchaus vertrauenswürdig und für die eigene Wertorientierung hilfreich werden dagegen unabhängige Organisationen wie Menschenrechts- und Umweltschutzgruppen eingeschätzt.[10]

Auch wenn es in erschreckendem Ausmaß gegenläufige Tendenzen gibt: Eine tiefgreifende Umkehr ist im Gange: vom Vertrauen auf „Macher" und Autoritäten zum eigenen, realitäts- und zielbewussten Handeln, von der Verbraucher-Mentalität zum ökologischen Bewusstsein, von der (Be-)Nutzung der Um-Welt zum Leben mit der Mit-Welt.

Und von Abgrenzung, Ausgrenzung und Feindschaft zur *Ökumene.* Das Wort „Ökumene" stammt aus der griechischen Antike und bezeichnete ursprünglich die „Wohngemeinschaft" der Völker im hellenistischen, später im römischen Kulturkreis, schließlich dann die Gesamtbewohnerschaft in der christlichen Welt. Heute steht dieser Begriff für das Bemühen um Eintracht zwischen den Konfessionen des Christentums und zwischen den verschiedenen Weltreligionen in unserem gemeinsamen Wohnhaus Erde. Und längst erstreckt sich dieses Bemühen auch auf den Dialog zwischen den Kulturen überhaupt. Denn immer mehr Menschen sind sich darüber klar, dass eine gesunde Haushaltsführung nur möglich ist, wenn wir zugleich um den *Hausfrieden* bemüht sind. Das eine gelingt nicht ohne das andere; das ist unterm Sternendach der Erde nicht anders als unterm Ziegeldach eines Eigenheims. Wir müssen lernen, miteinander zu *wohnen* in unserem gemeinsamen Haus und dabei unsere Ökonomie ökologisch so zu betreiben, dass das Dach nicht über uns allen zusammenbricht. Solange wir Parteiungen und Lager bilden und unsere eigene Identität – als Volk, als Konfession, als Religionsgemeinschaft, als philosophische und weltanschauliche Richtung, als Wirtschaftsunternehmen oder als Gewerkschaft, als Interessenverband oder als Gesellschaftsschicht – nur in Abgrenzung gegenüber anderen zu definieren wissen, dienen wir unweigerlich dem Unfrieden, dem Krieg und der Zerstörung. Wir Christen haben dies in der Geschichte ebenso reichlich bewiesen wie in der jüngeren Vergangenheit die auf atheistischen Weltanschauungen basierenden politischen Systeme des Nationalsozialismus und des Kommunismus oder in der Gegenwart die konkurrierenden Weltwirtschaftskonzerne, der „religiös" motivierte Islamismus und die mit pseudochristlichem Vokabular sich legitimierende Machtpolitik einiger Staatsoberhäupter.

Wir werden auf dem Wege dieser Besinnung, wenn wir ihn ehrlich und entschieden weitergehen, unsere je eigene Identität nicht verlieren. Es geht in der ökumenischen Bewegung um Zusammengehörigkeit, nicht um Gleichmacherei, es geht um *Einheit in Verschiedenheit,* um eine Eintracht, der zugunsten die jeweils eigene Identität nicht aufgegeben und die Identität anderer nicht niedergemacht werden muss. Wir werden auf dem Weg der Ökumene unsere Identität vielmehr finden. Freilich nur in dem Maße, wie wir erkennen: Was ich bin, bin ich nicht gegen die anderen, sondern durch sie, mit ihnen und für sie. Bundespräsident Johannes Rau hat dies in einer Ansprache zum Tag der Deutschen Einheit (im Jahr 2002) am Beispiel des Nationalbewusstseins sehr anschaulich zum Ausdruck gebracht:

*Manche in unserem Land ... empfinden eher Unbehagen, wenn sie das Wort ,Nation' hören oder wenn von unserer 'nationalen Geschichte' die Rede ist. Ich kann das verstehen. Dafür gibt es in unserer deutschen Geschichte wahrlich viele Gründe. Darum ist es für uns so besonders wichtig, dass wir den Unterschied zwischen Nationalismus und Patriotismus machen. Nationalisten verachten die Vaterländer aller anderen. Patrioten lieben ihr Vaterland und verstehen deshalb gut, wenn andere das ihre lieben. Wenn wir diesen Unterschied verstehen – und auf ihm bestehen, dann können wir uns auf unsere nationale Geschichte als eine der Quellen unserer Identität besinnen. Dann können wir die eigene Herkunft, Landschaft und Überlieferung als unser Erbe annehmen und pflegen.*[11]

Eine *Ökumene* ist nötig auf unserem Erdball, nicht weniger nötig als eine ökologische Ökonomie. Eine Ökumene, die *alle* Erdenbewohner umfasst, begründet in der Erkenntnis, dass wir zusammenge-hören mit allen Nationen, mit Pflanzen und Tie-ren, Wetter und Stein. Gelebt und gepflegt werden muss sie freilich von uns, den Menschen unter den aus der „adama" Gebildeten. Entscheidend wird sein, wie weit wir es lernen, menschlich – und zärtlich – miteinander umzugehen: in unse-ren Freundschaften und Zweierbeziehungen, aber auch, durch diese bestärkt, im Verhältnis zu allen Mitmenschen und zu unserer gesamten Mit-Welt. Es geht dabei um die *Zukunft*, um die Zukunft der Familien und Gemeinschaften, der Gesellschaft, der Religionen und der Kirchen, aber auch jedes Einzelnen in seinem kurzen Dasein auf Erden. Und – ich denke, damit greife ich durchaus nicht zu hoch – um die Zukunft der Menschheit und aller Lebewesen auf unserem Planeten.

*Vielleicht*
*sind wir doch – Brüder.*
*Wir werden sehen.*

## Die „kritische Wende"

### ZUR ÖKUMENE VON RELIGIÖSEN UND RELIGIONSLOSEN GIBT ES KEINE ALTERNATIVE

Setzt man die etwa fünf Milliarden Jahre seit der Entstehung der Erde mit einem 24-Stunden-Tag gleich, so begann die Geschichte des Menschen vor weniger als 30 Sekunden. 2,6 Millionen Jahre ist es her, dass sich, nach vielen vorangegangenen Entwicklungsschritten im Tier-Mensch-Übergangsfeld, unsere Gattung herauszubilden begann. Seine heutige Gestalt als *homo sapiens sapiens* bekam der Mensch, nach derzeitigem Wissensstand, sogar erst vor 130.000 Jahren – vor knapp zwei Sekunden. Wir sind sehr junge Bewohner im Wohnhaus Erde.

Über diese kurze und doch so lange Geschichte wissen wir nicht viel. Nur die letzten vier- bis fünftausend Jahre gehören, dank der um 2500 v. Chr. einsetzenden Schriftkultur, zur „historischen", näher erforschbaren Epoche der Menschheit. Paläontologische und archäologische Funde lassen jedoch keinen Zweifel daran, dass die Geschichte des Menschen von ihren Anfängen an als *Religionsgeschichte* verlaufen ist. Die Fähigkeit, reflektieren zu können, ermöglichte es unseren Ahnen, nicht nur Werkzeuge herzustellen, das Feuer zu nutzen und Sprache zu entwickeln; schon sehr früh müssen sie auch nach dem Woher und Wohin, Warum und Wofür des Daseins gefragt haben. Wie Bestattungsbräuche, Kultgegenstände und Höhlenmalereien zeigen, gaben sie ihren Verstorbenen Proviant für das Leben nach dem Tod mit ins Grab und verehrten die „Mächte und Gewalten", von denen sie sich abhängig erfuhren und zugleich getragen wussten – die „Mutter Erde", die Kräfte der Natur, die Gestirne am Himmel und schließlich geistige, übernatürliche Götterwesen.

Heute gehören fast 80 Prozent der Menschen einer der fünf großen, im Laufe der letzten dreitausend Jahre entstandenen Weltreligionen an. Neben dem Christentum, dem Islam, dem Hinduismus, dem Buddhismus und dem Judentum – so die Reihenfolge entsprechend dem statistischen Anteil in der Weltbevölkerung – gibt es gegenwärtig nach Auskunft der Soziologen noch mehr als 9.900 weitere eigenständige Religionen, nicht mitgezählt die vielen Konfessionen, von denen allein das Christentum über 33.000 kennt.[12] Sie alle haben ihre

Wurzeln in Erfahrungen und Einsichten, die auf einem jahrhunderttausendelangen Weg dem Leben abgerungen und über unzählige Generationen hin weitergegeben wurden. Jede religiöse Tradition hat dabei ihre eigene Identität entwickelt. Und doch dämmert den Glaubenden rund um den Erdball eine hoffnungsvolle, wenn auch für viele noch immer befremdliche Ahnung. Häuptling Seattle kleidete sie vor 150 Jahren in die Worte:

*Völker bestehen aus Menschen – nichts anderem. Menschen kommen und gehen wie die Wellen im Meer. Selbst der weiße Mann, dessen Gott mit ihm wandelt und redet, wie Freund zu Freund, kann der gemeinsamen Bestimmung nicht entgehen. Vielleicht sind wir doch – Brüder. Wir werden sehen. Eines wissen wir, was der weiße Mann vielleicht eines Tages erst entdeckt: Unser Gott ist derselbe Gott. Ihr denkt vielleicht, dass ihr ihn besitzt, so wie ihr unser Land zu besitzen trachtet, aber das könnt ihr nicht. Er ist der Gott der Menschen – gleichermaßen der Roten und der Weißen.*[13]

Ob im Fortgang des inzwischen weltweiten interreligiösen Dialogs[14] der Traum des Indianers Seattle Wirklichkeit werden wird? – „Wir werden sehen."

Mensch sein und religiös sein, daran jedenfalls besteht kein Zweifel, gehörten in der Geschichte der Menschheit immer zusammen. Wenn man in vergangenen Zeiten von „Heiden" sprach – etwa in der Bibel oder im Koran –, waren damit nicht Religionslose gemeint, sondern Andersgläubige einer fremden Kultur oder solche aus den eigenen Reihen, die man zu den weniger Frommen zählte. Selbst die Bezeichnung „Atheist" galt nicht den Ungläubigen; so nannte man in der griechischen Antike Gelehrte wie Sokrates, Aristoteles oder Platon, die den überkommenen Göttervorstellungen ein entmythologisiertes, philosophisches Gottesbild entgegenstellten, oder im römischen Reich des 1. bis 3. Jahrhunderts die Juden und die Christen, weil sie die Götter der Staatsreligion nicht verehrten. Mit Selbstverständlichkeit glaubten die Völker der Erde an die Existenz „höherer Mächte", an den einen *Gott* oder an eine Vielzahl von *Göttern*, an *den* Gott oder an *das* Göttliche, oder doch in irgendeiner Form (wie etwa im Buddhismus und im Taoismus) an ein „Absolutes" oder „Letztes" hinter allem Augenscheinlichen und Endlichen.

Bis ins 18. Jahrhundert hinein. Bis zu jener *kritischen Wende* – ein Fachausdruck der Religionswissenschaftler[15] –, die wir die Aufklärung nennen. Seither nimmt im einst christlichen Europa die Zahl der Menschen zu, die Gott und die Glaubensinhalte vor das Forum der *Vernunft* stellen. Ist das, was die Kirchen lehren, wirklich wahr, sind religiöse Praktiken und Anschauungen mit unserem Wissen um die Zusammenhänge in Natur und Geschichte überhaupt (noch) vereinbar? – so und ähnlich lauteten nun die Fragen, die immer mehr Menschen bewegten. Im Zuge des rationalen, natur- und geschichtswissenschaftlichen Denkens kam es schließlich zu der Auffassung: da Gott nicht beweisbar sei, könne es ihn auch nicht geben. Die Religionskritik des Dialektischen Materialismus wie auch einiger anderer philosophischer und nicht zuletzt psychologischer Schulen des 19. und 20. Jahrhunderts untermauerte diese Ansicht. Überall in Europa wandten sich Tausende, vornehmlich aus der Arbeiterschaft und aus der jeweils jungen Generation, von ihrer Kirche ab.

Inzwischen ist daraus ein globales Phänomen geworden, und nicht mehr nur das Christentum ist davon betroffen. Diejenigen, die sich nach eigenem Bekunden keiner Religion zurechnen, bilden gegenwärtig etwa 20 Prozent der Weltbevölkerung. Sie nehmen in der Statistik nach den Christen und vor den Muslimen den zweiten Platz ein und sind die im 20. Jahrhundert prozentual am stärksten gewachsene Gruppe in der Menschheit.[16] Besonders schlagen dabei freilich kommunistische Staaten wie China und Nordkorea wie auch einige Länder der ehemaligen UdSSR zu Buche.[17] Doch selbst das religiös und religionspluralistisch geprägte Nordamerika hat bereits einen Anteil von fast 20 Prozent. In unserem Teil der Erde, im einst christlichen Abendland, bauen durchschnittlich zwei Drittel religionslos Lebende am neuen „Haus Europa" mit. Hier stieg die Zahl der Kirchenaustritte seit 1968, dem Jahr des Aufbegehrens gegen die Institutionen Schule, Staat und Kirche, sprunghaft an.[18] – Mögen solche Zahlen in den verschiedenen Erhebungen auch (leicht) differieren[19], so lässt sich doch nicht übersehen, dass am Beginn des dritten Jahrtausends sehr viele Menschen auf unserem Planeten ihr Leben ohne Religionszugehörigkeit gestalten. Das ist neu in der Geschichte der Menschheit.

Hinzu kommt die statistisch nicht oder nur schwer fassbare Zahl derer, die sich zwar ihrer von religiösen Traditionen geprägten Kultur zugehörig fühlen, innerlich aber längst Abschied genommen haben von der Glaubenssicht ihrer Eltern- und Großelterngeneration. So bezeichnen sich viele als Muslime, weil sie aus dem kulturellen Bereich des Islam stammen, glauben aber weder an Allah noch beachten sie die Regeln des Islam. Der Schriftsteller Jurek Becker (geb. 1937), Sohn jüdischer Eltern, bekennt, was ihm „Judentum nicht bedeutet": „Auf keinen Fall das Zugehörigkeitsgefühl zu einer Religionsgemeinschaft. Mir, der ich ein Atheist bin, kommt die jüdische Religion nicht einsichtiger vor als jede andere, und die Beschäftigung mit ihr – eine zugegeben nur oberflächliche – hat mich der Erleuchtung um keinen Schritt näher gebracht."[20] Und nach der Studie des ALLENSBACHER INSTITUTS vom Januar 2003 hält sich in Deutschland nur noch jeder fünfte Kirchensteuer zahlende Katholik für einen gläubigen Christen.[21]

Ein besonders markantes Beispiel für die derzeitige Situation ist das heutige Russland.[22] Zwar stieg seit der politischen Wende die Zahl derjenigen, die sich als orthodox-kirchliche Christen bezeichnen, bis zum Jahr 2000 erstaunlich an. Doch nur ein Fünftel der russischen Bevölkerung glaubt tatsächlich an die Existenz Gottes. Ähnliche Zahlen wurden in den vom Islam geprägten Volksgruppen Russlands und anderer ehemaliger Sowjetstaaten ermittelt. Religion, so Sergej Filatow, der Direktor eines Moskauer religionssoziologischen Instituts, ist für die Mehrheit der Bevölkerung ein „nationales Kultursymbol", eine Sache der „nationalen Wiedergeburt", nicht der persönlichen Lebenseinstellung; es habe sich gezeigt, „dass das formell deklarierte und zunehmende Bekenntnis zur Orthodoxie kein Wachstum der realen Religiosität bewirkt".[23]

Konnte man die Gesamtbevölkerung eines Landes oder einer Region noch in der ersten Hälfte des 20. Jahrhunderts in „Gläubige" und „Atheisten" einteilen, so muss man heute genauer differenzieren. Der Atheist kann nicht mehr ohne weiteres mit einem Religionslosen gleichgesetzt werden, der Religionslose nicht mit einem Ungläubigen und der Angehörige einer Religion bzw. Konfession nicht mit einem Gläubigen. Während der „klassische" Atheist eine bewusste Entscheidung für ein Leben ohne Gott gefällt hat, ist der Religionslose der Gegenwart in vielen Fällen mit der Gottesfrage persönlich nie ausdrücklich in Berührung gekommen, in anderen Fällen hat er durchaus einen Gottesglauben, ohne einer Religionsgemeinschaft anzugehören. Der religiös bzw. konfessionell Gebundene dagegen ist, wie es sich im Judentum, im Islam oder, drastisch zunehmend, in den christlichen Kirchen zeigt, nicht unbedingt ein von der Existenz Gottes und der Wahrheit der Glaubenslehren Überzeugter. Hinzukommt, dass die Begriffe „Religion" und „religiös" ohnehin vielschichtig sind: Der Buddhismus etwa ist eine Religion ohne Gottesglauben, und viele Menschen vollziehen religiöse Praktiken, ohne die dazugehörende Glaubenssicht zu übernehmen. – Wenn ich also in diesem Buch von „Religiösen" und „Religionslosen" spreche, so bin ich mir der Unschärfe der Worte bewusst. Es sind eher umgangssprachlich gebrauchte Sammelbegriffe, hinter denen letztlich je eigene, sehr persönliche Lebenshaltungen stehen.

Wie auch immer: Die Menschheitsgeschichte hat aufgehört, mit Selbstverständlichkeit eine Religionsgeschichte zu sein.

Die Gründe für diese – weltweite – Entwicklung sind vielfältig. Ich will ihnen hier nicht nachgehen. Es ist schon viel darüber geschrieben worden, aus unterschiedlicher Perspektive. Erst recht liegt es mir fern, aus der Position des „überzeugten Christen" ein Urteil über die „Ungläubigen" unserer Zeit zu fällen. Erwähnen möchte ich jedoch, dass die Katholische Kirche, der ich angehöre, in einem ihrer Dokumente des Zweiten Vatikanischen Konzils (von 1965) das Bekenntnis ablegte:

*Der Atheismus, allseitig betrachtet, ist nicht eine ursprüngliche und eigenständige Erscheinung; er entsteht vielmehr aus verschiedenen Ursachen, zu denen auch die kritische Reaktion gegen die Religionen, und zwar in einigen Ländern vor allem gegen die christliche Religion, zählt. Deshalb können an dieser Entstehung des Atheismus die Gläubigen einen erheblichen Anteil haben, insofern man sagen muss, dass sie durch Vernachlässigung der Glaubenserziehung, durch missverständliche Darstellung der Lehre oder auch durch die Mängel ihres religiösen, sittlichen und gesellschaftlichen Lebens das wahre Antlitz Gottes und der Religion eher verhüllen als offenbaren.*[24]

Insoweit unter die hier genannten Gläubigen auch und zuallererst die in der Kirchenleitung Tätigen und meine Berufsinnung, die Priester und Ordensleute, gezählt werden, kann ich diesem Bekenntnis nur voll und ganz zustimmen.

Worin auch immer die „verschiedenen Ursachen" noch zu suchen wären – jedenfalls sind wir heute vor die Tatsache gestellt, dass sich die Gattung Mensch, was die weltanschaulichen Fragen betrifft, in unterschiedliche „Spezies" gegliedert hat. Der *homo religiosus* und der *homo areligiosus* – der religiöse und der nichtreligiöse Mensch –, beide in noch einmal sehr verschiedenen Arten auftretend, bevölkern gleichermaßen den Erdball. Und spätestens die unaufhaltsam voranschreitende Globalisierung brachte es mit sich, dass sie nicht unvermischt je eigene Territorien besiedeln. Sie wohnen in derselben Straße, arbeiten zusammen im Büro und an der Werkbank, gehen Ehen und Lebenspartnerschaften miteinander ein und gehören zur selben Familie, sie besuchen die gleiche Schule und die gleiche Universität, treffen sich im Chatroom des Internets über die Kontinente hinweg, warten nebeneinander im langen Flur des Arbeitsamtes, hoffen im selben Krankenzimmer auf Gesundung ...

Was uns noch eint, ist, dass wir Menschen sind. Menschen – ein jeder mit einem ganz eigenen, nie dagewesenen, unverwechselbaren Herzen, ein jeder mit seinen Sehnsüchten, seinen Ängsten, mit seinen Hoffnungen und seinen Enttäuschungen ..., angewiesen auf den anderen und verwiesen auf den anderen. Als Bewohner desselben „Hauses" teilen wir, gewollt oder ungewollt, Freud und Leid des Alltags und die Sorgen um die Zukunft. Einer wie der andere stehen wir in derselben menschlichen Ausgangssituation: Wir finden uns im Dasein vor, ungefragt und ohne eigenes Dazutun, und müssen uns den Herausforderungen stellen, die das Leben an uns heranträgt.

*Wir haben alle dieselbe Natur, wir erleiden alle dasselbe Los. So hat es keinen Sinn, miteinander feindselig und zornig umzugehen*[25],

heißt die schlichte Botschaft des tibetischen Dalai Lama an die Völker der Erde. *Uns eint, dass wir Menschen sind* – Menschen zuerst, *vor* jeder Religionszugehörigkeit und *vor* jeder weltanschaulichen Überzeugung.

Eigentlich eine einsichtige, tagtäglich erfahrbare Wahrheit. Im Osten Deutschlands, meinem Lebensraum von Geburt an, ist daraus bereits weithin eine selbstverständliche Grundeinstellung geworden. Ich finde sie vor allem unter denen, die weder religiös noch ausdrücklich atheistisch zu leben gewohnt sind. Andere tun sich noch immer schwer mit dieser Wahrheit. Gerade unter den aktiven Christen – im Osten wie im Westen –, auch unter den hauptamtlich in den Kirchen Tätigen, und ebenso unter den bekennenden Atheisten denken noch so manche eher abschätzig über die jeweils andere Position, reden überheblich von den „Gottlosen" oder sagen verächtlich: „Der geht auch noch zur Kirche!" Sogar vor moralischen Diskriminierungen schrecken die einen wie die anderen nicht zurück. Gewiss steht hinter solchen Haltungen ein hohes Wertempfinden für den eigenen

Glauben und die eigene Überzeugung, meiner Wahrnehmung nach aber auch, auf beiden Seiten, die Angst.

Und hinter der Angst lauert die unangenehm herausfordernde Stimme, die fragt: Hat nicht vielleicht doch der andere Recht? Ist nicht vielleicht doch etwas dran an der Daseinsdeutung, zu der er sich bekennt und auf deren Basis er seinem Leben Sinn abverlangt? Ist seine Sicht vielleicht sogar doch die „richtigere", ist nicht auch sie zumindest bedenkenswert? – Es ist die verdrängte Stimme einer weiteren Wahrheit. Auch sie trat mit der Aufklärung ein in die Geschichte der Menschheit, die bisher immer eine Religionsgeschichte war. Dürfte sie reden, würde sie dem Christen, und ähnlich dem Gläubigen anderer Religionen, sagen: *Es gibt für den Glauben an Gott letztlich keinen Beweis.* Und der Atheist müsste hören: *Die Überzeugung, es sei nichts existent außer Materie und Natur, ist nicht mehr als ein Glaube.*

Das macht Angst, dem einen wie dem anderen. Dieser Wahrheit ins Auge zu schauen, ist schwer. Sie könnte, würden wir uns ihr stellen, alle Sicherheiten erschüttern, sie würde am Lebensfundament sägen. Doch sie ist da, leibhaftig zugegen im Andersdenkenden neben mir. Dessen Lebenssicht stellt die meine in Frage – und damit die meine unanfechtbar bleibt, darf die des anderen nicht wahr sein ...

Wir leben heute, trotz aller Nachwehen winterlicher Kälte, in einer geradezu frühlinghaften Zeit. Immer mehr Menschen sehen zuerst den Menschen im anderen Menschen. Sie haben die Scheu vor dem Andersdenkenden abgelegt, erkennen dessen Wert und Würde und leben in Freundschaften miteinander. So miteinander umzugehen, ist Neuland – weithin noch brachliegendes, aber Ertrag verheißendes Neuland. Es „unter den Pflug zu nehmen", ist die große Herausforderung der geschichtlichen Stunde. Denn die Stimme der Aufklärung wird nicht verstummen. Sie hat längst die nächste, heute noch junge Generation erreicht, und sie wird – wenn nicht alles täuscht – auch in die Regionen der Erde vordringen, in denen derzeit noch religiöse Glaubensüberzeugungen oder atheistische Denkweisen als sicher und unhinterfragbar gelten. So sehr und von Herzen ich jedem Menschen den christlichen Glauben wünschte – weil er mir ungeheuer wertvoll ist und weil ich persönlich das, was Jesus von Nazaret in die Welt gebracht hat, für das Kostbarste halte, was der Menschheit geschenkt worden ist –, so bin ich doch davon überzeugt: Das 21. Jahrhundert wird uns mehr und mehr zu der Erkenntnis führen, dass es berechtigten Grund gibt, religiös zu sein, wie auch berechtigten Grund, religionslos zu leben.

Es gibt auf Zukunft hin zur *mitmenschlichen Ökumene von Religiösen und Religionslosen* keine Alternative. Und Ökumene ist mehr als tolerierendes Nebeneinander.

*Ich lebe Auge in Auge*
*mit dem Nichts – zumindest*
*reicht meine Erfahrung nicht weiter.*
*Das heißt aber nicht,*
*daß mein Leben keinen Sinn hat.*

*Reiner Kunze*

# Artisten ohne Seil und Netz

## Wir alle sind Glaubende

Vergleicht man das, was hinsichtlich der weltanschaulichen Fragen seit zwei, drei Jahrhunderten in der Menschheit geschieht, mit einem Erdbeben – aus der Sicht der Religions- und Kulturgeschichtler ein durchaus angemessenes Bild[26] –, dann befindet sich sein derzeitiges Epizentrum[27] im Osten Deutschlands. Keine Region auf unserem Planeten ist derartig stark von den Folgen der „kritischen Wende" betroffen wie das Land zwischen Erzgebirge, Rennsteig und Ostsee. Nur Böhmen, Estland und die Ukraine sind in einer annähernd ähnlichen Situation.

Macht heute[28] im Bereich der alten Bundesländer der Anteil derer, die beim Ausfüllen von Personalbögen hinter „Religionszugehörigkeit" einen Strich eintragen, knapp 35 Prozent aus, so sind es in den neuen Bundesländern durchschnittlich 75 Prozent.[29] Örtlich, wie in meinem Wohnort Birkenwerder nördlich von Berlin, liegt ihre Zahl weit darüber.[30] Die Erwartung christlicher Kreise zu Beginn der 1990er Jahre, nach dem politischen Untergang des Marxismus-Leninismus würden die Gottesdienste wieder mehr besucht werden, ja die Zahl der Taufen und der Wiedereintritte in die Kirche steigen, hat sich, aufs Ganze betrachtet und von örtlichen Ausnahmen abgesehen, nicht erfüllt. „Das wiedervereinigte Deutschland", schreibt der Hallenser Religionswissenschaftler Helmut Obst, „befindet sich auf dem Weg in die mehrheitliche Konfessionslosigkeit, so unsere herausfordernde Feststellung. Im Osten ist sie bereits gegeben und dürfte sich bei fast 90% einpendeln. Im Westen und Süden droht sie langfristig, im Norden mittelfristig."[31] Selbst die Meinung, Konfessionslose seien religiöser, als mancher denkt, trifft nach dem Urteil von Helmut Obst nicht zu: Neun von zehn Konfessionslosen in den jungen Bundesländern zeigen den Erhebungen nach keinerlei Merkmale persönlicher Religiosität.[32] Anders als in Russland, wo die Hinwendung zum Okkultismus oder zu esoterischen Fragmenten asiatischer Religionen nach der politischen Wende in der Bevölkerung nur so boomte[33], scheint der ehemalige DDR-Bürger auch gegenüber pseudoreligiösem Gedankengut weithin gefeit zu sein.

Die politische und geistig-kulturelle Situation nach dem Zweiten Weltkrieg hat im Osten Deutschlands dazu geführt, dass sich heute für die meisten Menschen die Gottesfrage nicht mehr stellt. Mehr als die Hälfte der religiös Nichtorganisierten ist nie aus der Kirche ausgetreten, sondern lebt konfessionslos in der zweiten oder gar schon dritten Generation. Auch charakterisieren sich nur 20 Prozent aller Religionslosen in Ostdeutschland als „überzeugte Atheisten" – die meisten bezeichnen sich weder als atheistisch noch als areligiös, sondern, weil sie ja augenscheinlich die Mehrheit in der Bevölkerung bilden, einfach als „normal". Er sei nicht Atheist, sondern „Untheist", schreibt Erich Loest, ein Schriftsteller, der aus dem ostdeutschen Mittweida stammt.[34]

Wer in Ostdeutschland juristisch religions- und konfessionslos ist, der ist es in der Regel auch in seiner Lebenseinstellung. Und wie sich einst im 16. Jahrhundert von Wittenberg her die protestantische Form des Christentums in die Welt hinein ausbreitete, so ziehen – wohl stärker, als mancher „Seismograph" es wahrnimmt – seit sechs Jahrzehnten von Halle, Berlin oder Leipzig her die Wellen einer neuen, völlig religions*frei* gestalteten Denk- und Lebenskultur ihre Kreise über den Planeten.

Es hat mich persönlich schon immer fremdartig berührt, wenn gläubige Christen, Vertreter der Kirchenleitungen oder von der christlichen Tradition geprägte Politiker und Publizisten mit Selbstverständlichkeit davon ausgehen, dass religionslose Menschen keinen Sinn in ihrem Leben finden könnten, zwangsläufig dem Geld, dem Wohlstand und der Karriere hinterherlaufen müssten, es ihnen an moralischem Halt und an ethischen Werten fehle, sie den Tod verdrängen würden, die Mitmenschlichkeit auf der Strecke bliebe und von einer atheistischen oder religionslosen „Kultur" keine Rede sein könne.

Ich kann dem nicht zustimmen. Meine Erfahrung im Zusammenleben sowohl mit marxistisch und vom naturwissenschaftlichen Denken her geprägten Atheisten wie auch mit denen, die aufgrund ihrer Lebensgeschichte mit Religion nie näher in Berührung gekommen sind, ist eine andere. Natürlich kenne ich Ellenbogenmentalität, Intoleranz und geistige Enge, Karrieredenken, Intrigantentum, Schamlosigkeit und Heuchelei – aber das alles finde ich unter Christen und in kirchlichen Einrichtungen ebenso wie unter den „Ungläubigen". Und Menschen, die keinen Sinn (mehr) sehen in ihrem Dasein, die in Ängsten gefangen sind, in Ängsten vor dem Leben und in Ängsten vor dem Tod, auch solche, denen es an jeglicher Art von Kultur zu fehlen scheint, gibt es in beiden Spezies des homo sapiens sapiens, unter den religiösen wie den religionslosen Menschen. Gewiss mangelt es vielen, vor allem den nach dem Zweiten Weltkrieg Geborenen, an fundamentalstem Wissen über die Bibel und die christliche Tradition, und damit ist ihnen auch der Zugang zu den Kulturschätzen Europas – zu den großen Werken der Literatur, der gestaltenden Kunst, der Musik und der Architektur – erschwert, nicht selten zur abendländischen und deutschen Geschichte überhaupt.

Doch dafür sind so manche von ihnen beneidenswert frei von all den Verbogenheiten der Seele und des Geistes, die ein falsch verstandenes Christentum über Generationen hin in die Gemüter der Gläubigen geprägt hat. Viele unter den „Ungläubigen" haben ein Werte-Bewusstsein und leben eine Mitmenschlichkeit, durch die sie meinem Herzen näher sind als mancher Christ. Der aus Oelsnitz im Erzgebirge stammende, 1977 in die Bundesrepublik übergesiedelte Schriftsteller Reiner Kunze (geb. 1933) gestand 1987 in einem Interview:

*Als ich noch in der DDR lebte, erhielt ich für eine Nacht Camus 'Der Mythos von Sisyphos' geliehen. ... Aus diesem Buch blickte mich ein Mensch an – und es war für mich ein Blick für das ganze Leben. Ich fand meine Weltsicht formuliert: Ich lebe Auge in Auge mit dem Nichts – zumindest reicht meine Erfahrung nicht weiter. Das heißt aber nicht, daß mein Leben keinen Sinn hat. Jeder trägt Verantwortung – für sein eigenes Leben und für das der anderen, und das verpflichtet zu Solidarität.[35]*

Ähnlich denken – und handeln – bis heute viele meiner religionslosen Bekannten und Freunde. Ich kann aus eigener Erfahrung nur bestätigen, was der in Erfurt lehrende katholische Philosophieprofessor Eberhard Tiefensee (geb. 1952) bereits mehrfach, durch seriöse Untersuchungen gut belegt, betont hat: „Die neuen Bundesländer beweisen nun, dass die Gesellschaft ohne Religion offenbar nicht merklich schlechter funktioniert als mit ihr. Besonders die These vom Werteverfall in einer areligiösen Gesellschaft ist derzeit kaum zu halten. ... Auch signifikante Desorientierungen oder Sinndefizite lassen sich nicht feststellen."[36]

Ich war Theologiestudent, als ich die ersten Gedichte von Eva Strittmatter (geb. 1930) las, einer DDR-Schriftstellerin, die heute zu den meistgelesenen und populärsten Lyrikern im deutschen Sprachraum zählt. Unter ihren Versen fand ich damals folgendes Bekenntnis:

*Gott*

Ich leb mein Leben ohne Gott,
Aber mit seiner Negation
Und treibe mit ihm keinen Spott.
Ich kenne keine Religion,
Der ich mich unterwerfen würde.
Aber ich achte das Prinzip:
Nehmt voneinander eure Bürde
Und: Habt den andren Menschen lieb,
Er ist wie ihr. Alttestamentlich
Geprägter schöner Gleichheitssatz.
Und wär das Weltall auch unendlich,
Die Erde hat für alle Platz.
Und GOTT war diesseits oder gar nicht,
Verkörperung für ein Gesetz.

WIR wollen Flieger sein mit Klarsicht,
Artisten ohne Seil und Netz.[37]

Aus diesen Zeilen sprach eine Lebenseinstellung, wie sie in der DDR von vielen Menschen vertreten wurde. Zu Recht wechselt die Dichterin vom Selbstbekenntnis in der Ich-Form zum betonten „WIR". Eva Strittmatter hatte, ähnlich wie schon damals viele Tausend andere, ihre Existenz entschieden auf das Fundament „Ich leb mein Leben ohne Gott" gebaut. Und doch hatte sie ihre Seele nicht an irgendwelchem Treibholz festgemacht; sie hatte ein „Prinzip", eine Basis, auf das sie ihr Leben und ihr schriftstellerisches Wirken gründete: *die Menschenwürde.* Diese Lebenseinstellung hatte mich als 22-Jähriger so sehr fasziniert, dass ich mich entschloss, auch selbst als humanistischer Atheist zu leben; ein Jahr lang, still-heimlich, habe ich es durchgehalten ... Heute, vierzehn Jahre nach dem Mauerfall, begegnet mir die gleiche Lebenseinstellung − bei weitem nicht nur hier im Osten Deutschlands − auf Schritt und Tritt. *Solche* Atheisten „treiben keinen Spott" (s. o.), weder mit Gott noch mit den Gläubigen.

Ob wir Christen und religiös Orientierten es wahrhaben wollen oder nicht: Die Zukunft − wie weithin bereits die Gegenwart − gehört beiden „Menschenarten", dem homo areligiosus ebenso wie dem homo religiosus. Selbst die Haltung des Pop-Sängers Udo Lindenberg − „Ich bin multireligiös. Ich bin interessiert an den Möglichkeiten hinter dem Horizont und da bin ich sehr open"[38] − dürften längst nicht alle aus seiner Fan-Gemeinde teilen.

Und was die weltanschaulich-philosophischen Grundlagen für die je verschiedenen Daseinsdeutungen angeht, so sind wir *alle* „Artisten ohne Seil und Netz" (s. o.). Es gibt nicht die Sicherheit des Wissens und der Beweise, weder für die eine noch für die andere Lebenssicht.

Schon Thomas von Aquin (1225-1274), der große christliche Theologe des Hochmittelalters, sprach von denkerischen Wegen („viae"), die den Glauben an Gott stützen, nicht, wie er fälschlich ausgelegt wurde, von Beweisen für Gott. Darüber hinaus stand ihm klar vor Augen, dass das Absolute, auf das er mittels seiner rationalen Denk-Wege schloss, nicht zwingend als „Gott" bezeichnet werden müsse. Er sagte nur feststellend: „... und das nennen alle Gott."[39] Heute würde Thomas in theologischer Redlichkeit hinzufügen: „... und viele nennen es absolute Materie oder Weltgeist, alles durchwaltende Energie oder höhere universelle Kraft." Seine und andere Denk-Wege wollen und können nicht Gottesbeweise sein, sie machen lediglich einsichtig, dass der Gottesglaube vernünftige Argumente für sich hat. *Gott ist immer der geglaubte, nicht der „gewusste" Gott.*

Doch ebenso sind die Zeiten vorüber, in denen man den vermeintlich sicheren Schluss ziehen konnte, Gott oder das Göttliche sei, da nicht beweisbar, folglich auch nicht existent. Wer heute noch seinen Atheismus gar mit der Naturwissenschaft beweisen wollte, muss zumindest zur Kenntnis nehmen, dass gerade vonseiten der Kosmos- und der Evolutionsforschung, die in den Kirchen über lange Zeit hin als Bedrohung für den Glauben an Gott empfunden und von atheistischen Weltanschauungen gegen die Religionen ins Feld geführt wurden, sogar sehr plausible Argumente kommen, die eher für den Gottesglauben sprechen. Auf den Punkt gebracht, stellt uns das derzeitige Wissen um die Beschaffenheit des Universums und die

Entstehung des Lebens nur noch vor die Wahl, an ein unglaubliches Maß an Zufall über Zufall zu glauben oder an einen großen, alles umfassenden, schaffenden und ordnenden Geist.[40]

Der britische Astrophysiker Paul Davies (geb. 1946) spricht aus, worin sich seriöse Naturwissenschaftler wie Albert Einstein, Werner Heisenberg, Pascal Jordan, Carl Friedrich von Weizsäcker, John Polkinghorne oder Ilya Prigogine trotz unterschiedlicher Meinungen in Sachfragen einig sind: „Es mag seltsam erscheinen, aber meiner Auffassung nach bieten die Naturwissenschaften einen sichereren Weg zu Gott als die Religion"[41], denn „die Gesamtheit der physikalischen Dinge" verlange „nach einer Erklärung von außerhalb".[42] Zwar läuft alles in der Natur, so wissen die Kundigen der Naturwissenschaften, nach uns bekannten und noch nicht bekannten Gesetzen ab, und jeder Schritt zum „Höheren" im physikalischen, chemischen wie biologischen Entwicklungsgeschehen hat (mehr oder weniger erkennbare) natürliche Ursachen. Aber das heißt nicht, dass darin eine alles erklärende Notwendigkeit walten würde. „Um die unvorstellbare Genauigkeit zu veranschaulichen, mit der das Universum reguliert worden zu sein scheint", sagen die russischen, jetzt in den USA lebenden Astrophysiker Igor und Grischka Bogdanov, „braucht man sich nur vorzustellen, welche Leistungen ein Golfspieler zu erbringen hätte, dem es gelingen müsste, von der Erde aus seinen Ball in ein Loch irgendwo auf dem Mars zu platzieren ..."[43] – Nicht weniger beeindruckend sind die Überlegungen, die Naturwissenschaftler und Philosophen unter dem Begriff „anthropisches Prinzip"[44] zusammenfassen: Wären in unvorstellbar großer Zahl von Situationen im Entwicklungsprozess unseres Universums und dann unseres Planeten auch nur Winzigkeiten anders geschehen, als sie geschehen sind, hätte es den Menschen nicht geben können. Ein in diesem Zusammenhang gern gebrauchter Vergleich sagt, dass selbstbewusstes Leben aufkommen konnte, sei so (un)wahrscheinlich wie die Möglichkeit, dass eine Stecknadel, die senkrecht auf einen Spiegel gestellt würde, ca. 6 Tausend Jahre stehen bliebe.[45]

Aber wie gesagt: Solche Argumente können, so beeindruckend sie sein mögen, weder die Existenz noch die Nichtexistenz Gottes beweisen. Der britische Philosoph John Leslie Mackie zum Beispiel (gest. 1981) hat sich als bekennender Atheist in großer Fairness und denkerischer Redlichkeit mit vielen dieser Argumente und allen je vorgetragenen „Gottesbeweisen" auseinandergesetzt, und dennoch wiegen für ihn die Gegenargumente schwerer: Er bleibt bei seiner atheistischen Ausgangsposition. Mit der gleichen Redlichkeit und in Auseinandersetzung mit denselben Argumenten fanden andere – ich schließe mich selbst mit ein – durch die Lektüre seines Buches, das er, nicht ohne Ironie, DAS WUNDER DES THEISMUS nannte[46], eine Bestärkung ihres Glaubens an Gott. – Dieses Buch ist übrigens, soweit ich es sehen kann, der letzte sachlich argumentierende Versuch, die Nicht-Existenz Gottes philosophisch-wissenschaftlich begründen zu wollen.

Wir stehen heute vor der nicht mehr rückgängig zu machenden Erkenntnis, dass die Frage „Gott oder nicht Gott" nur mit einer *Glaubens*entscheidung beantwortet werden kann. Es gibt *Hin*weise und rationale *Argumente* für die Vernünftigkeit einer solchen grundlegenden Lebensentscheidung, aber das sind – in unterschiedlicher Bewertung – Argumente für die Vernünftigkeit beider Positionen. Wir alle, die Religiösen wie die Religionslosen, sitzen, was die weltanschaulichen Grundfragen betrifft, im selben Boot. Wir kommen nicht daran vorbei, das Leben *glaubend* auf eine der beiden Karten zu setzen – ohne jede Überheblichkeit, es besser zu „wissen" als der, der sich anders entschieden hat. In seiner EINFÜHRUNG IN DAS CHRISTENTUM schreibt der katholische Theologe und jetzige Kurienkardinal Joseph Ratzinger (geb. 1927):

*Wie es dem Glaubenden geschieht, dass er vom Salzwasser des Zweifels gewürgt wird, das ihm der Ozean fortwährend in den Mund spült, so gibt es auch den Zweifel des Ungläubigen an seiner Ungläubigkeit, an der wirklichen Totalität der Welt, die zum Totum* (zum einzig Existenten, R. K.) *zu erklären er sich entschlossen hat. Er wird der Abgeschlossenheit dessen, was er gesehen hat und als das Ganze erklärt, nie restlos gewiss, sondern bleibt von der Frage bedroht, ob nicht der Glaube dennoch das Wirkliche sei. ... So wie also der Gläubige sich fortwährend durch den Unglauben bedroht weiß, ihn als seine beständige Versuchung empfinden muss, so bleibt dem Ungläubigen der Glaube Bedrohung und Versuchung seiner scheinbar ein für allemal geschlossenen Welt. Mit einem Wort – es gibt keine Flucht aus dem Dilemma des Menschseins. Wer der Ungewiss-*

*heit des Glaubens entfliehen will, wird die Ungewiss-*
*heit des Unglaubens erfahren müssen, der seiner-*
*seits doch nie endgültig gewiss sagen kann, ob nicht*
*doch der Glaube die Wahrheit sei. ... Es ist die*
*Grundgestalt menschlichen Geschicks, nur in dieser*
*unbeendbaren Gestalt von Zweifel und Glaube, von*
*Anfechtung und Gewissheit die Endgültigkeit seines*
*Daseins finden zu dürfen.*[47]

Ich denke, wir sollten uns dieses „Dilemma des
Menschseins" einmal in Ruhe bewusst machen.
Das allein schon wäre ein entscheidender Schritt
hin zu einem ehrlichen und menschenwürdigen
Miteinander. Um unsere je eigene Identität müssen wir dabei wirklich nicht fürchten. Wir werden
sie vielmehr von neuem finden, gereinigt von Ober-
flächlichkeiten und Irrtümern und mit einem tieferen Verständnis für die eigene Position und für die
des Andersdenkenden. Wir im Osten Deutschlands,
so meine ich, haben diesbezüglich – aufgrund unserer langen Erfahrung im Zusammenleben von
Religiösen und Religionslosen – eine Art Pionier-
aufgabe in der Wohngemeinschaft Erde.

*Strahlend und unvergänglich
ist die Weisheit;
wer sie liebt, erblickt sie schnell,
und wer sie sucht, findet sie.
Denen, die nach ihr verlangen,
gibt sie sich sogleich zu erkennen.
Wer sie am frühen Morgen sucht,
braucht keine Mühe,
er findet sie vor seiner Türe sitzen.*

*Die Bibel, Buch der Weisheit*

## Salomos Königsweg

### DIE WEISHEIT WARTET VOR JEDER TÜR

Es war kurz vor der Zeitenwende, um das Jahr 30 v. Chr. in Alexandria. Wenn es schon damals irgendwo auf dem Erdball eine multikulturelle und weltanschaulich-pluralistische Gesellschaft gab, dann in dieser Stadt am Mittelmeer, im Norden von Ägypten. Die einst kleine Hafensiedlung war im 4. Jh. v. Chr. von dem griechischen Eroberer Alexander dem Großen zum Militärstützpunkt und Handelszentrum ausgebaut worden, nach ihm residierten hier die Pharaonenkönige der Ptolemäer-Dynastie, und erst kürzlich, nach der Seeschlacht bei Actium im Jahre 31 v. Chr., hatten sich die Römer die Stadt einverleibt. Die Metropole, im fruchtbaren Nildelta gelegen, zählte inzwischen mehr als eine halbe Million Einwohner. Handwerker, Händler, Bauleute, Künstler und Gelehrte aus Griechenland, Nordafrika und Ägypten, aus dem vorderasiatischen Osten und dem römischen Weltreich lebten, als Freie und als Sklaven, an diesem Ort zusammen, und die unterschiedlichsten Kulturen, Religionen und Lebenseinstellungen prägten das Bild der weltoffenen Stadt. Natur- und Geisteswissenschaften standen in Blüte, und Alexandrias Bibliothek galt ihrer umfangreichen Schriftensammlung wegen als einmalig weit und breit.[48]

Einen nicht unerheblichen Teil der Bevölkerung Alexandrias bildeten die Juden, sie bewohnten mehrheitlich zwei der fünf ausgedehnten Stadtteile. Schon nach der Besetzung ihrer palästinensischen Heimat durch die Babylonier im 6. Jh. v. Chr. hatten sich die ersten Landsleute hier angesiedelt. Im Laufe der Jahrhunderte waren ihnen so viele gefolgt, dass die Zahl der Mitglieder ihrer Diaspora-Gemeinde – man schätzt sie auf ca. 100.000 – weit größer war als die damalige Einwohnerzahl von Jerusalem. Inmitten der bunten Welt der Kulturen verstanden es die Juden, ihre eigene religiöse Identität zu wahren, zugleich aber nahmen sie regen Anteil am gesellschaftlichen Leben der Stadt. Sie öffneten sich den Segnungen der griechischen, orientalischen, ägyptischen und römischen Gelehrsamkeit und litten mit den Randgruppen und den unteren Schichten an der Ausbeutung und Unterdrückung durch die politischen Obrigkeiten. Obwohl sie ihre heiligen Schriften in der hebräischen Muttersprache lasen und besprachen, hatte ein Kreis von Gelehrten sie ins Griechische, die Umgangssprache der Alexandriner und der damaligen östlichen Welt, übertragen (die sogenannte SEPTUAGINTA-Übersetzung), nicht zuletzt mit der Absicht, anderen Menschen den Zugang auch zum Glaubensgut ihres Volkes zu ermöglichen.

Um das Jahr 30 v. Chr. nun entstand in den Reihen dieser alexandrinischen Diaspora-Juden eine Schrift, auf die ich hier näher eingehen möchte. Ich glaube, dass wir darin so etwas wie die *spirituelle Basis* für die mitmenschliche Ökumene zwischen Religiösen und Religionslosen finden können. Der unbekannt gebliebene Autor – manches spricht auch für eine Autorin oder ein Autorinnenkollektiv[49] – nannte das kleine Werk DIE WEISHEIT DES SALOMO. Es ist bis heute im Judentum wie im Christentum bekannt und geschätzt. Die Katholische Kirche zählt es sogar zu den Büchern der Bibel, es ist die jüngste Schrift im Ersten (Alten) Testament.

Das BUCH DER WEISHEIT, so der Titel in deutschen Übersetzungen, ist ebenfalls in Griechisch geschrieben. Doch griechisch ist nicht nur die Sprache – das Buch atmet auch griechischen Geist, ja den Geist der vielen Denkwelten und Kulturtraditionen, die in Alexandria zusammenkamen. Die Leser hatten nicht nur eine für alle verständliche Sprache, eine Art antikes Englisch, vor sich. Sie fanden darin, wenigstens in den ersten neun Kapiteln, auch Gedanken wieder, die damals vielen Menschen nachvollziehbar waren. Was hier ausgedrückt war in Worten und Bildern, das war Juden wie Griechen, Römern wie Ägyptern, Syrern wie

Äthiopiern aus der eigenen Tradition vertraut. Der jüdische Verfasser sprach eine *Erfahrung* an, die alle Menschen kannten. In der fiktiven Gestalt des Salomo, des einstigen Königs von Jerusalem (10. Jh. v. Chr.), der im gesamten östlichen Mittelmeerraum als ein großer, legendärer Weiser galt, wendet sich der Autor an „die Könige der Erde".[50] Doch die Leser und Hörer verstanden schnell, dass alle Menschen mit dem Anliegen des Buches gemeint waren, die Regierenden wie die Untergebenen, die Einfachen wie die Gelehrten.

Je mehr ich mich im Laufe der letzten Jahre in diese Schrift hineinvertiefte[51], desto mehr ist mir klar geworden, dass darin *der „Königsweg" im Miteinander der Kulturen, Religionen und Weltanschauungen* beschrieben ist. So manches, was der alexandrinische Jude da sagt – nennen wir ihn also fortan Salomo –, mag zeitbedingt sein, nicht alles ist eins zu eins übernehmbar. Doch das Grundanliegen hat an Aktualität nichts verloren. Was Salomo als die verbindende Basis für das Zusammenleben von Menschen unterschiedlichster *religiöser* Auffassungen ansah, kann heute, nach der „kritischen Wende" in der Geschichte der Menschheit, das *Verbindende und Einende auch zwischen Religiösen und Religionslosen* sein.

Es geht um die *Weisheit* in Salomos Buch. Die Griechen nannten sie *sophia*, die Lateiner *sapientia*, die Ägypter *ma'at* und die Juden *chokmah*. Ein bedeutsames, aus unvordenklicher Tradition geschöpftes Wort. Es gibt wohl keine Sprache rund um den Erdball, die nicht eigens eine Vokabel dafür hätte. In den Überlieferungen aller Religionen, der Stammesreligionen ebenso wie der großen Weltreligionen, ist von der Weisheit die Rede. Auch die großen Denker der griechischen Antike nannten sich Weisheit-Liebende – *Philo-Sophen*; sie gaben damit unserer abendländischen Kulturgeschichte eine Richtung vor, die zwar oft genug missachtet wurde, aber immer wieder von neuem erwachen konnte. Angeregt durch die Spätschriften des deutschen Philosophen Friedrich W. J. Schelling (1775-1854), entwickelten im 19. Jahrhundert russische Gelehrte um Wladimir Solowjew (1853-1900) sogar eine eigene *Sophiologie*[52], die im gegenwärtigen „Dilemma der Philosophie"[53] verstärkt auf Interesse stößt.[54] Schon ein flüchtiger Blick auf die Auslagen in den Buchhandlungen vermittelt einen Eindruck davon, wie attraktiv dieses Wort auch heute ist. Der Internetshop libri.de bietet derzeit über 300 Bücher aus deutschen Verlagen an, die das Wort „Weisheit" im Titel oder Untertitel haben – und das sind durchaus nicht nur Veröffentlichungen religiöser Autoren, wie beispielsweise DIE WEISHEIT DER MITTE des Grünen-Politikers und deutschen Außenministers Joschka Fischer zeigt[55], der sich selbst einen „katholischen Atheisten" nennt.

„Weisheit" ist in den Traditionen der Völker und Kulturen ein großes, mit Ehrfurcht ausgesprochenes, ja geradezu „hoheitlich" empfundenes Wort. Mag seine Bedeutung auch von Kulturkreis zu Kulturkreis etwas variieren, so meint es doch übereinstimmend nicht, wie im oberflächlichen Sprachgebrauch unserer Zeit, die Intelligenz eines Menschen, nicht seine Verstandesschärfe und nicht sein Wissen. Weisheit hat eher mit dem zu tun, was wir *Wahrheit* nennen – Wahrheit im Sinne von faktisch gegebener Realität, aber auch im Sinne eines „wahren Gedankens", eines „erhellendes Wortes", einer Erkenntnis über Wichtiges und Wesentliches. Und das Mittel, um weise zu werden, ist weniger die intellektuelle Begabung als vielmehr die *Wahr-Nehmung*, das bewusste und vorbehaltlose Aufnehmen dessen, was wahr ist.

Ein *Weiser* ist nicht, wer sich viel Wissen angeeignet hat, sondern wer sich den Wahrheiten stellen konnte, die das Leben an ihn herangetragen hat. Sein Gegenstück ist nicht der Unwissende oder Ungebildete, sondern, wie Salomo sagt, der *Tor* und der *Frevler*[56]: ein Mensch also, der die Wahrheit nicht beachtet, oder einer, der sie – für sich selbst und für andere – verdreht. Es kann einer hochgelehrt und doch ein Tor sein, ja ein Frevler sogar; und es kann einer zu den Ungebildeten gehören und doch ein Weiser sein. Nicht einmal ein hohes Lebensalter ist Garant der Weisheit; es gibt weise Jugendliche und törichte Greise.

Was Salomo „Weisheit" nennt, ist nicht Ergebnis des eigenen Denkens, Studierens und Schlussfolgerns. Die Sophia ist zunächst unabhängig von mir da. Salomo bezeichnet mit diesem Wort das, was mir als Wahrheit *begegnet*, was als Wahrheit *vor mir steht*. Weisheit kann nicht erdacht werden, Weisheit wird *erfahren*. Sie will *empfangen* werden. Und diese *Erfahrung von Weisheit* kennt jeder Mensch, jeder im religionspluralistischen Alexandria, jeder im heutigen multikulturellen Weltdorf Erde, jeder in unserem Land und jeder Religiöse, jeder Religionslose, jeder Atheist und jeder „Normale" zwischen Rügen und Thüringen und zwischen dem 1. und dem 360. Breitengrad der Erde.

Da sagt mir zum Beispiel jemand, wie er dies und dies beurteilt. Ich höre ihm zu, und ich spüre: Es ist wahr, was er sagt – darüber müsste ich einmal nachdenken. Wahrheit steht vor mir. Wahrheit, die mich betrifft.

Oder: Ich lese morgens einen Spruch auf dem Kalenderblatt, und ich weiß sofort: Das ist wie eigens für mich hingeschrieben – eigentlich müsste ich jetzt darüber nachdenken. Wieder steht Wahrheit vor mir. Wahrheit, die mir etwas sagen will.

Ich sitze in der Bahn, schaue sinnierend zum Fenster hinaus, und plötzlich steigt ein Gedanke in mir auf. Ich weiß: Das müsste ich einmal an mich heranlassen, nicht wieder zur Seite schieben und verdrängen.

Ich habe vor, so und so zu handeln. Doch eine innere Stimme sagt mir: Das solltest du nicht tun. Ich spüre: Die Stimme hat Recht – ich müsste ihr folgen.

Oder: Die Situation, in der ich mich befinde, ist wie sie ist. Aber ich will sie nicht wahrhaben. Doch was wahr ist, ist wahr, Realität bleibt Realität – ich müsste mich ihr stellen.

Ich trage mich, vielleicht lange schon, mit einem Problem. Da kommt mir plötzlich der rettende Gedanke! Wie eine Erleuchtung. „Das ist es!" Ein Licht geht mir auf. Endlich die erlösende Erkenntnis! Ich sehe meine Lebenssituation klar vor mir – und kann nun auch Wege finden, um sie zu bewältigen.

Ich lese ein Buch – ein Sachbuch vielleicht oder einen Kriminalroman, vielleicht auch die Bibel, den Koran oder die Bagavadgita, wie Reiner Kunze ein Werk von Albert Camus oder wie die jüdische Atheistin Edith Stein die Lebensbiographie der spanischen Klosterfrau Teresa von Ávila. Was ich lese, ist mehr oder weniger interessant bis Seite 56 – und dann, auf Seite 57 unten, stehen da plötzlich zwei Sätze, die mich treffen. „Das ist die Wahrheit!"

Ich bekomme eine CD geschenkt. Nur mal hineinhören will ich, so nebenbei abends am Schreibtisch. Doch schon bald horche ich auf. Die Musik nimmt mich gefangen, weckt ein tiefes Empfinden, ein Ahnen von Großem, Wesentlichem – ich kann nicht benennen, was es ist, aber diese Melodie hat Recht, mehr Recht als alle dunklen Gedanken und all die lauten Töne, die vom langen Tag noch in mir sind.

Wir diskutieren miteinander und haben sehr unterschiedliche Auffassungen. Ich kann die Überzeugung des anderen nicht teilen. Da äußert er einen Gesichtspunkt, der Bewegung in meine eingefahrenen Gedankengleise bringt. Ich müsste zustimmen – später wenigstens, wenn ich nicht in seiner Gegenwart über meinen Schatten springen muss ...

Jeder Mensch kennt das. Unzählige Male, Tag für Tag und Stunde um Stunde tritt so und auf ähnliche Art Wahrheit vor mich hin. Wahrheit, die mich angeht. Angenehme Wahrheit, erhellende, befreiende sogar – und unangenehme, kritische, überführende, herausfordernde Wahrheit. Ich kann ihr zuhören, über sie nachsinnen, mich mit ihr auseinandersetzen, sie annehmen, sie beherzigen – ich kann sie auch übergehen, absichtlich überhören, ihr widersprechen, sie sogar umbiegen und verdrehen ... Und die Lebenserfahrung lehrt: Lasse ich eine Wahrheit, woher immer sie kommt, an mich heran, so führt sie mich ein Stück weiter. Sie bringt Licht ins Dunkel, bricht Urteile und Vorurteile auf, gibt den Weg wieder frei. Sie fordert heraus, sie fördert das Leben ...

Salomo nennt solche Wahrheit „Weisheit". Er erfährt sie als eine *Gabe* und empfindet sie – auch dann, wenn sie sein bisheriges Denken und Handeln in Frage stellt – als das Wertvollste, das ihm das Leben anzubieten hat: „Keinen Edelstein stellte ich ihr gleich", bekennt er in seinem Buch, „denn alles Gold erscheint neben ihr wie ein wenig Sand, und Silber gilt ihr gegenüber soviel wie Lehm. Ich liebte sie mehr als Gesundheit und Schönheit und zog ihren Besitz dem Lichte vor; denn niemals erlischt der Glanz, der von ihr ausstrahlt."[57] Er habe, sagt er, die Erfahrung gemacht, dass Weisheit, lässt man sie reden und hört man ihr zu, wie eine „Lehrmeisterin"[58] sei; sie lehre ihn, das Echte vom Schein zu unterscheiden, sich auf das Wesentliche hinzuorientieren, dem Mitmenschen gerecht zu werden und im Einklang mit sich und der Welt zu leben. „Mit der Weisheit kam alles Gute zu mir", schreibt er weiter, „unzählbare Reichtümer waren in ihren Händen; ich freute mich über sie alle, weil die Weisheit lehrt, sie richtig zu gebrauchen."[59]

Für Salomo ist diese Erfahrung so kostbar geworden, dass sie ihn zu einer Lebensentscheidung veranlasste: „So beschloss ich", erzählt er, „die Weisheit als Lebensgefährtin heimzuführen; denn ich wusste, dass sie mir guten Rat gibt und Trost in Sorge und Leid."[60] Das Bild von der Heimführung als Lebensgefährtin hat sich ihm nahegelegt, weil er schon von seiner jüdischen Glaubenstradition her gewohnt war, die Weisheit als eine „Person" zu denken. Nicht als eine wirkliche Person freilich, wie es den Vorstellungen anderer Völker entsprach, etwa der Religion der Ägypter, die in der Ma'at die Göttin der Weisheit verehrten; nach jüdischem – und später auch christlichem – Glauben ist der eine Gott selbst der „Weise", ja *die* Weisheit" schlechthin. Aber bildhaft hatten bereits einige frühere Schriften aus Salomos Volk von der *Frau Weisheit* gesprochen.[61] Gott schickt sie aus in die Welt hinein, so heißt es da, zu *allen* Menschen[62], damit sie ihnen *Schwester* und *Freundin* sei[63] und sie vor der „Frau Torheit"[64] bewahre, die nur „nach Verführung fiebert"[65] und das Leben zerstört.

Die „ganze Welt"[66] will Salomo nun auf seine Entdeckung aufmerksam machen, seine jüdischen Glaubensbrüder wie ebenso alle anderen Bewohner der Stadt: „... ihren Reichtum behalte ich nicht für mich. Ein unerschöpflicher Schatz ist sie für die Menschen."[67] Und so setzt er sich hin und verfasst sein Buch. Kernsätze darin sind die folgenden Zeilen. Was ich soeben nur recht prosaisch mit ein paar Beispielen zu beschreiben versucht habe (s. S. 53/54), hat er in eine wunderschöne, bildreich-poetische Sprache gefasst:

*Strahlend und unvergänglich ist die Weisheit;*
*wer sie liebt, erblickt sie schnell,*
*und wer sie sucht, findet sie.*
*Denen, die nach ihr verlangen,*
*gibt sie sich sogleich zu erkennen.*
*Wer sie am frühen Morgen sucht,*
*braucht keine Mühe,*
*er findet sie vor seiner Türe sitzen.*
*Über sie nachzusinnen, ist vollkommene Klugheit;*
*wer ihretwegen wacht, wird schnell von Sorge frei.*
*Sie geht selbst umher,*
*um die zu suchen, die ihrer würdig sind;*
*freundlich erscheint sie ihnen auf allen Wegen*
*und kommt jenen entgegen, die an sie denken.*[68]

Vor der Tür wartet Weisheit. Früh am Morgen schon, wenn noch im Halbschlaf die ersten Gedanken erwachen, und auf allen Wegen im Ablauf des Tages. Ja sogar des Nachts, in unseren Träumen, kann sie zu uns sprechen. Damals in Alexandria, heute in Birkenwerder, in Hamburg und München, in Zittau und Wismar. „Ihrer würdig" sind alle Menschen, ohne Unterschied. Alle, die „an sie denken", die Religiösen und die Religionslosen.

Wir kommen in unserer religions- und weltanschauungs-pluralistischen Welt nicht mehr umhin, nach dem zu suchen, was uns gemeinsam ist. Und nach dem, was Gemeinsamkeit aufbaut. Ich glaube, dass dieses Gemeinsame und Einende – neben dem Faktum, dass wir Menschen sind – die *Fähigkeit zur Weisheitserfahrung* ist.

Frau Weisheit kennt Parteilichkeit nicht. „Machtvoll entfaltet sie ihre Kraft", schreibt Salomo, „von einem Ende (der Erde) zum andern und durchwaltet voll Güte das All."[69] Mögen die einen sie von ihrem Glauben her mit dem Wirken Gottes in Verbindung bringen; mögen andere sie „rein natürlich" erklären, etwa mit dem sozialen Verflochtensein des menschlichen Erkennens (das eine muss das andere nicht ausschließen!); und mögen wieder andere sie auf einen geheimnisvollen kosmischen Weltgeist zurückführen, an dem wir alle teilhaben, oder auf das „kollektive Unbewusste", aus dem ein jeder in den verborgenen Tiefen der Seele wie aus einem ererbten Erfahrungsschatz der Menschheitsgeschichte schöpfen kann: Gemeinsam ist uns allen die Fähigkeit, Weisheit − *Wahrheit, die mich angeht* − wahrzunehmen. Und gemeinsam ist uns ebenso, dass wir sie annehmen oder ablehnen können.

„Frau Weisheit hat ihr Haus gebaut", heißt es im SPRICHWÖRTERBUCH der Bibel, aus dem Salomo so manchen Gedanken für sein Werk schöpfte. Der um mehrere Jahrhunderte ältere Text aus seinem Heimatland Israel fügt an dieser Stelle hinzu: „... und die Torheit reißt es nieder mit eigenen Händen."[70] − *Weisheit und Torheit*: In dieser Spannung stehen wir bis heute. Fast wäre ich geneigt, zu sagen: Frau Weisheit hat ihre Freunde, rund um den Erdball, und Frau Torheit hat die ihren. Doch wenn ich mich frage, auf welche Seite ich selbst gehöre, dann weiß ich um den Frevel eines solchen Urteils. Durch *mich* geht die Scheidelinie hindurch, in mir selbst ist die Spannung zwischen der Kraft der Weisheit und dem Unheil der Torheit. Es gibt die Stunden, in denen die Weisheit das Haus meines Lebens baut, und es gibt die Stunden, in denen ich – zugeknöpft, festgelegt, ängstlich, gestresst und gehörlos – in Torheit niederreiße, was „Frau Weisheit" gewirkt und gestaltet hat.

Um das oikos Erde, das Wohnhaus aller Erdenbewohner zu erhalten, brauchen wir mehr als eine ökologische Ökonomie. Um ein menschenwürdiges Miteinander im Haus Europa, inmitten des Weltdorfes Erde zu leben, brauchen wir mehr als eine Ökumene. Wir brauchen, wie der Naturwissenschaftler, Philosoph und Theologe Raimon Panikkar (geb. 1918), der Sohn eines hinduistischen Vaters und einer katholischen Mutter, sagt, eine *Ökosophie*[71] – wir brauchen die Weisheit im Haus.

Nur in den Stunden, in denen die Sophia das Haus meines Lebens baut, werde ich mitbauen am Haus der Erde.

*Ich lächle im Dunkeln dem Leben,*
*wie wenn ich irgendein zauberhaftes*
*Geheimnis wüßte, das alles Böse und*
*Traurige Lügen straft und in lauter*
*Helligkeit und Glück wandelt. ... Und*
*selbst im Knirschen des feuchten*
*Sandes unter den langsamen schweren*
*Schritten der Schildwache singt ein*
*kleines schönes Lied vom Leben – wenn*
*man nur richtig zu hören weiß.*

*Rosa Luxemburg*

## *Ein Lied in allen Dingen*

### HÖREN AUF WEISHEIT IST DIE GRUND-SPIRITUALITÄT DES MENSCHENGESCHLECHTS

„Schläft ein Lied in allen Dingen", dichtete einst Joseph Freiherr von Eichendorff (1788-1857). In allem ist ein „Lied" verborgen, will er uns sagen; aus allem, was uns begegnet, kann Weisheit zu uns sprechen. Das ist mir einmal, vor mehr als dreißig Jahren, ganz bildhaft bewusst geworden: In einer Gruppe von Studenten wanderten wir durch das polnische Riesengebirge und machten irgendwo am Kammweg Rast. Wir saßen unter einer alten Kiefer und blickten still in das Tal hinunter, aus dem wir gekommen waren. Plötzlich war über uns aus der Baumkrone ein leises Knarren zu vernehmen – es klang so schön und so melodisch, dass sich spontan alle Blicke nach oben wandten. Und in die Stille hinein hörte ich neben mir eine Studentin diesen Vers von Eichendorff rezitieren: „Es schläft ein Lied in allen Dingen ..."

Das Lied der Weisheit erklingt, wie schon Salomo erkannt und für die bunte Welt der Religionen und Kulturen Alexandrias wiederentdeckt hatte, tatsächlich in allen Dingen: in Worten und Ereignissen, im Sonnenaufgang und in einem einzigen Regentropfen, im Gesang der Vögel und im Hintergrundrauschen des Universums, in den Dichtungen der Völker und im kritischen Einspruch des Arbeitskollegen, in den Erkenntnissen der Wissenschaften und in den Realitäten, die so sind, wie sie sind, und nicht zuletzt in der Weltanschauung des Andersdenkenden oder im Glauben des Anders-Religiösen.

In allem, was ist, und in allem, was geschieht, stellt die Weisheit Wahrheit vor uns hin, Wahrheit, die immer schon da ist, *vor* unseren Anschauungen und *vor* unseren Urteilen, *vor* jeder Überzeugung und *vor* jeder Lehre – vor jeder *Religion* und vor jeder *Weltanschauung*. Jeder hat die Begabung, ihr „Lied" zu hören, unabhängig von seiner Bildung und seiner Intelligenz, unabhängig von seiner weltanschaulichen, religiösen und politischen Ausrichtung. Die Weisheit sitzt vor jeder Tür, und jeder kann ihr öffnen. Sie eint uns über alle Unterschiede, ja selbst über alle Zeiten hinweg.

Kultur- und Religionshistoriker sagen heute, die Weisheitserfahrung sei die „Urszene (original scene)"[72] in der Entwicklungsgeschichte unserer Gattung auf den Typus des Jetztmenschen hin.[73] Dass eine aufrecht gehende Hominidenart vor 500.000 Jahren zum homo sapiens, zum „weisen Menschen" werden konnte, verdanke sie der Bereitschaft, sich auf die Wahrheit der veränderten Realitäten – Steppe statt Urwald – eingelassen zu haben; und dass fast 400.000 Jahre später der homo sapiens zum homo sapiens sapiens, zum „weisen Weisheitsmenschen" wurde, sei dem Hören auf die *sapientia* zu verdanken, auf die Weisheit hinter und in allen Realitäten. Das Hören auf Wahrheit ist demnach, so der Theologe Georg Baudler (geb. 1936), ein kundiger Experte, das „Grundmuster von Religion, Kultur und Gesellschaft"; und er fügt hinzu: „das bis heute gültige".[74] Der Weisheits-Wahr-Nehmung verdankt sich jede Religion und jede Kultur, sie hat den Hominiden zum Menschen und die Horde zur Gesell-Schaft gemacht. Sie ist auch heute die Quelle – die einzige Quelle –, aus der die Religionen ihre Glaubwürdigkeit und die Weltanschauungen ihre Redlichkeit zu erneuern vermögen. Die Weisheit ist immer schon die lebensfördernde Begleiterin der Menschheit gewesen, sie allein wird uns im gemeinsamen Haus des Lebens ökumenische Zukunft geben.

Die Wurzeln unserer europäischen Kultur liegen nicht in der Geschichte des christlichen Abendlandes. Dort finden wir den Teilabschnitt eines Baumstammes. Dort können wir lediglich einige bis heute grünende und Früchte tragende Zweige ausmachen – neben vielem abgestorbenem, knorrigem Geäst und mancher giftigen Frucht. Die Wurzeln des Baumes, an dem auch wir heute ein

Teilabschnitt sind, haben wir in der Weisheitserfahrung zu suchen, die weit in die Tiefen der Menschheitsgeschichte zurückreicht. Das sollten wir beachten – auch, wenn es um die „Leitkultur" in einem vereinten Europa geht.

Hören auf Weisheit – das ist so etwas wie eine „Fundamentalreligion" in allen Religionen, ja eine Art *Grundspiritualität des Menschengeschlechts.*

Rund um den Erdball leben inzwischen Millionen von Menschen, die, aus welchen Gründen auch immer, für Religion keine „Antenne" (mehr) haben. Man hat sie, durchaus nicht abwertend, die „religiös Unmusikalischen" genannt.[75] Das mag eine gewisse Berechtigung haben. Wenn es aber um die *Weisheit* geht, dann gibt es die „Unmusikalischen" nicht – nur die Gehetzten und Gestressten, die das leise „Lied in allen Dingen" nicht hören können, und die Lauten und die Dauerredner, die es übertönen. Doch die finden sich in allen Fraktionen.

In der Tradition zum Beispiel, aus der wir Christen stammen, gilt das Hören auf den „Geist der Wahrheit"[76] als die Grundaktivität des religiösen Lebens schlechthin. Gefragt, „welches Gebot das erste von allen" sei, antwortete Jesus von Nazaret mit dem Haupttext der alttestamentlichen Bibel, der, noch bevor vom Bekenntnis an den „einzigen Gott" die Rede ist, mit der Aufforderung beginnt: „Höre, Israel!"[77] Aber gerade wir Christen haben das Hören weithin verlernt. Religiosität besteht für uns vor allem darin, dass *wir* reden – in Form von Gebeten obendrein, die meistens nur „Gebitte" sind. Wir bekennen uns zu Glaubenssätzen, ohne genügend in sie hineinzuhorchen, zu Worten, die aufgrund ihrer zeitgebundenen und definierend-abgrenzenden Sprache mehr Weisheit verhüllen als offenlegen – und die schon naturgemäß nie mehr sein können als ein „armseliges Gestammel", wie Joseph Ratzinger sogar von den Formulierungen des christlichen CREDO sagt.[78] Damit aber reden wir die „Weisheit von oben"[79], von der die biblischen Texte sprechen, regelrecht zu! Wir Prediger und Theologen müssen uns dann nicht wundern, wenn unsere Kirchen immer leerer werden und unsere Glaubensverkündigung selbst unter den Gutwilligen als nichtssagend empfunden wird; nur wer selbst von der Weisheit berührt ist, wird andere berühren können.

Nicht anders ist es unter atheistisch orientierten Menschen. Nicht nur Glaubensworte lassen sich unverstanden nachplappern, den Ideen der Aufklärung geht es nicht anders; „Aufkläricht" hat Ernst Bloch (1885-1977) das Ergebnis genannt. Vorurteile und „dogmatische" Positionen sind auch hier auf den Mangel an Hör-Bereitschaft und auf den damit zwangsläufig verbundenen Wahrheits- und Realitätsverlust zurückzuführen. Michail Gorbatschow quittierte dies dem Politbüro der SED, wohl noch im Sinne einer Mahnung in letzter Stunde, mit den berühmt gewordenen Worten: „Wer zu spät kommt, den bestraft das Leben."

Doch es gab und es gibt die Wahrheitsliebenden und die für die Weisheit Empfänglichen auch unter marxistischen Atheisten. Rosa Luxemburg (1871-1919) zum Beispiel, uns ehemaligen DDR-Bürgern als freiheitlich denkende Sozialistin bekannt, schrieb ihrer Freundin Sophie Liebknecht im Dezember des Kriegsjahres 1917, als sie in Breslau im Gefängnis saß:

*So liege ich ... hier in der dunklen Zelle auf einer steinharten Matratze, um mich im Hause herrscht die übliche Kirchhofstille, man kommt sich vor wie im Grabe, vom Fenster her zeichnet sich auf der Decke der Reflex der Laterne, die vor dem Gefängnis die ganze Nacht brennt. Von Zeit zu Zeit hört man nur ganz dumpf das ferne Rattern eines vorbeifahrenden Eisenbahnzuges oder ganz in der Nähe unter den Fenstern das Räuspern der Schildwache. ... Und ich lächle im Dunkeln dem Leben, wie wenn ich irgendein zauberhaftes Geheimnis wüßte, das alles Böse und Traurige Lügen straft und in lauter Helligkeit und Glück wandelt. Und dabei suche ich selbst nach einem Grund zu dieser Freude, finde nichts und muß wieder lächeln über mich selbst. Ich glaube, das Geheimnis ist das Leben selbst, die tiefe nächtliche Finsternis ist so schön und weich wie Sammet, wenn man nur richtig schaut. Und selbst im Knirschen des feuchten Sandes unter den langsamen schweren Schritten der Schildwache singt ein kleines schönes Lied vom Leben – wenn man nur richtig zu hören weiß.*[80]

Rosa Luxemburgs BRIEFE AUS DEM GEFÄNGNIS galten als Geheimtipp in den Jahren der DDR, auch unter Christen. Ihr Büchlein wurde als „Bückware" (unterm Ladentisch) gehandelt. Das Exemplar, das ich während meiner Studienzeit erwerben konnte, hüte ich bis heute als besonderen Schatz. Über dreißig Randnotizen in dem kleinen Bändchen erinnern mich daran, wie sehr ich mich dieser Frau als „seelenverwandt" empfunden habe. In ihren Briefen war mir ein Mensch begegnet, der – trotz aller Unterschiede in der weltanschaulichen und politischen Überzeugung – aus einer Quelle lebte, die auch ich kannte. Da war es wieder, das „Lied in allen Dingen": das „kleine schöne Lied vom Leben" (s. S.71). Und diesmal in den Schriften einer Frau, die nicht durch eine Religion motiviert worden war, es zu hören. Wie Joseph von Eichendorff die „Wünschelrute" – so der Titel seines Vierzeilers (s. u.) – für sein Leben gefunden hatte, so hatte Rosa Luxemburg den „Zauberschlüssel" entdeckt, der „vor allem Kleinen, Trivialen und Beängstigenden schützt"[81]: die Erkenntnis, dass aus allem Wahrheit spricht, aus dem Zwitschern der Kohlmeisen auf dem Gefängnishof, aus den Werken der Weltliteratur und den Sachbüchern über Geschichte und Naturwissenschaft, die sie sich in die Haftanstalt schicken ließ, aus den Briefen, die ihr Freunde und Parteigenossen geschrieben hatten, und selbst aus dem Stiefelknirschen der Wachmannschaft ... – „wenn man", wie sie schreibt, „nur richtig schaut, ... wenn man nur richtig zu hören weiß" (s. o.). Was ich da las, war Seite für Seite so wohltuend anders als so mancher lebensferne Dogmatismus auch in Büchern christlicher Autoren. Selbst in den folgenden Zeilen, die Rosa Luxemburg an die Freundin schrieb, empfand ich mich der atheistischen Sozialistin verwandt: „... innerlich fühle ich mich in so einem Stückchen Garten wie hier oder im Feld unter Hummeln und

Gras viel mehr in meiner Heimat als – auf einem Parteitag ..., mein innerstes Ich gehört mehr meinen Kohlmeisen als den ‚Genossen'. Und nicht etwa, weil ich in der Natur, wie so viele innerlich bankerotte Politiker, ein Refugium, ein Ausruhen finde ..."[82] Ich habe mir damals, als 21-jähriger Theologiestudent, an den Rand geschrieben: „Geht mir ähnlich!"

Auffassungen wie „Die Partei, die hat immer recht" und „Die Kirche ist allein seligmachend" haben auf der menschlichen und psychologischen Ebene wohl dieselben Wurzeln. Der „Tor" aus Salomos Buch ist weder der Jude noch der Heide und heute weder der Religionslose noch der Religiöse, sondern der Mensch, der sich der Stimme der Weisheit verschließt. Und der „Frevler" ist der, der die Wahrheit verdreht, um Argumente für den Fortbestand des eigenen Urteils zu haben, nicht selten auch für den Fortbestand seiner kleinen Macht.

*Uns Menschen eint, dass uns das Ohr gegeben ist, das Lied der Weisheit zu hören.* Ich denke, wir sollten uns auf dieses „Grundkapital" besinnen. Wir besitzen es, wir müssen es uns nicht einmal erst schaffen. Nur gepflegt und als „arbeitendes" Kapital eingesetzt muss es werden. Auch damit haben gerade wir im Osten Deutschlands über mehr als ein halbes Jahrhundert hin gute Erfahrungen sammeln können. Vielleicht haben wir uns diesen kostbaren Erfahrungsschatz nur noch nicht genügend bewusst gemacht. Wir kennen freilich auch das Gegenteil: Wo das Ohr verschlossen ist, eint uns nur noch die nackte Existenz – das aber heißt

Rückfall in den gnadenlosen Kampf ums Dasein, Horde gegen Horde und einer gegen den anderen, auch mit den Mitteln der Religion und des Atheismus.

Ein junger Landsmann aus dem 18. Jahrhundert – er verbrachte seine kurze Lebenszeit in Jena, Leipzig, Wittenberg, Freiberg und Weißenfels –, der unter seinem Dichternamen bekannte Novalis (1772-1801), hinterließ uns ein hoffnungsvolles, noch immer motivierendes Vermächtnis:

> Wenn nicht mehr Zahlen und Figuren
> Sind Schlüssel aller Kreaturen,
> Wenn die so singen oder küssen
> Mehr als die Tiefgelehrten wissen,
> Und man in Märchen und Gedichten
> Erkennt die wahren Weltgeschichten,
> Dann fliegt von einem geheimen Wort
> Das ganze verkehrte Wesen fort.[83]

Damit das „verkehrte Wesen" von unserem Erdball verschwindet, bemühen wir uns heute um den *Dialog der Kulturen* – ein notwendiges Gespräch bis in die pluralistische Familie hinein. Dabei geht es nicht nur um die Deutung des Daseins mit oder ohne Gott. Wir suchen zugleich nach Gemeinsamkeit in dem, was wir für recht und für unrecht, für menschlich und unmenschlich halten, nach einer *Ethik*, die uns alle verbindet. „Keine neue Weltordnung ohne ein Weltethos", heißt es in einer Erklärung des PARLAMENTS DER WELTRELIGIONEN von 1993.[84] Die Autoren sind überzeugt: „Unsere oft schon jahrtausendealten religiösen und ethischen Traditionen enthalten genügend Elemente eines Ethos, die für alle Menschen guten Willens, religiöse und nicht religiöse, einsichtig und lebbar sind."[85] Lange vor dem Tübinger Theologen Hans Küng (geb. 1928), der dieser Erklärung den Weg bereitet hat, brachte schon der als Urwaldarzt von Lambarene bekannt gewordene Theologe und Kulturphilosoph Albert Schweitzer (1875-1965), zum ersten Mal im Jahre 1912, die Gewissheit zum Ausdruck, dass jeder Mensch, auch „der überzeugteste Materialist", jenen „Grundton aller Kultur" in sich vernehmen kann[86], der uns sagt: „Gut ist: Leben erhalten und fördern, schlecht ist: Leben hemmen und zerstören."[87] – Rosa Luxemburg hätte solchen Überzeugungen wohl nur zustimmen können, schrieb sie doch ihrer Freundin:

*Sie fragen, ,wie man gut wird', wie man die ,subalternen Teufel' in seinem Innern zum Schweigen bringt? Sonitschka, ich weiß dagegen kein anderes Mittel, als eben jene Verknüpfung mit der Heiterkeit und Schönheit des Lebens, die stets und überall um uns sind, wenn man nur versteht, Augen und Ohren zu gebrauchen.[88] (...) Jetzt eben – ich habe eine kleine Pause gemacht, um den Himmel zu beobachten – ist die Sonne schon viel tiefer hinter dem Gebäude versunken und hoch oben schweben – weiß Gott woher – lautlos zusammenlaufende Myriaden kleiner Wölkchen, die am Rande silbrig leuchten, in der Mitte zart grau sind und alle ihre zerfetzten Umrisse nach dem Norden steuern. Es liegt so viel Unbekümmertheit und kühles Lächeln in diesem Wolkenflug, daß ich mitlächeln muß, wie ich immer den*

*Rhythmus des umgebenden Lebens mitmachen muß. Wie könnte man bei solchem Himmel ‚bös' oder kleinlich sein? Vergessen Sie bloß nie, um sich zu blicken, dann werden Sie immer wieder 'gut' sein.*[89]

Erfolg bringend werden alle diese notwendigen Gespräche, ob in weltanschaulichen oder ethischen Fragen, ob am Stammtisch oder auf Weltkonferenzen, nur in dem Maße sein, wie wir nicht nur gegensätzliche Standpunkte miteinander diskutieren, sondern bereit sind, auf die − vielleicht doch noch tiefer liegende − Wahrheit zu hören. Zwei Ohren sind dem Menschen gegeben, damit das eine dem Gesprächspartner, das andere dem „kleinen Lied vom Leben" zugewandt sein kann. *Der Dialog der Gesprächspartner muss zum Trialog mit der gemeinsamen Partnerin „Frau Weisheit" werden.*

Um im Dialog der Kulturen zu einer „Kultur des Dialogs" zu finden, wie sie gegenwärtig Johannes Rau zu Recht von den Parteien, Gewerkschaften und Religionsgemeinschaften beharrlich einfordert[90], brauchen wir − das ist mir im Laufe der Jahre klar geworden − mehr als eine ethische Theorie, die nach dem kleinsten gemeinsamen Nenner in den unterschiedlichen Werte-Vorstellungen sucht, mehr also als ein gemeinsames Weltethos. Wir brauchen eine *gemeinsame Spiritualität.* Eben jene Grundspiritualität des Menschengeschlechts, die in den Völkern der Erde, wenn auch unvollkommen und wenn auch nicht von jedem Menschen, seit Jahrtausenden schon als *Hören auf Weisheit* gelebt wird.

Unter „Spiritualität" (lat.: spiritus = Geist) verstehen wir heute die *Geisteshaltung*, aus der heraus ein Mensch handelt, den „Geist", von dem er sich in seinem Tun und Denken leiten lässt. Auch die daraus entspringende Lebensweise nennen wir Spiritualität. Je nach Art und Herkunft dieses Geistes sprechen wir von einer fernöstlichen, einer esoterischen, einer islamischen, jüdischen oder christlichen, einer benediktinischen, karmelitanischen oder franziskanischen Spiritualität. Und wenngleich das bisher noch kaum üblich ist, darf durchaus auch von einer atheistisch-humanistischen Spiritualität die Rede sein. Er habe nie an Gott geglaubt, schreibt der in Paris lebende deutsche Politikwissenschaftler Alfred Grosser (geb. 1925), aber er definiere sich „als *,athée spiritualiste'*, als Atheist, der ... auf eine geistige Verbindung mit anderen bedacht ist", als einen „nichtmaterialistischen Atheisten".[91] Allen diesen verschiedenen Spiritualitäten liegt im Letzten jene Haltung zugrunde, die sich in den alten Menschheitstraditionen mit dem Wort „Weisheit" verbindet. Von welcher „Geistigkeit" geprägt auch immer: In jedem Fall ist der spirituelle Mensch ein bewusst lebender, wacher, an der Wahrheit orientierter, aus dem Hören auf Weisheit heraus denkender und handelnder Mensch. Sein Markenzeichen ist die „Wünschelrute", die einfühlsame Sensibilität, die ihn lehrt:

> Schläft ein Lied in allen Dingen,
> die da träumen fort und fort,
> und die Welt hebt an zu singen,
> triffst du nur das Zauberwort.[92]

Hören auf das „kleine schöne Lied vom Leben" –
das ist eine Spiritualität, eine Lebensform, eine bestimmte Art und Weise, mit sich selbst, mit den
Herausforderungen des Alltags, mit der Welt um
uns herum, mit dem Gleichgesinnten und mit dem
Andersdenkenden umzugehen. Die allein menschenwürdige.

„An euch, ihr Könige, richten sich meine Worte,
damit ihr Weisheit lernt"[93], schrieb Salomo vor
mehr als zweitausend Jahren. „Wenn ich Sie doch
zu dieser Lebensauffassung bringen könnte!"[94],
schreibt Rosa Luxemburg ihrer Freundin.

*Ich bin dazu geboren und dazu in
die Welt gekommen, dass ich für
die Wahrheit Zeugnis ablege.
Jeder, der aus der Wahrheit ist,
hört auf meine Stimme.*

Jesus von Nazaret

## *Pilatus und der Elefant*

### WAHRHEIT IST, WAS LEBEN LÄSST

„Was ist Wahrheit?" – abschätzig klangen diese
Worte im Mund des römischen Prokurators in Israel. Wahrheit, was ist schon Wahrheit!? Vor ihm stand
ein Jude aus Galiläa, angeklagt wegen vermeintli-
cher Gotteslästerung. Die höchste jüdische Behörde
forderte die Verhängung der Todesstrafe. „Was hast
du getan?", hatte der Römer den Angeklagten gefragt. Und der Mann hatte geantwortet: „Ich bin dazu
geboren und dazu in die Welt gekommen, dass ich
für die Wahrheit Zeugnis ablege. Jeder, der aus der
Wahrheit ist, hört auf meine Stimme." So erzählt die
Bibel vom Gerichtsprozess über den Fall Jesus von
Nazaret.[95] – Wahrheit, was ist Wahrheit?

Die Frage des Pilatus ist in die Geschichte einge-
gangen. Sie beschäftigt bis in die Gegenwart hinein Philosophen, Theologen, Juristen, Naturwissenschaftler und Poeten. Die Antworten fallen
unterschiedlich aus. Einig ist man sich immerhin
darin, dass kein Mensch im Besitz absoluter Wahrheit sein kann. Das freilich lehrt auch den Nicht-
Fachmann allein schon die schlichte Lebenserfahrung. „Jede Wahrheit hat zwei Seiten", sagt der
Volksmund; mindestens zwei. Warum das so ist,
das weiß die buddhistische „Bibel", der PALI-KANON
aus dem 1. Jahrhundert v. Chr., mit einer Parabel
zu beantworten[96], die man in der islamischen Welt
des multireligiösen Indien folgendermaßen wie-
dergibt:

*Im finstern Hause war der Elefant,*
*wo von den Indern ausgestellt er stand.*
*Und viele Leute kamen, ihn zu sehen –*
*sie alle mussten in das Dunkel gehen.*
*Da sie ihn in der Dunkelheit nicht sahen,*
*berührten sie ihn nur mit ihren Händen.*
*Der, dessen Hand an seinen Rüssel rührte,*
*sprach: ‚Wie eine Regenrinne ist der wohl!'*
*Der, dessen Hand an seine Ohren traf,*
*rief: ‚Wie ein Fächer sieht das Wesen aus!'*
*Der, dessen Hand berührte nur sein Bein,*
*sprach: ‚Wie ein Pfeiler wird das Tier wohl sein.'*
*Der, dessen Hand den Rücken rührte schon,*
*sprach: ‚Sicherlich, er ist gleichwie ein Thron.'*
*So kam ein jeder nur zu einem Teil.*
*und er verstand nur dies, und nicht das Ganze,*
*denn je nach dem Gesichtspunkt war verschieden*

*wie A und Z, was sie zu sehen glaubten.*
*Doch hielte jeder einer Kerze Licht,*
*so gäbe es die Unterschiede nicht!*[97]

Das „Kerzenlicht", das nötig wäre, um die ganze Wahrheit zu sehen, ist uns Menschen nicht gegeben. Darum werden wir sie immer nur in Teilen erkennen, von je verschiedenen „Gesichtspunkten" her. Die Wirklichkeit ist größer als das, was wir von ihr zu erfassen und in uns aufzunehmen vermögen. Das zu wissen, ist allein schon Wahrheit. Es ist die Wahrheit über uns selbst und unsere begrenzte Erkenntnisfähigkeit. „Ich weiß, dass ich nichts weiß", bekennt Sokrates (gest. 399 v. Chr.), der große Weise der griechischen Antike.[98]

Und doch dürften die Vokabeln „wahr" und „Wahrheit" aus unserem Sprachschatz nicht gestrichen werden. Wir wüssten dann nicht, wie wir es benennen sollten, wenn eine Situation ist, wie sie ist, wenn ein Urteil den Tatsachen entspricht oder wenn ein Gedanke uns berührt und wir ausrufen möchten: „Das ist es!"

Was also ist Wahrheit? Und: Was ist Weisheit? Ein Blick in die deutsche Sprachgeschichte kann hier recht aufschlussreich sein[99]:

*Weisheit* geht auf das indogermanische Wurzelwort „ueid" zurück, es bedeutet „weisen", „auf etwas hinweisen".[100] Eine Weisheit ist demnach eine Erkenntnis, die auf etwas *hinweist* – ohne es uns direkt und als Ganzes vor Augen stellen zu können. Sie weist auf Größeres und Umfassenderes hin, als sich unserem Erkenntnisvermögen kundtut. Dieser ursprüngliche Wortsinn ist in der Orthographie noch daran erkennbar, dass wir Weisheit nicht mit „ß", sondern mit einfachem „s" schreiben, also nicht von „wissen", sondern von „weisen" herleiten.

Und *Wahrheit* führen die Etymologen auf das Stammwort „uer" zurück. Es hat die Grundbedeutung von „vertrauenswert", meint aber auch „Gunst, Freundlichkeit erweisen". Wahr ist also im Sprachempfinden unserer Vorfahren, was uns als „Gunst" und „Freundlichkeit" entgegenkommt, etwas, worauf man vertrauen kann.[101] Eine Wahrheit ist niemals letztgültige Erkenntnis, nie abgeschlossenes Bescheidwissen und Begriffenhaben – und doch dürfen wir ihr trauen. Sie *weist uns hin* auf Echtes, „Freundliches" und Lebensförderndes – das immer größer ist als das bisher „wahr Genommene". Vorausgesetzt freilich, dass sie nicht erlogen oder Produkt einer Täuschung ist!

Auch der Ursprung des Wortes *lügen* ist in diesem Zusammenhang recht aufschlussreich: Die Sprachwissenschaftler leiten es von der Wortwurzel „leugh" her, aus der im Laufe der Geschichte neben „leugnen" auch „lügen" und „locken" hervorgegangen sind. Lüge und Unwahrheit entstehen, so wussten also unsere Ahnen, wenn eine Wahrheit geleugnet wird, wohl in der Regel mit der Absicht, den anderen auf eine falsche Fährte zu locken, aus welchen Gründen auch immer. Ähnlich ist es mit den Halbwahrheiten, die wegen ihres Anteils an Wahrheit um so verlockender vor uns hintreten können. Die Tatsache, dass wir in unserem Bemühen, die Wahrheit zu erkennen, immer auch den halben oder ganzen Unwahrheiten ausgesetzt sind – und darüber hinaus der Möglichkeit, uns schlichtweg und ohne unsere Absicht über einen Sachverhalt zu täuschen –, macht es erst recht notwendig, beim Erkannten niemals stehen zu bleiben.

Wer eine Wahrheit definieren will, sie festschreibt wie einen endgültigen und sicheren Besitz, wird früher oder später erleben müssen, dass auch andere und noch tiefere Wahrheiten über den Elefanten möglich sind. Ja, er wird die Erfahrung machen, dass er sich täuschen kann, dass er einer Lüge geglaubt hat oder dass er mit Halbwahrheiten angelockt wurde. Er muss dann freilich – resignierend oder gar zynisch wie Pilatus – an der Wahrheitsfrage selbst verzweifeln. Oder er wird, um im Besitz der Wahrheit zu bleiben, zum Fanatiker werden, indem er das „De-finierte", „Abgegrenzte" zum Ganzen und Endgültigen erklärt und die Täuschung und die Lüge als Wahrheit verkauft.

Der Weise dagegen erblickt in der Wahrheit eine *Weis*heit, eine *weisende Wahrheit*: eine Erkenntnis, die ihn hinweist auf weit mehr, als er im Augenblick „begreifen" kann. Er weiß, dass kein Wort und kein Begriff, keine Lehre und keine Definition die Wirklichkeit fassen können. Er traut der erkannten Wahrheit, aber er lässt sich von ihr führen zu noch Größerem hin. Er macht, wie Salomo, die Weisheit zur Lebensgefährtin und geht mit ihr einen *Weg*. Darin gleichen sich Lao-Tse im alten China (um 500 v. Chr.), der die höchste Weisheit „Tao – Weg" nannte, und die Bibel, die von Jesus als „Weg, Wahrheit und Leben"[102] spricht, ebenso, wie die großen Philosophen von der griechischen Antike bis zur postmodernen Gegenwart, die, meines Wissens ausnahmslos, den Prozess- und Weg-Charakter aller menschlichen Erkenntnis betonen.

Ich denke, manche Fragen müssen einfach deshalb ohne klare Antwort bleiben, weil sie falsch gestellt sind. Man kann nicht fragen, was Wahrheit „ist". Wahrheit „ist" nicht, Wahrheit – als Weisheit – *geschieht.*

Angemessen und förderlich ist dagegen die Frage, *was sie mit dem Menschen „macht"*, der sich von ihr „weisen" lässt. In der Beantwortung dieser Frage sind sich die Weisen und die Weisheitsliebenden einig. Gotthold Ephraim Lessing (1729-1781) – er lebte im Jahrhundert der beginnenden Aufklärungszeit – brachte ihre Erfahrung mit folgendem Bekenntnis ins Wort:

*Nicht die Wahrheit, in deren Besitz irgendein Mensch ist oder zu sein vermeinet, sondern die aufrichtige Mühe, die er angewandt hat, hinter die Wahrheit zu kommen, macht den Wert des Menschen. Denn nicht durch den Besitz, sondern durch die Nachforschung der Wahrheit erweitern sich seine Kräfte, worin allein seine immer wachsende Vollkommenheit bestehet. Der Besitz (dagegen) macht ruhig, träge, stolz ...*[103]

Wollte ich mir dennoch die Frage stellen, was Wahrheit „ist", so könnte ich sie nur von der Wirkung her beantworten, von den Früchten der Wahrheit her. Dann lautete die Antwort, eher beschreibend als definierend formuliert: *Wahrheit ist, was leben lässt – mich und andere.*

Wahrheit „erweitert die Kräfte", wie Lessing sagt. Sie weckt, das ist auch meine persönliche Erfahrung, das Leben in mir auf, lässt mich beweglich bleiben und hält meinen Geist auf Trab. Sie bewirkt, dass ich mir treu bleibe und doch nicht mehr derselbe Reinhard Körner wie vor 20 Jahren bin. Sie schmerzt, wenn sie kritisch daherkommt und meine Kreise stört, doch sie heilt und weitet die Sicht, wenn ich ihrer Weisung folge. Sie macht Andersdenkende zu meinen Lehrern, manche sogar zu meinen Freunden, jedes Buch zu einer neuen Lebenslektion und jeden anbrechenden Tag zum Abenteuer. Die Worte des Lao-Tse sind mir zutiefst aus dem Herzen gesprochen: „Ich habe zum Leben heimgefunden – zum Tao! Wahrlich: ... wer zum Tao erwacht, hat das Leben!"[104]

Und sie bewirkt zugleich, dass ich *andere* leben lassen kann: den, der den Rüssel, und den, der die Ohren kennt, obwohl *mir* der Elefant wie ein Pfeiler scheint. Ich traue dem Bein, das ich ertastet habe, ich gebe nicht meinen Glauben her und opfere einer fragwürdigen Harmonie mit dem Gesprächspartner nicht meine Einsichten und Überzeugungen. Doch ich schaue auch zur Wahrheit des anderen hin, still-heimlich wenigstens, wenn ich mit seiner Wahrheit alleine bin, und ich höre in sie hinein, ob sie nicht doch – *Weis*heit ist.

Wahrheit ist, was leben lässt. Ich kenne freilich auch, was meine Kräfte mindert, das geistige und seelische Wachstum bremst, mich eng und kleinlich macht. Das sind in meinem Leben nicht nur die Lügen, die Täuschungen und die Halbwahrheiten, denen ich allzu schnell Glauben geschenkt habe. Das sind vor allem all die vermeintlichen „Richtigkeiten", die ich mir zurechtmache oder die ich unbesehen übernehme – oft gegen eine innere Stimme, die mir sagt: Hier stimmt etwas nicht. Übergehe ich eine Wahrheit, die in mein Leben tritt, oder handle ich gar entgegen meiner „besseren Erkenntnis", so hinterlässt das in mir so etwas wie Selbstverachtung und Selbstanklage, ein niederdrückendes Gefühl jedenfalls. Rede und handle ich aber – auch dann, wenn ich mich damit unbeliebt mache – entsprechend dem, was ich als wahr erkenne, kann ich aufrecht gehen.

Mittels so genannter bildgebender Verfahren wie etwa der Kernspintomographie (MRT) oder der Positronenemissionstomographie (PET) können Neurowissenschaftler heutzutage sogar messbar nachweisen, was im Menschen geschieht, wenn er sich der weisenden Wahrheit und damit dem „Ganzen" verschließt: Er aktiviert dann, so zeigen Messungen der Hirnströme, fast ausschließlich die linke Hemisphäre der Großhirnrinde. Diese vermag zwar analytisch-scharf, aber nur nach dem Entweder-oder-Prinzip zu denken. Die rechte Hemisphäre, die, wenn auch unscharf im Detail, schier unendlich viele Informationen aufnehmen und auf das Sowohl-als-auch der Wirklichkeit blicken kann, bleibt mehr oder weniger unbeteiligt. Das aber macht nicht nur die Erkenntnis, sondern auf Dauer die gesamte Psyche des Menschen einseitig. Er wird eng, humorlos, dogmatistisch, unbeweglich. – Ich kenne das. Und ich kenne daher auch, was verletzt und tötet, mich und andere: was nicht hinweist, sondern an den Kopf wirft. Das ist nicht

Wahrheit. Das ist tote und tötende Ideologie. Besonders verhängnisvoll tritt sie in Erscheinung, wenn einer infolge dieser „Denkungsart" zum *binären Menschen*[105] geworden ist, für den es, wie in der Programmiersprache der Computertechnik, nur die Null und die Eins gibt: nur schwarz und nur weiß, die „Achse des Bösen" und die Koalition der Gleichgesinnten, entweder Freund oder Feind ...

Bei dem buddhistischen Eremiten Han Shan aus dem 7. Jahrhundert in China fand ich folgende Zeilen:

*Es gibt viele Intellektuelle auf der Welt.*
*Die haben ausgiebig studiert*
*und wissen einfach alles*
*Doch kennen sie ihr ursprüngliches*
*Wahres-Wesen nicht*
*Und wandeln fern, so fern vom WEG!*
*Wie eingehend sie auch die Wirklichkeit erklären,*
*Was nützen denn alle die leeren Formeln?*
*Wenn du ein einzig mal dein Selbst-Wesen erinnerst,*
*Dann tut sich dir Buddhas Einsicht auf.*
*Ihr eifrigen Schüler des WEGES lasst euch sagen,*
*Dass ihr euch ganz umsonst um Fortschritte bemüht.*
*Des Menschen Wesen ist ein geistig Ding.*
*Es ist kein Wort und keine Wissenschaft.*
*Ruft – und es antwortet unmissverständlich.*
*Doch wohnts im Stillen*
*und lässt sich nicht festhalten ...*[106]

Nicht, dass sich nun nach der „kritischen Wende" die Menschheit in Gottgläubige (aller Art) und Religionslose (Atheisten, Agnostiker, „Normale" ...)

gegliedert hat, ist das Problem auf dem Erdball, sondern dass wir einander zu sehr mit definierten Wahrheiten und zu wenig mit weisender Wahrheit begegnen – wenn nicht gar mit Halbwahrheit und Unwahrheit. Das ist der Grund, warum die Religionen, trotz mancher Anzeichen neuen Erwachens, ihre Kraft verloren haben – und mit ihnen die christlichen Kirchen ebenso wie die atheistischen Weltanschauungen. Treueparolen und „missionarische" Unternehmungen retten da die alten oder neuen Lehren genauso wenig aus dem allenthalben entgegengebrachten Ideologieverdacht wie das Pochen auf Tradition und angestammte Rechte oder die Anleihen bei Show-Business und Medien-Marketing. „Eine unabdingbare Voraussetzung für die radikalen Reformen, denen ich den Namen Perestroika gab", so Michail Gorbatschow im Rückblick auf die letzten Jahre der Sowjetunion, „war Glasnost, also Offenheit, und damit die Möglichkeit, aber auch das Recht, die Wahrheit zu sagen."[107]

Und nicht die Aufklärung ist schuld am vielbeklagten Schwinden der Werte und am vermeintlichen Untergang der (Leit-)Kulturen. Sie hat ja doch dazu geführt, dass immer mehr Menschen auch die linke, vernunftorientierte Hemisphäre ihrer Großhirnrinde benutzen lernen; dass sie das Denken nicht mehr den religiösen oder politischen „Führern" überlassen; dass sie sich befreien von Aberglaube, Schicksalsmacht und auferlegtem Herrschaftswissen und mit ihren analytisch-reflektierenden Fähigkeiten die Welt gestalten – mit oder ohne Kenntnis der Marx'schen These zu Feuerbach: „Die Philosophen haben die Welt nur verschieden interpretiert; es kommt aber darauf an, sie zu verändern!"[108] Nein, nicht die Aufklärung, nicht die Vernunft, nicht die Wissenschaft und nicht die Befreiung aus Hörigkeit und Fremdbestimmung haben die Menschheit in ihre bisher wohl kritischste Phase gebracht, sondern die mangelnde Bereitschaft, ein ganzheitlicher Mensch zu sein und auf Weisheit zu hören, auf das Lied der weisenden Wahrheit in allen Menschen und in allen Dingen.

Wahrheit, die meinem Leben und meiner Mitwelt *Zukunft* gibt, ist nur die Weisheit, die weisende Wahrheit, die aufbaut, aufrichtet und heilt.

Hätte der Römer Pilatus sein „ursprüngliches Wahres-Wesen" (Han Shan, s. o.) erkannt, hätte er sich seines „Selbst-Wesens erinnert" (ders.), so hätte er den Angeklagten verstanden, als dieser ihm antwortete: „Ich bin dazu geboren und dazu in die Welt gekommen, dass ich für die Wahrheit Zeugnis ablege. Jeder, der aus der Wahrheit ist, hört auf meine Stimme."[109] Wüssten die Politiker unserer Parteien und Gewerkschaften, die Prediger in den Gotteshäusern, die Wortführer atheistischer Weltanschauungen und die Medienleute in Funk und Presse, wie viele solcher Menschen, die „aus der Wahrheit sind", auch heute mitten unter uns leben, Menschen, die ihre oft so leeren und törichten Botschaften durchschauen – so mancher würde erschrecken wie der Kaiser im Märchen, vor dem ein kleiner Junge ausruft: „Aber er hat ja gar nichts an!"

*Ich habe keine Lehre. ... Ich nehme*
*ihn, der mir zuhört, an der Hand und*
*führe ihn zum Fenster. Ich stoße das*
*Fenster auf und weise hinaus.*
*Ich zeige Wirklichkeit.*

Martin Buber

# Wenn Weisheit Mensch wird

## DER STANDPUNKT DES ANDERSDENKENDEN IST DER GESICHTSPUNKT DES WEISEN

In den Bemühungen um ein friedvolles Miteinander in der Wohngemeinschaft Erde ist immer wieder von der *Toleranz* die Rede. Auch die EUROPÄISCHE AKADEMIE DER WISSENSCHAFTEN UND KÜNSTE, in deren religionsphilosophisch-theologischer Sparte ich mitarbeite, hat diese alte und heute so notwendige Grundtugend in Erinnerung gebracht. Das internationale Netzwerk aus Geistes-, Natur- und Humanwissenschaftlern, Künstlern und Publizisten hat es sich zur Aufgabe gemacht, durch interdisziplinäre Forschung und durch fach- und sachkundige Beratung öffentlicher Stellen in Politik, Religion und Gesellschaft zum Aufbau eines geeinten Europa beizutragen. Ein wichtiger Meilenstein war die Erarbeitung einer CHARTA DER TOLERANZ, die im November 2002 in New York dem Generalsekretär der UNO, Kofi Annan, übergeben wurde. Der kurze, prägnant formulierte Text spricht von der „Kultur der Toleranz", die den „vielfältigen Phänomenen der Intoleranz" entgegengesetzt werden müsse.[110]

Derzeit ist die EUROPÄISCHE AKADEMIE darum bemüht, auf die Wiedererrichtung des vatikanischen SEKRETARIATS FÜR DIE NICHTGLAUBENDEN hinzuwirken. Auch dabei geht es um die Tugend der Toleranz. Das Sekretariat der Katholischen Kirche war 1965, noch während des letzten Konzils (1962-1965), mit der Absicht gegründet worden, den *Dialog zwischen Christen und Atheisten* zu fördern, wurde dann unter Johannes Paul II. jedoch praktisch wieder aufgelöst. Nach fruchtbaren Jahren unter der Leitung des Wiener Kardinals Franz König (geb. 1905) ist es 1993 mit dem PÄPSTLICHEN RAT FÜR DIE KULTUR zusammengelegt worden, wobei die ursprüngliche Zielsetzung deutlich in den Hintergrund gedrängt wurde und an die Stelle des Dialogs das einseitig missionarische Anliegen trat, „den Kulturen unserer Zeit, die oft von Unglauben und religiöser Gleichgültigkeit gekennzeichnet sind", die „Heilsbotschaft des Evangeliums" zu vermitteln.[111] So verständlich das nun hervorgehobene Anliegen sein mag (grundsätzlich teile auch ich es durchaus!) – es geht in seiner Einseitigkeit an der Realität unserer Zeit vorbei. Wie wichtig und wie heilsam wäre es gerade für die Katholische Kirche, sich auch heute noch einem wirklichen *Gespräch* mit dem Atheismus zu stellen und sich mit dessen kritischen Antworten auf die Verfälschungen des Christentums in Praxis und Lehre auseinanderzusetzen. Und wie aktuell wäre gerade heute, da die religionslose Lebensform in unserer Welt immer selbstverständlicher geworden ist, das Anliegen, zu dem sich schon 1965 das Zweite Vatikanische Konzil bekannte:

*Wenn die Kirche auch den Atheismus eindeutig verwirft, so bekennt sie doch aufrichtig, dass alle Menschen, Glaubende und Nichtglaubende, zum richtigen Aufbau dieser Welt, in der sie gemeinsam leben, zusammenarbeiten müssen. Das kann gewiss nicht geschehen ohne einen aufrichtigen und klugen Dialog. Deshalb beklagt sie die Diskriminierung zwischen Glaubenden und Nichtglaubenden, die gewisse Staatslenker in Missachtung der Grundrechte der menschlichen Person ungerechterweise durchführen.* [112]

Bedenkt man die damalige Situation – es war die Zeit des militanten Atheismus und der gesellschaftlichen Ächtung der Christen in den Ostblockstaaten, aber auch die Zeit, da die „Ungläubigen" in weiten Kreisen der Kirchen noch als schlechthin unmoralisch betrachtet wurden –, so atmet dieses Bekenntnis in erstaunlicher Klarheit den Geist der Menschlichkeit. Kardinal Franz König, inzwischen 98-jährig, erzählte uns auf einer unserer Tagungen, es sei ihm und der Mehrheit der Konzilsteilnehmer damals nicht etwa darum gegangen, „gegen die Atheisten zu kämpfen"; vielmehr sei es ihr Anliegen gewesen, „die beiderseitig bestehende Intoleranz in Toleranz zu wenden".[113]

Toleranz – auf den ersten Blick ein Modewort. Manchem auch ein rotes Tuch. „Toleranz" klingt nach Unverbindlichkeit und Gleichmacherei, nach Relativismus, nach Verwässerung der Werte und Aufgeben klarer Standpunkte. Soll wirklich jeder für den Elefanten halten dürfen, was er will? Darf gar jeder tun, was er aus seiner begrenzten oder womöglich irrigen Sicht für richtig hält? – Die Autoren der CHARTA DER TOLERANZ wissen um die Problematik dieses heute oft und unüberlegt dahingeredeten Begriffs. „Die Grundtugend der Toleranz inhaltlich zu bestimmen", so schreiben sie, „erscheint uns als dringende Notwendigkeit."[114] Zwei der sechs Leitsätze, die sie zur Begriffsklärung vorlegen, lauten:

– *Toleranz erfordert die Fähigkeit des Menschen, den Anderen zu verstehen und ihn in seinem Anderssein zu respektieren.*

– *Toleranz setzt einen sicheren Standpunkt voraus.*[115]

Und in der Präambel heißt es dazu:

*Im globalen Zusammenrücken der Menschen mit ihren Traditionen und Weltanschauungen wird es unerlässlich, sich seiner Kulturidentität immer neu zu*

*vergewissern. Jeder Mensch hat das Anderssein des
Anderen zu respektieren und bereit zu sein, dieses
als Wert wahrzunehmen. Das wird gelingen, wenn
alle im Grundkonsens von Toleranz übereinstimmen. Dort, wo kein Konsens gefunden werden kann,
muss zumindest ein friedliches Zusammenleben ge-
sichert werden.*[116]

Eine „Wischi-Waschi-Toleranz" ist also ganz und
gar nicht gemeint. Auch in weltanschaulicher und
religiöser Hinsicht nicht. Der Relativismus, wie er
gegenwärtig etwa im Dialog der Religionen auch
von einigen christlichen Theologen vertreten wird,
ist keine wahrheitsgemäße Antwort auf die Schwarz-
Weiß-Mentalität der Intoleranz; er macht die Welt
grau und übersieht, dass sie die bunten Farben
des Regenbogens trägt. Toleranz ist das uneinge-
schränkte Ja zur Andersartigkeit des anderen, doch
gerade diese Haltung ist in Aufrichtigkeit nur dem
möglich, der sich seiner eigenen Identität bewusst
ist.

Wie aber geht beides zusammen – ein *sicherer
Standpunkt,* ja eine „persönlich vergewisserte Kul-
turidentität" (s. o.), und zugleich ein aufrichtiger
*Respekt vor dem Standpunkt des anderen?*

Seit neun Jahren schon kommt Matthias, ein
Krankenpfleger aus Jena, für ein Wochenende im
Advent mit seinem Freundeskreis in unser Klos-
ter. Die Gruppe aus 10 bis 15 Studenten und jun-
gen Leuten verschiedenster Berufe ist in ihrer
Zusammensetzung ein ziemlich prozentgenaues
Spiegelbild unserer ostdeutschen weltanschauungs-
pluralistischen Gesellschaft. Die Gespräche in ih-

rer Runde sind für mich beispielhaft dafür geworden, wie echte Toleranz gelebt werden kann:

Was wir einander sagen – es geht (buchstäblich!) um Gott und die Welt und niemals nur ums „Wetter" –, ist weder Anbiederung an die andere Position, noch Schlagabtausch gegensätzlicher Argumente. Wir hören aufeinander, oder besser: ein jeder hört in die Erfahrung und in die Sicht, *in die Wahrheit des anderen* hinein. Hat einer gesprochen, folgt nicht sogleich ein Gegenargument, sondern zunächst eher die Frage: Wie hast du das erlebt?, Wie stehst du selbst dazu?, oder: Was macht das mit dir? Sein *Stand*punkt darf stehen bleiben und wird zu einem neuen *Gesichts*punkt für die anderen; er wird zu einer weisenden Wahrheit, die den eigenen Standpunkt von Unklarheiten reinigen, ihn von unbewussten Voreingenommenheiten befreien und mit tieferen Erkenntnissen bereichern kann. Behutsam, achtsam und doch verbindlich geht es in diesem Kreis zu. Die Stille zwischen den Gesprächsrunden trägt das Ihre dazu bei. Der atheistisch orientierte Physikstudent, die konfessionslose, aber christlich eingestellte Krankenschwester und der evangelische Architektur-Doktorand nutzen sie gleichermaßen gern für ein paar besinnliche Minuten im Meditationsraum oder in der Hauskapelle. „Da kann man so gut nachdenken", sagt die religionslose Anne, die sich in der Mongolei für die ökologische Weidewirtschaft engagiert.

Auch ich selbst habe diesen jungen Menschen viel zu verdanken. Was mich vor allem und von Jahr zu Jahr mehr beeindruckt, ist die Selbstverständlichkeit, mit der sie ihr tolerantes Miteinander pflegen. Hier begegnen mir *weisheitliche Menschen.* Gerade durch sie habe ich in so mancher Hinsicht *meinen* Standpunkt, meinen christlichen Glauben tiefer verstanden. Ein Beispiel dafür will ich nennen, eines, mit dem ich zugleich verdeutlichen kann, was ich meine, wenn ich von „weisheitlichen Menschen" spreche:

Von Jesus sagt die Bibel, in seiner Person sei „das WORT Fleisch geworden".[117] „Fleisch geworden" heißt hier „Mensch geworden", und für „Wort" steht im altgriechischen Originaltext der Ausdruck „lógos", was in der hellenistischen Kulturwelt, in der die Autoren des Neuen Testaments lebten, soviel bedeutete wie „Sinn-erhellendes Weisheitswort". Jesus, ein zum „Weisheitswort" gewordener Mensch – wie es zu dieser theologischen Aussage kommen konnte, das eben ist mir nicht zuletzt in der Jenaer Gruppe einsichtig geworden: Die Leute im damaligen Israel müssen in dem Mann aus Galiläa wohl einem Menschen begegnet sein, der ähnlich auf sie wirkte wie auf mich meine Freunde aus Jena. Gewiss, in einem noch weit intensiveren Maße. In Jesus aus Nazaret erlebten sie einen Menschen, von dem sich ein jeder respektiert und als *Mensch* betrachtet wusste – und der zugleich „etwas zu sagen" hatte. Der weder frömmelnd daherredete und schulmeisterlich belehrte, noch die fade Soße des Relativismus und der Harmonisierung über alle Meinungsvielfalt goss, sondern den doktrinären und kasuistischen Auffassungen seiner Zeit ein entschiedenes „Ich aber sage euch ..."[118] entgegenhielt. Er konnte den Blick für Wahrheiten öffnen, durch die sich vielen ein neuer Lebenssinn erschloss. Sie erlebten einen Menschen mit sicherem Standpunkt, der in ihr Denken und Urteilen einen neuen, für sie geradezu revolutionären Gesichtspunkt brachte! Und der authentisch war, im Einklang mit sich selbst und mit dem, was er sagte und tat. Menschgewordene Weisheit.

Martin Buber (1878-1965), der große jüdische Philosoph des 20. Jahrhunderts, hat einmal von sich gesagt:

*Ich habe keine Lehre. Ich zeige nur etwas. Ich zeige Wirklichkeit, ich zeige etwas an der Wirklichkeit, was nicht oder zu wenig gesehen worden ist. Ich nehme ihn, der mir zuhört, an der Hand und führe ihn zum Fenster. Ich stoße das Fenster auf und weise hinaus. Ich zeige Wirklichkeit ...* [119]

Genau das hat auch der Jude Jesus aus Nazaret getan. Für mich persönlich, wie auch für viele andere rund um den Erdkreis, ist er – das ist *mein* sicherer Standpunkt – zum weisheitlichen Menschen schlechthin geworden, zur *sinnerhellenden Weisheit in Person*. Und mir ist heute klar: In Zukunft wird Jesus mehr und mehr von „artgleichen" Menschen entdeckt oder wiederentdeckt werden, von weisheitlichen Menschen also, von religionslosen ebenso wie von religiösen, und von Angehörigen anderer Weltreligionen ebenso wie von kirchlichen oder konfessionslosen Christen. Seine Bergpredigt haben selten Christen so gut verstanden wie der Hinduist Mahatma Gandhi (1869 – 1948) – der sich dennoch zeitlebens zum Hinduismus bekannte. Der tschechische Philosoph Milan Machovec (gest. 2003), ein Marxist, hat sich „mit einer positiven Leidenschaft", wie sie unter Christen ganz und gar nicht selbstverständlich ist, dem „Meister aus Nazareth" zugewandt und in ihm den „Jesus für Atheisten" gefunden[120] – gerade dadurch konnte er in politisch schwierigen Zeiten seinen marxistischen Idealen treu bleiben. Und selbst der streitbare Religionskritiker Friedrich Nietzsche (1844-1900), der den Glauben an Gott für tot erklärt hatte, war der Meinung, es habe „im Grunde nur einen Christen (gegeben), und der starb am Kreuz"[121]; in einer Nachlassaufzeichnung räumte er ein: „Das Christentum ist jeden Augenblick noch möglich; denn es ist eine *Praxis*, keine Glaubenslehre."[122] – Das sind nur drei (in diesen Fällen prominente) Beispiele, die für viele andere aus Vergangenheit und Gegenwart stehen. Sicher werden sie auch in Zukunft nicht fehlen.

Wie werde ich ein weisheitlicher Mensch? Kurz zusammengefasst: Indem ich bewusst auf alles höre, was mir als Weisheit, als weisende Wahrheit begegnet. Jeder hat die Fähigkeit dazu. Sie ist in unserer Seelen- und Geistesstruktur angelegt:

Unser menschliches Erkenntnisvermögen, so wusste schon die vor-wissenschaftliche Psychologie seit Aristoteles, ist als *ratio* und als *intellectus* tätig.[123] Der intellectus ist die wahrnehmende, die ratio die denkerisch-verarbeitende Tätigkeitsweise unseres Geistes:

Um zu Einsichten und Erkenntnissen zu gelangen, schaut der Mensch *intellektual* auf das, was ihm als Wahrheit entgegentritt: auf die Dinge, die

Geschehnisse, die verschiedenartigen Realitäten in der Welt um ihn herum. Mit dem intellectus nimmt er darüber hinaus Gedanken und Argumente in sich auf, die Ideen aus der „geistigen Welt", wie sie uns aus dem Gespräch mit anderen, aus Büchern, aus Bildern oder auch aus dem eigenen Inneren entgegenkommen. Der intellectus nimmt (weisende) Wahrheit wahr.

Die *rationale* Geisteskraft reflektiert das so Wahr-Genommene. Mit ihr denken wir über das „Geschaute" nach, bringen Einzelnes miteinander in Verbindung, unterscheiden „die Geister", ziehen Schlussfolgerungen, formen uns daraus die Lehren für das Leben.

Im Zusammenspiel von *beiden* Tätigkeitsweisen der Geisteskraft entstehen unsere Kenntnisse, unsere Erfahrungen und unsere Überzeugungen.

Ein Mensch, der in seinem Geist zu einseitig rational tätig ist, der das intellektuale Schauen versäumt, wird wie ein Computer mit blockiertem Input. Seine Überlegungen und Urteile kreisen dann im geschlossenen System. Seine Ansichten werden wirklichkeitsfremd. Seine Ideen werden Ideologien: realitätslose Ideenwelten; seine Worte sind abstrakte „Zahlen und Figuren" (Novalis), und seine Lehren hinterlassen Leere. Die religiöse wie die atheistische und die religionsfreie Welt kennt diese Geisteshaltung und ihre verheerenden Auswirkungen.

Die weisheitliche Lebensform dagegen entwickelt mit der ratio auch das intellektuale „Tun" des Geistes. Der Weise weiß um die Begrenztheit aller Lehr- und Denksysteme, aller religiösen und aller nichtreligiösen Daseinsdeutungen, aller Urteile und allen Wissens – und bleibt offen für die Realität und die Wahrheiten vor der Tür seines Geistes.

Als im Zuge der neuzeitlichen Entwicklung in den Geisteswissenschaften, vor allem in der Theologie und in den philosophischen Schulen, dieser Zusammenhang von ratio und intellectus in Vergessenheit zu geraten drohte, wies Friedrich J. W. Schelling (1775-1854) die Gelehrtenwelt darauf hin, dass „die Vernunft, inwiefern sie sich selbst zur Quelle und zum Prinzip nimmt, keiner *wirklichen* Erkenntnis fähig ist. Denn", so Schelling in gutem Philosophen-Deutsch, „was ihr immer zugleich zum Seienden und Erkennbaren wird, ist ein über die Vernunft Hinausgehendes, welches sie darum einer anderen Erkenntnis, nämlich der Erfahrung, überlassen muß."[124]

Zu unserer Seelenstruktur gehört neben dem Erkenntnisvermögen der *Wille*, die Entschlusskraft des Menschen. Mit ihr können wir die ratio und den intellectus bewusst betätigen. Der Wille agiert freilich nicht unabhängig von unseren Stimmungen und Emotionen. Vor allem unsere Vorlieben, unsere Wertvorstellungen, unsere Vorentscheidungen und unsere Ängste, ja sogar verborgene Fixierungen motivieren die innere Entschlusskraft, Neues, Unbekanntes, fremd Erscheinendes und bisher noch zu wenig Bedachtes in uns aufzunehmen – oder uns dem zu verschließen. Weisheitlich wird der Mensch, wenn er auf die Motive seines Denkens und Handelns achtet und immer wieder von neuem das Abenteuer eingeht, sich gegen alle Trägheiten und Voreingenommenheiten seines Herzens, auch gegen alle demotivierenden Stimmen von außen und von innen, der immer noch größeren und umfassenderen Wahrheit zu öffnen.

Hinzukommt als drittes Geistesvermögen die *Gedenkkraft*, die „memoria", wie die Alten sagten. Das ist die Fähigkeit, innerlich bei dem zu verweilen, was wir intellektual wahrgenommen und rational bedacht haben: das Gehörte und Erkannte „verkosten und verschmecken", sagen manche Weisheitslehrer, sodass es uns zur „Nahrung" werden kann. Gemeint ist hier eher ein Bedenken als ein Denken: ein „erspüren" und „sich berühren lassen". Weisheitlich kann werden, wer der Stille und der Muße in seinem Herzen Raum gibt, damit die Wahrheiten, die das Leben an ihn heranträgt, sich ihm „einverleiben", in ihm „Fleisch werden" können. Ohne Stille und Muße muss es zu dem kommen, was eine Spruchkarte mit den Worten karikiert: „Die Weisheit läuft dir nach – doch du bist schneller!"

Was ich hier mit Worten der alten Psychologie – die neuere, wissenschaftliche Psychologie ist zu ähnlichen Ergebnissen gekommen – beschrieben habe, kann nichts anderes als (um mit Martin Buber zu sprechen, s. o.) ein „Fenster" sein, durch das hindurch im eigenen Inneren erkannt werden muss, was es da zu „tun" gilt, um weisheitlich zu leben.

„Ein anderer Christus werden", so hieß ein zentraler, doch leider schon bald in Vergessenheit geratener oder moralistisch umgedeuteter Leitgedanke in den ersten Jahrhunderten der Kirchengeschichte: Ein Mensch werden, wie Jesus einer war.

Vielleicht waren die Voraussetzungen, um ein weisheitlicher Atheist, ein Buddhist mit „Buddha-Natur", ein Jude nach dem Urbild Abrahams oder ein Christ aus dem Geist des Jesus von Nazaret zu werden, nie so gut wie heute. Die Begegnung von Menschen so verschiedener Standpunkte, wie sie unterschiedlicher in der Menschheitsgeschichte noch nie im selben „Auditorium" – in fast jedem Arbeitsteam, im selben Ausbildungskurs, in allen demokratischen Gremien, zum Teil in derselben Familie – vertreten wurden, wird uns, schon um des Überlebens willen, immer mehr dazu herausfordern, weisheitliche Menschen zu werden: Menschen, die einen Standpunkt haben und zugleich die weisende Wahrheit in sich einlassen, die ihnen nicht zuletzt im so ganz anderen Standpunkt des Andersdenkenden entgegenkommt.

*Wahrheit und Liebe sind iden-*
*tisch. Dieser Satz – wenn er in*
*seinem ganzen Anspruch begrif-*
*fen wird – ist die höchste Garan-*
*tie der Toleranz.*

Joseph Ratzinger

# Die Botschaft der Taube

## Weisende Zeichen fehlen uns nicht

Die Friedenstaube ist zurückgekehrt. Bei den De-
monstrationen gegen Krieg, Ausbeutung, Unge-
rechtigkeit und Gewalt ist sie in allen Erdteilen
präsent. Im Internet findet sie die Suchmaschine
derzeit auf mehr als 5.300 Seiten. Pablo Picasso
(1881-1973), Mitglied der Kommunistischen Partei
Frankreichs, hatte die flügelschwingende Taube
1949, anlässlich eines Weltkongresses in Paris,
zum Leitsymbol der Friedenskämpfer gemacht. In
den Jahren der DDR gehörte sie, geradezu allge-
genwärtig, für uns Ostdeutsche zum Lebensalltag.

Den wenigsten von uns war damals die eigentliche Herkunft der Friedenstaube bekannt. Auch
ich habe erst lange nach dem Mauerfall davon ge-

hört, dass der aus dem katholischen Spanien stammende Picasso auf etwa einem Dutzend seiner Plakatversionen die Taube mit einem Zweig im Schnabel dargestellt hat – für Juden und Christen ein vertrautes Motiv: Es ist die Taube aus der Bibel, die dem Noach einen grünenden Ölzweig ans Fenster der Arche bringt; sie kündigt ihm an, dass sich die Wasser der Sintflut zurückziehen und die Erde wieder zu leben beginnt.[125]

Doch selbst die biblische Taube steht, wie Religionswissenschaftler in den letzten Jahrzehnten herausfanden, in einer langen Tradition, und die reicht weit in die Kulturgeschichte der Menschheit zurück.

Schon aus dem frühen 3. Jahrtausend v. Chr. und bis in die ausgehende Römerzeit hinein gibt es zahlreiche außerbiblische Belege für diese Symbolik. Die Taube galt in allen Religionen des östlichen Mittelmeerraumes als heiliges Tier. Auf Tonreliefs, Steinornamenten und anderen Bildträgern erscheint sie als das Attribut der großen Liebesgöttinnen der antiken Welt. Sie übernimmt Botinnenfunktion, sie fliegt von der Göttin, etwa der Ischtar, der Astarte, der Ma'at oder der Aphrodite zu den Menschen hin, setzt sich auf die Schulter oder das Haupt und überbringt gute Nachricht. Sie flüstert eine göttliche Botschaft, eine *Weisheit* ins Ohr.[126] Um die Zeitenwende berichtet Philon (13 v. bis ca. 50 n.), ein großer Gelehrter der griechischen Philosophie und wie Salomo in Alexandria beheimatet, auch im jüdischen Glauben werde die Weisheit, die von Gott in die Welt gesandt wird, „symbolisch Taube genannt"[127]. In den frühchristlichen Schriften schließlich, in den Evangelien des Neuen Testaments, heißt es, der „heilige Geist" sei „wie eine Taube" auf Jesus von Nazaret herabgekommen und habe ihm die Botschaft Gottes: „Du bist mein geliebter Sohn ..." gebracht.[128] Es ist der „Geist der Weisheit"[129], den schon Salomo kannte. Jesus sagt von ihm, es sei der „Geist der Wahrheit, der euch in die ganze Wahrheit führen wird"[130].

Seit mindestens 5.000 Jahren also kennen sehr unterschiedliche Kulturen der Erde das Symbol der Taube. In der Menschheitsgeschichte ist sie ein altes Bild für die Weisheit – für jede weisende Wahrheit, woher immer sie uns „zugeflogen" kommt. Uns Christen ist sie zum Bild für den Heiligen Geist geworden. Und das eine hat mit dem anderen wesentlich zu tun.

Länger noch, seit unvordenklichen Zeiten schon, dringt das, was die kleine Taube verkörpert, an die Ohren der Menschen. Sie bringt kleine Briefe, nicht Lexika oder Bibliotheken, und schon gar nicht trägt sie eine alles erklärende Weltformel im Gepäck; ihre Botschaften enthalten nicht letztgültige Definitionen und geschlossene Lehrsysteme. Doch sie kehrt wieder, hat stets von neuem einen grünenden Zweig im Schnabel, und den, der ihr das Fenster seines Herzens öffnet, führt sie immer tiefer in die Wirklichkeit ein. Sie nimmt ihn in die Schule der Weisheit, Lektion um Lektion weist sie ihn in die Wahrheit ein.

Den Lauschenden und Hörenden in den Generationen vor uns verdanken wir es, dass der Weisheitsschatz, aus dem wir Heutigen schöpfen können – schöpfen könnten –, groß geworden ist und reich. An uns ist es, ihn zu heben. Wer ihn nicht hebt, bleibt arm, und wer, wie wir Christen gern spöttelnd sagen, „seinen eigenen Vogel für den Heiligen Geist hält", bringt sich um seinen besten Lehrer.

Wir sind heute sehr darum bemüht – jeder nach seinen Fähigkeiten und Möglichkeiten –, in allem „up to date" zu sein: auf dem Stand des Fortschritts, auf dem Stand der Wissenschaft, auf dem Stand der Technik und auf der Höhe der Zeit. Aber wie ist es um das Bemühen bestellt, auf dem *Stand der Weisheit* zu sein? – Niemand kann noch Schritt halten mit dem immensen Wissensstand der Gegenwart. Universalgelehrte gehören längst der Vergangenheit an, und selbst Spezialisten kommen ohne die Hilfe von Computern und Datenbanken nicht aus. Jedem aber ist es gegeben, in die Schule der Weisheit zu gehen und Schritt zu halten mit ihrem Unterricht. Es bedarf dafür weder eines überdurchschnittlichen Intelligenzquotienten noch eines Professorentitels. Ein weisheitlicher Mensch sein, das ist eher eine Charakterfrage, und die hat mit Ehrlichkeit, Aufgeschlossenheit, Menschlichkeit und Liebe zu tun. In einem bemerkenswerten Appell an die Gelehrten der Weltreligionen (von 2003) schreibt Kardinal Joseph Ratzinger:

*Wahrheit und Liebe sind identisch. Dieser Satz – wenn er in seinem ganzen Anspruch begriffen wird – ist die höchste Garantie der Toleranz; eines Umgangs mit der Wahrheit, deren einzige Waffe sie selbst und damit die Liebe ist.*[131]

Ich möchte an ein paar Beispielen zeigen, wie uns die Weisheit auch jetzt, in der gegenwärtigen Epoche der Menschheitsgeschichte, in ihren Unterricht nimmt – uns alle, Gelehrte und weniger Gebildete, Religiöse und Religionslose:

Seit Jahrtausenden weist uns die Taube den *Weg des Friedens.* Sie lehrte die Hörenden unter unseren Ahnen durch Erfahrung, dass Kriege Leid, Tod und Zerstörung bringen und Gewalt immer neue Gewalt gebiert. In ihrer Schule gelangten immer mehr Menschen zu der Erkenntnis, dass ein Krieg nur dann in Betracht gezogen werden darf, wenn dadurch noch schlimmeres Unheil verhindert und auf keinem anderen Wege einem mörderischen Unrecht entgegengewirkt werden kann. Der christliche Theologe Aurelius Augustinus (354-430) gebrauchte dafür das Wort vom „gerechten Krieg". Leider wurde diese Einsicht, die für besondere Situationen gewalttätiger Bedrohung durchaus ihre Gültigkeit behalten darf, bald verallgemeinert und zur „Lehre vom gerechten Krieg" gemacht. Mit dieser Lehre wurden dann über Jahrhunderte hin die Religions- und Eroberungskriege des christlichen Abendlandes, ja sogar die inquisitatorischen und politischen Gewalttaten gegen Andersdenkende legitimiert. Wie verhängnisvoll sich solches Denken auswirkt, zeigt sich bis in die Gegenwart hinein.

Heute erinnert uns die Taube wieder an ihre früheren Lektionen. Der Lernprozess in ihrer Schule geht weiter. Über den Bildschirm führt sie uns die von Kriegen und Terroraktionen betroffenen Menschen in die Wohnzimmer hinein: die Frauen, Männer und Kinder, deren Gesichter in unsere Augen blicken – und einen „gerechten Tod" sterben ... Die Friedenstaube zeigt uns die Realität hinter jedem Krieg! Sie macht uns klar, dass es zur gewaltfreien Konfliktlösung keine menschenwürdige Alternative gibt. Krieg, ja schon die Androhung von Krieg, ist unter den gegenwärtigen Bedingungen auch als „letztes Mittel" kein Weg mehr aus der Spirale der Gewalt. Wir haben letztlich nur den – gewiss mühsamen, langwierigen und nicht immer erfolgreichen – Weg der Verständigung, des Gesprächs und der Überzeugungskraft, um Terror, Mord und Zerstörung zu verhindern und dauerhaften Frieden zu bauen.[132]

In der Schule der Geisttaube hatte bereits Papst Johannes XXIII. am 11. April 1963, vor nunmehr vierzig Jahren, in seiner Friedens-Enzyklika PACEM IN TERRIS der „Lehre vom gerechten Krieg" eine entschiedene Absage erteilt. Mit dem leidenschaftlichen Friedensappell, den Johannes Paul II. immer wieder an die Konfliktparteien in den Krisengebieten der Welt richtet – „So lange ich noch eine Stimme habe, werde ich schreien: Frieden, Frieden. Im Namen Gottes, Frieden!" –, steht der jetzige Papst in der Linie seines großen Vorgängers. Wenn dafür auch noch längst nicht alle Ohren in Gesellschaft und Kirche offen sind; wenn auch die Torheit des Profitstrebens und der Macht die Weisheit des Friedens nicht einlassen will in das Denken mancher einflussreicher Zeitgenossen; wenn auch der Frevel parteipolitischer, religiöser und weltanschaulicher Sophisterei sich der Sophia des Dialogs und der Toleranz noch immer gewaltbereit entgegenstellt: Die Mehrheit in der Weltbevölkerung scheint heute auf dem Stand der Weisheit angekommen zu sein. „Krieg ist keine Antwort!" heißt die Botschaft, die quer durch alle Religionen, Weltanschauungen und Parteien immer lauter wird. „Die Weisheit hat ihr Haus gebaut ..." (s. S. 58).

Ein weiteres Beispiel: Die Monate nach dem Mauerfall brachten uns im Osten Deutschlands *die Erfahrung der runden Tische.* Das Gemeinwohl war das Ziel der – durchaus streitbaren – Debatten. Auch ich habe mich daran, auf kommunaler Ebene, aktiv beteiligt. Die Weisheit zeigte uns, wie gut es doch möglich ist, vom je eigenen Standpunkt aus auf den Standpunkt der anderen zu hören und miteinander nach dem zu suchen, was allen förderlich ist. Der runde Tisch auf Regierungsebene, unter der Gesprächsleitung eines evangelischen und eines katholischen Geistlichen, war geradezu eine Lehrvorführung hochintelligenten, weisheitlichen Umgangs miteinander in der parlamentarischen Demokratie.

Auch diese Lektion ist inzwischen weithin vergessen. Dem runden Tisch sind längst wieder, auf allen Ebenen, die klar abgrenzenden Stuhlreihen der Fraktionen gewichen, und weisende Wahrheit muss sich oft genug den Eigeninteressen der Parteien beugen. Und doch ist so vielen Menschen im Land, wenn sie das lautstarke Politiker-Gezänk am Bildschirm verfolgen, spätestens seit damals klar: Es könnte auch anders gehen! Die Weisheit hat ihre Schüler gefunden.

Im kirchlichen Raum gibt es ebenfalls Beispiele genug für das Wirken der Weisheit in unserer Zeit. So sprach man von einem *neuen Pfingsten in der Christenheit,* als die große Kirchenversammlung des

Zweiten Vatikanischen Konzils (1962-1965) das jahrhundertelange Systemdenken aufzubrechen begann. Mit dem Ruf „Zurück zu den Quellen!" erwachte in der Folge rund um die Erde ein in solchem Ausmaß nie dagewesenes Interesse an Jesus und seiner Glaubens- und Lebenssicht. Es war die Zeit meiner Jugendjahre. Ich hatte damals die unbändige Gewissheit, dass nichts in der Welt so fortschrittlich, so auf der Höhe der Zeit und so zukunftsweisend sei wie dieser neue Geist in der Kirche. Es schien, als führte uns der Heilige Geist nun von neuem in das Christentum ein. Die moralisierende Enge wich der Weite aufgeschlossener und lebensfreundlicher Einsichten, die frömmelnde Kasuistik dem vernünftigen Denken, die nichtssagenden Worthülsen einer zutiefst berührenden Lebens- und Daseinsdeutung. Das Jesus-Wort der Bibel: „Der Geist wird euch an alles erinnern, was ich euch gesagt habe"[133] war für mich und für viele meiner christlichen Freunde in jenen Jahren erfahrbare Wirklichkeit geworden. Der „Geist der Wahrheit"[134] lehrte uns, auf Jesus zu blicken und von ihm her noch einmal neu zu buchstabieren, wer Gott ist, was Menschsein bedeutet und was Christentum eigentlich meint.

Doch auch in der Kirche fand die Weisung der Taube nicht nur offene Herzen. Statt in allem zuerst und vorurteilslos an Jesus Maß zu nehmen, blieben weithin traditionalistische „Glaubens"-vorstellungen und konfessionelle Eigeninteressen das Kriterium, dem so manche tiefere Einsicht geopfert wurde. Und dennoch: „Die Weisheit hat ihr Haus gebaut." Wohl noch nie in der Geschichte der

Kirche war die Zahl derer, die unbeirrt Jesus von Nazaret und sein Gottes- und Menschenbild in das Zentrum ihres Glaubens, ihrer Verkündigung, ihrer Gottesdienste und ihres Weltengagements stellen, so groß wie heute. Die Menschen sind da, die dem Christentum das Gesicht wiedergeben wollen, das sich vor mehr als eineinhalb Jahrtausenden mit der Übernahme feudaler Strukturen, einhergehend mit einer schleichenden Jesus-Vergessenheit, zu entstellen begann. „Das Christentum fängt erst an. Es steigt gerade aus den Kinderschuhen. Es beginnt überhaupt erst. Es hatte noch keine Chance, sich zu entwickeln", sagte vor einigen Jahren der Pariser Kardinal Jean-Marie Lustiger.[135]

Noch ein Beispiel, das uns *alle* betrifft: Im Jahr 1784 schrieb der deutsche Philosoph Immanuel Kant (1724-1804): „Aufklärung ist der Ausgang des Menschen aus seiner selbst verschuldeten Unmündigkeit", und weiter: „Habe Mut, dich deines eigenen Verstandes zu bedienen!"[136] Mehr und mehr Menschen hatten Mut. Die einen fanden im *Gebrauch des eigenen Verstandes* zu einem bewussten Leben ohne Gott, die anderen auf demselben Wege zu einem tieferen Verständnis ihrer Religion. Und alle, die ihre Vernunft in den Dienst der Menschlichkeit stellten, ob Religiöse oder Religionslose, haben durch die Früchte ihres Denkens und Handelns bewiesen – wir alle leben heute, bis hin zu den Heilungsmöglichkeiten der modernen Medizin, von diesen Früchten! –, dass es die Weisheit war, die zu ihnen gesprochen hatte. Sie war es, die damals, an der „kritischen Wende", so vielen Menschen den Mut zusprach, einer einmal erkannten

Wahrheit mehr zu vertrauen als übergeordneten Autoritäten. Aber auch diese Weisung war nicht die letzte Lektion. Inzwischen lehrt die Weisheitstaube uns längst, dass nicht alles, was wir mit Vernunft und Wissen erfunden haben und mit der Freiheit des eigenen Willens zu tun imstande sind, dem Guten dienlich und der Menschlichkeit förderlich ist. Wissen, sagt sie uns, braucht auch Gewissen!

Und was die Frage *„Gott oder nicht Gott?"* betrifft, so lernen wir heute, der jeweils anderen Überzeugung mit Achtung zu begegnen. Wir Christen und religiös Orientierten sollten für die Anfragen der atheistischen Religionskritik von Herzen dankbar sein! Denn sie haben uns geholfen, unsere Auffassungen von Gott und vom Menschen, von Glauben und Frömmigkeit noch einmal neu zu bedenken und von den verhängnisvollen Projektionen, Irrtümern und Einseitigkeiten zu reinigen, die sich im Laufe der Jahrhunderte eingeschlichen hatten. Nichts ist meinem christlichen Glauben so förderlich gewesen wie die Auseinandersetzung mit den religionskritischen Argumenten, und das Jahr in meiner Studentenzeit, das ich sehr bewusst mit dem Atheismus im Herzen verbrachte, möchte ich in meiner Biografie nicht missen. Mahatma Gandhi spricht mir aus der Seele, wenn er sagt, Gott sei für ihn „sogar der Atheismus der Atheisten"[137].

Auch im viel beklagten „Unglauben unserer Zeit" ist das „kleine Lied vom Leben" verborgen, davon bin ich zutiefst überzeugt; auch in Religionslosigkeit und Atheismus spricht die Heilig-Geist-Taube der Bibel zu uns Christen – wie sie ebenso im Glauben der Religionen zu den Religionslosen spricht. Dass der heutige Atheismus weithin seine intolerante Militanz verloren hat, ist der Weisheitstaube zu verdanken: Sie lehrt die Hörenden unter den Religionslosen, dass ihr ideologischer Kampf nur einem Zerrbild von Gott und vom religiösen Leben gegolten hatte; dass die Wissenschaft zu Unrecht als Legitimation hergenommen wurde, das Dasein Gottes auszuschließen; dass die Kraft, aus der heraus viele ihrer religiösen Mitmenschen leben, wohl doch mehr sein muss als Projektion, Jenseitsvertröstung, „Opium" und Aberglaube.

Es ist der Stand der Weisheit heute, dass wir, die Religiösen und die Religionslosen, den Standpunkt des Andersdenkenden als Gesichtspunkt gelten lassen müssen, der dem eigenen Standpunkt die Offenheit für die immer noch größere, nie genug erkannte Wahrheit ermöglicht. Wir, die Religiösen und die Religionslosen, brauchen einander, um am Fenster des Herzens und des „eigenen Verstandes" die Weisheitstaube zu empfangen, die uns zu *Menschen* macht. Dann wird sie auch unsere Friedenstaube sein.

All das sind Beispiele nur. In den persönlichen Lebensgeschichten werden sich weitere finden lassen, aus denen wir den Mut und die Entschlossenheit schöpfen können, die Weisheit zu unserer Lehrmeisterin und Lebensgefährtin zu machen. Die Taube, „allen Menschen wohlbekannt", ist zurückgekehrt, auch in unser Land. An deutlichen Zeichen dafür fehlt es nicht, trotz aller Torheit in Gesellschaft, Politik und Religion – und im je eigenen Leben.

*Respektiere die Weisheit der Menschen,*
*die an Ratsversammlungen teilnehmen.*
*Hast du selbst vor der Versammlung eine*
*Idee geäußert, dann gehört sie von diesem*
*Augenblick an nicht mehr dir.*

*Weisheit der nordamerikanischen Indianer*

## *Freund und Esel*

### „ES GIBT NICHTS GUTES, AUSSER: MAN TUT ES!"

Auch mir gelten die Worte des libanesischen Schrift-
stellers Khalil Gibran (1883-1931), des großen Meis-
ters einer religions- und weltanschauungs-umgrei-
fenden Spiritualität:

*Erlerne die Worte der Weisheit,*
*die Weise dir schenken,*
*und wende sie auf dein Leben an.*
*Lebe sie –*
*aber fange nicht an, mit ihnen aufzutreten*
*und sie vorzutragen.*
*Wer nämlich wiederholt, was er nicht versteht und tut,*
*ist wie ein Esel, der eine Ladung Bücher trägt.*[138]

In der Tat: Es bringt uns nur wenig Nutzen, über „Frau Weisheit" zu räsonieren; es kommt vielmehr darauf an, sie zu entdecken und *zur Lebensgefährtin* zu machen. Sophia sucht Freundinnen und Freunde, nicht Esel, die Sophiologien zu Markte tragen. Weisheitliche Spiritualität will gelebt werden.

Und sie *ist* lebbar. Psychologen am Berliner MAX-PLANCK-INSTITUT FÜR BILDUNGSFORSCHUNG sagen sogar, sie lasse sich „trainieren".[139] Die Forschergruppe um Professor Paul Baltes (geb. 1939) befragte in mehreren Testreihen Personen unterschiedlichen Alters, worin sich ihrer Meinung nach im Lebensalltag Weisheit zeige. Dabei vermieden es die Experten der experimentellen Psychologie, eine bestimmte Begriffsdefinition vorzugeben, und stellten fest, dass „jeder Mensch ... ‚implizite' Theorien darüber (hat), was er unter einem weisen Vorgehen oder einem weisen Menschen versteht".[140] Es habe sich – auch schon in früheren Untersuchungen – erwiesen, sagen sie, „dass die meisten Befragten offensichtlich relativ konkrete Vorstellungen davon hatten, wie sich Weisheit im Denken und Verhalten manifestiert"[141]. Vor allem folgende Verhaltensweisen seien von den Befragten als „weise" bezeichnet worden:

– *sich hineinversetzen in die Situation des anderen, Akzeptieren der Werte und Ziele der anderen Person und Berücksichtigung ihrer individuellen Situation,*

– *zu den eigenen Zielen und Werten stehen, auf die eigene Intuition vertrauen und Verantwortung übernehmen, auch wenn dies ein Risiko beinhaltet,*

– *nicht ,aus dem Bauch heraus' handeln, sondern das eigene Wissen nutzen und alle Aspekte gut überlegen, ... Kompromisse eingehen können und auch bereit sein, Rat von anderen anzunehmen,*

– *Flexibilität, eine gewisse Gelassenheit und die Nutzung der eigenen Lebenserfahrung,*

– *die Bereitschaft, das ,größere Ganze' im Auge zu behalten.*[142]

Diese Verhaltensweisen sind erlernbar. Prinzipiell, so die Autoren der Studie, „lässt sich ... nicht nur das formale, sondern auch das ,weise' Denken trainieren"[143] – nicht nur unter methodischer Anleitung im psychologischen Versuchslabor. Wer sich mitten im Alltag immer wieder einmal sehr bewusst auf „eine Lektion in Weisheit"[144] einlasse, bei dem komme „gelebte Weisheit" auch „in wichtigen und schwierigen Lebenssituationen zum Tragen und bewirk(e) deren positive Lösung".[145]

Erkenntnisse dieser Art sind freilich nicht neu in der Geschichte der Menschheit. Eine sehr konkrete „Übungsanleitung" bietet zum Beispiel bereits DER HEILIGE BAUM, eine Zusammenstellung uralten Erfahrungswissens der indianischen Völker Nordamerikas aus der Mitte des 19. Jahrhunderts:

*Respektiere die Weisheit der Menschen, die an Ratsversammlungen teilnehmen. Hast du selbst vor der*

*Versammlung eine Idee geäußert, dann gehört sie von diesem Augenblick an nicht mehr dir, sondern dem ganzen Volk. Der Respekt verlangt es, den Reden anderer aufmerksam zuzuhören und nicht darauf zu beharren, daß dein Gedanke sich durchsetzen muß. Vielmehr solltest du die Ideen anderer vorbehaltlos unterstützen, wenn sie echt und gut sind, auch wenn sie sich von den Gedanken, die du selbst beigesteuert hast, beträchtlich unterscheiden. Aus dem Zusammenprall der Ideen entspringt der Funke der Wahrheit.*

*Lausche auf die Inspirationen, die dein Herz empfängt, und richte dich danach. Stelle dich darauf ein, daß du auf vielerlei Art eine führende Hand spüren wirst: im Gebet, in Träumen, in Zeiten einsamer Stille und durch die Worte und Taten weiser Ältester und Freunde.[146]*

Solche und ähnliche „Trainingsmöglichkeiten" gibt es viele. *Alle* Kulturen haben sie anzubieten:

In der *christlichen Tradition* spricht man von „geistlichen Übungen", die das weisheitliche Hören schärfen können. Dazu zählt etwa die persönliche Meditation eines Bibeltextes, aber auch das regelmäßige Gespräch mit anderen über wichtige Lebensfragen. Im Tageslauf der Klostergemeinschaft, der ich angehöre, ist täglich zweimal eine Stunde, am Morgen und am Abend, für die stille „Betrachtung" vorgesehen – auch für mich eine kostbare Zeit, in der es mir möglich ist, in Ruhe über die „weisenden Wahrheiten" nachzudenken, die mir gerade begegnet sind: in Gesprächen, in Büchern, in der Bibel, in einer Fernsehsendung ... Andere finden schlicht und einfach bei einer still „zelebrierten" Tasse Kaffee oder beim Atemholen in der Natur den nötigen Freiraum, um der Weisheit die Tür zu öffnen. Manche Christen unterbrechen hin und wieder ihren gewohnten Arbeitsalltag, um an sogenannten Exerzitien (= Einübungen) teilzunehmen; das sind Tage im Schweigen, in denen jeder Einzelne, angeleitet durch Vorträge oder Gesprächsimpulse, wieder einmal Ordnung in seine Gedanken zu bringen und der „Wahrheit seines Lebens" auf die Spur zu kommen versucht. Mehr als zweitausend Frauen und Männer im Jahr, die meisten im mittleren Lebensalter, kommen zu solchen Tagen in das Gästehaus unseres Klosters am Rande der lauten und geschäftig pulsierenden Weltstadt Berlin.

Auf die *jüdische Tradition* geht zum Beispiel der Sonntag zurück. Er hat, was heute kaum mehr im Bewusstsein ist, ebenfalls eine weisheitliche Funktion. Schon vor mindestens zweieinhalb Jahrtausenden wurde der Sabbat als siebenter Tag der Woche – im Christentum dann der Sonntag – für die Besinnung auf Wichtiges und Wesentliches reserviert, für die Pflege der Freundschaften und familiären Beziehungen und nicht zuletzt für das Hören auf die „Weisheit von oben".

Auch Yoga, ganzheitliche Körperübungen und die verschiedenen Formen der Meditation – sie entstammen zumeist *asiatischen Traditionen* – helfen heute vielen Menschen, bewusst und wach durchs Leben zu gehen und die Weisheit nicht zu überhören, die Tag für Tag ihre Gaben bereithält.

Und wir Ostdeutschen hätten der Menschheit aus *unserer Kulturtradition* sogar eine besondere, heute so notwendige Übung anzubieten: den „Schnitz". Das war in den Jahren der DDR eine ganz spezielle Maßeinheit. Sie bezeichnete den kurzen Moment, den man benötigte, um sich aus dem Sessel zu erheben, zum Fernsehgerät zu gehen und auf AUS zu drücken, wenn nach dem beliebten Montagsfilm Karl Eduard von Schnitzlers Sendung „Der schwarze Kanal" begann. Wie würde sich das Leben verändern – und die Welt um uns herum dazu –, würden wir weniger Halb- und Unwahrheiten konsumieren und uns stattdessen Zeit nehmen für ein gutes Buch, für ein Gespräch oder einfach ein paar stille Minuten zum „Fühlen und Denken".

Ob solche weisheitlichen Verhaltensformen allerdings „wirklich verinnerlicht" oder „schon bald wieder zugunsten der alten Denkmuster aufgegeben" werden, das, so meinen die Berliner Psychologen, „harrt noch der Erforschung".[147] Wir werden wohl immer der Weisheit Freund *und* Esel sein. Der Geist der Enge und des Prinzipiendenkens, der sich in religiösen und weltanschaulichen Fragen gern als Rechtgläubigkeit und Aufgeklärtsein darstellt, und der Geist der Weisheitlichkeit und der Toleranz, der die Wahrheit in der Liebe und die Liebe in der Wahrheit sucht, werden gleichermaßen Zukunft haben. Die Frage ist: Von welchem Geist werde ich mich *leiten* lassen?

Der Weisheitsschatz der Menschheit, aus dem wir dabei schöpfen können, ist groß ... Und groß ist am Beginn des dritten Jahrtausends, trotz hohem Bildungsstand und enormem Wissen, das Weisheitsdefizit. Schon vor einem halben Jahrhundert beklagten so bedeutende Philosophen wie Gabriel Marcel in Frankreich (1889-1973) und Max Horkheimer in Deutschland (1895-1973) den „Untergang der Weisheit" in der Lebens- und Geisteswelt unserer Zeit.[148] Heute ist es vor allem Eugen Biser (geb. 1918), einer der Autoren der CHARTA DER TOLERANZ (s. S. 85ff), der besorgt die Stimme erhebt. Der Theologe und Religionsphilosoph war lange Jahre, als Nachfolger von Karl Rahner, Inhaber des Guardini-Lehrstuhls für Weltanschauungsfragen an der Universität München und leitet seit 1991 den Bereich „Weltreligionen" in der EUROPÄISCHEN AKADEMIE DER WISSENSCHAFTEN UND KÜNSTE. Ihm ist dieses Buch gewidmet.

In seinen Schriften und Vorträgen spricht Professor Biser aus, was viele Menschen in unserem Land, gleich welcher Religion oder Weltsicht, empfinden: Wir haben uns zu sehr im Systemdenken verfangen, in politischer wie in religiöser und weltanschaulicher Hinsicht, und wir sind derart ausgeliefert an die Diktate der Leistungs- und Konsumgesellschaft, dass „das Prinzip der Besinnung, der Zusammenschau und Orientierung unterzugehen droht".[149] Dem heutigen Menschen werden, so Eugen Biser, „durch den Einfluss der audiovisuellen Medien nicht nur die für sein inneres Gleichgewicht unerlässlichen Primärerfahrungen entzogen und durch surrogathafte Erfahrungsdaten ersetzt"; die Hektik seiner Berufs- und Alltagswelt bringe ihn obendrein auch noch um „jenen Rest von Besinnlichkeit, der für den wirklichen Erfahrungsgewinn unerlässlich ist".[150] Und dennoch stimmt Eugen Biser in den Chor der Kulturpessimisten nicht mit ein. Er baut auf die *Wiedergeburt der Weisheit in unserer Zeit.*[151] Sie bietet sich der Menschheit, so schreibt er, gerade in dieser Stunde der Geschichte als „Therapeutin"[152] an: Nach einem politisch und weltanschaulich extrem widersprüchlichen Jahrhundert will sie uns aus der Enge und der gegenseitigen Abgrenzung in die heilende Weite der gemeinsamen Wahrheitssuche führen.

Der *Weg der Weisheit* allein kann unserer Welt – das ist auch meine Überzeugung und, mehr noch, meine Zuversicht – den Weg in eine menschenwürdige Zukunft weisen. Es wird die Zukunft der Religiösen und der Religionslosen sein.

Ausdrücklich möchte ich in diesem Zusammenhang noch ein Thema ansprechen, das mir, wenn es um unsere gemeinsame Zukunft geht, besonders am Herzen liegt:

In den Gesprächen mit religionslosen Nachbarn, Freunden und Arbeitskollegen hören wir Christen immer wieder, unsere menschlichen Ideale und unsere ethischen Grundsätze seien lobenswert und von großer Bedeutung für die heutige orientierungsbedürftige Zeit – unsere religiösen Ansichten aber hätten so viel Magisches, Irrationales und Infantiles, ja Knechtisches an sich, wovon der moderne Mensch sich doch befreien müsse. Alfred Grosser, der „spirituelle Atheist" aus Paris (s. S. 71), brachte diese Auffassung in einem sehr ehrlichen Bekenntnis folgendermaßen zu Wort:

*Ich arbeite ständig auf den gleichen ethischen Prinzipien wie meine christlichen, vor allen Dingen ka-*

*tholischen Freunde. Sie wissen von meinem Unglau-*
*ben. Ich glaube, freier zu sein als sie, denen noch*
*ein letzter Schritt zu tun bleibt, bis sie sich auch von*
*ihrem Glauben, der meiner Ansicht nach etwas*
*magisch ist, befreien; aber wir arbeiten zusammen*
*ohne Probleme.*[153]

Alfred Grosser hat durchaus Recht. Sein Blick ist auf
eine Glaubenshaltung gerichtet, die unter uns Christen in der Tat sehr verbreitet war und zum Teil noch
immer verbreitet ist. Doch dabei handelt es sich um
eine Fehlform des Glaubens. Das ist auch vielen von
uns inzwischen klar geworden, nicht zuletzt dank
der atheistischen Religionskritik. Nicht alles, was in
der Frömmigkeit des real existierenden Christentums als „Glaube" gelebt wird, entspricht dem Got-
tes- und Menschenbild Jesu. Religiöse Auffassungen, die das Opfer der Vernunft verlangen, und
Lebensformen, die den Menschen unfrei machen,
können nicht christlich genannt werden. Der „Lü-
ckenbüßer"-Gott, der dort herhalten muss, wo uns
(noch) die Erklärungen fehlen, oder der jenseitige
„Nothelfer", der für die Erfüllung menschlicher
Wünsche und Pläne angerufen wird, ist auch mein
Gott nicht, ebenso wenig wie er das himmlische
„Opium" ist, das nach Karl Marx und Wladimir I.
Lenin über Leid und Unheil auf Erden hinwegtröstet.
Auch ich kann jedem Gläubigen nur von Herzen
wünschen, dass er sich von solcher „Magie" befreie.

Vor allem die Rede von einem rächenden und
strafenden Gott widerspricht zutiefst dem Kern
des christlichen Glaubens. Diesem Gottesbild, das
sich so verheerend auf das Menschenbild aus-

wirkt, ja auf die menschliche Seele selbst, hat Jesus von Nazaret den Gott der Liebe und der Wahrheit entgegengestellt. Sein Gott regiert weder mit Drohung und Strafe noch mit einer belanglosen Softie-Liebe. Er fordert heraus mit weisender Wahrheit; er fördert das Leben – mit einer Liebe, die keine Vorbedingungen stellt und doch *alles* abverlangt.[154] Nur diese absolut angstfreie und zugleich aufs Höchste herausfordernde Gottessicht, davon bin ich überzeugt, kann den religiösen Menschen zum Menschen machen und dem religionslosen als akzeptable Alternative erscheinen. Die Schriften eines Johannes vom Kreuz und einer Teresa von Ávila zum Beispiel, die beide schon zu ihrer Zeit, im 16. Jahrhundert, den Gott der Liebe in seiner Eindeutigkeit und den Gott der Weisheit in seiner Klarheit wiederentdeckten, haben ihre Leser und Leserinnen in allen Weltreligionen gefunden, und selbst Roger Garaudy (geb. 1913) fand während seiner atheistischen Lebensphase[155] in ihrem Standpunkt einen wichtigen Gesichtspunkt für sein marxistisch-kommunistisches Reformdenken:

*Die wunderbare Konzeption der christlichen Liebe, nach der ich mich selbst nur durch den anderen und in ihm verwirklichen kann, ist für mich das höchste Bild, das der Mensch über sich selbst wie über den Sinn seines Lebens entwerfen kann. Das ist übrigens auch der Grund, warum bei den größten Mystikern, Teresa von Ávila und Johannes vom Kreuz, die heute noch uns Marxisten die höchste Aussage menschlicher Liebe bedeuten, menschliche und göttliche Liebe die gleiche Sprache sprechen.[156]*

Die Zukunftsgestalt der Ökumene zwischen den Religionen und Weltanschauungen wird wesentlich von der Frage abhängen, ob wir Christen bereit sind, nun endlich, nach zwei Jahrtausenden, in dieser alles entscheidenden Gottessicht ohne Wenn und Aber mit Jesus gleichzuziehen.[157] Nur in dem Maße, wie die ursprüngliche, an Jesus von Nazaret orientierte Glaubensweise unser Denken und Handeln bestimmt, werden wir Christen ernstzunehmende Gesprächspartner all derer sein können, denen heute und in Zukunft die Menschlichkeit des Menschen am Herzen liegt.

Nichts, was je über die Weisheit gesagt und geschrieben wurde, kann den Anspruch erheben, selbst die letzte Wahrheit zu sein. Das gilt natürlich auch für alle Gedanken, die ich auf diesen Seiten vorgetragen habe. Zudem ist mir bewusst, dass vieles ungesagt geblieben ist. Die theologisch oder philosophisch Gebildeten unter den Leserinnen und Lesern werden ohnehin so manchen Gesichtspunkt zu den hier angesprochenen Fragen vermissen oder als zu wenig entfaltet empfinden. Gerade was die weltanschaulichen Grundfragen, die unterschiedlichen Daseinsdeutungen und die sich daraus ergebenden Lebenseinstellungen betrifft, wäre noch vieles zu bedenken, das hier nicht einmal angesprochen wurde. Vor allem das Kernthema – die Spiritualität der Weisheit, die *weisheitliche Lebensart* – könnte noch in so mancher Hinsicht entfaltet und vertieft werden. Aber eine umfassende Abhandlung zu schreiben, war nicht meine Absicht. Wenn ich einigen Lesern und Leserinnen den Anstoß geben konnte, auf die Weisheit aufmerksam zu werden, die tagtäglich auch zu ihnen spricht, wäre das Ziel des Buches erreicht.

Mein Anliegen war es, auf die Lebensform *hinzuweisen*, die in Zukunft für das Zusammenleben auf dem einen Planeten so entscheidend sein wird und uns allen, Religiösen wie Religionslosen, gleichermaßen möglich ist. „Trainieren" muss das Hören auf das „kleine Lied" der Weisheit ein jeder in seinem eigenen Herzen. „Es gibt nichts Gutes, außer: man tut es!", heißt es, inzwischen schon sprichwörtlich geworden, bei Erich Kästner (1899 – 1947).[158] Das Weitere lehrt die Weisheit selbst.

Der Autor bietet im Kloster Birkenwerder b. Berlin **Kurse zur „Einübung in die Spiritualität der Weisheit"** an, offen für Religiöse und Religionslose. Das jeweilige Jahresprogramm ist erhältlich beim

Karmelitenkloster / Gästehaus
Schützenstr. 12
D-16547 Birkenwerder

Tel.: 03303 – 503419 / Fax: – 402574
www.karmel-birkenwerder.de

# Anmerkungen

1  Zt. nach: Die Bibel – erschlossen und kommentiert von *H. Halb-fas*, Düsseldorf 2001, 43.

2  Ebd. 44.

3  Ebd.

4  Siehe: Genesis (= 1. Buch Mose) 1 u. 2.

5  Ebd. 1,28.

6  Ebd. 2,15.

7  *S. Probst / E. Probst*, Meine Worte sind wie Sterne. Die Rede des Häuptlings Seattle und andere indianische Weisheiten, Mainz-Kostheim 2002, 57f.

8  *M. Gorbatschow*, Mein Manifest für die Erde. Jetzt handeln für Frieden, globale Gerechtigkeit und eine ökologische Zukunft, Frankfurt/New York 2003, 104.

9  Aus der Präambel der Erd-Charta; vollständiger Text in: *M. Gorbatschow*, ebd. 117-132 (117).

10  Vgl. dazu z. B. die jüngste SHELL-JUGENDSTUDIE (von 2002): *Deutsche Shell (Hg.)*, Jugend 2002 – 14. Shell Jugendstudie. Zwischen pragmatischem Idealismus und robustem Materialismus, Frankfurt a. M. 2002. Danach bezeichnen sich nur noch 34% der jungen Menschen als politisch interessiert. Im Jahr 1991 waren es noch 57%. Und doch – das ist das erfreuliche Ergebnis der Umfrage – sind Jugendliche zwischen 12 und 25 Jahren zielorientiert und wollen die Herausforderungen der Gegenwart annehmen. Ihre Grundeinstellung bewege sich, so fassen die Autoren die Situation zusammen, „zwischen pragmatischem Idealismus und robustem Materialismus". Die „Null-Bock"-Stimmung früherer Generationen sei vorbei, Lebensbejahung und Engagement sei angesagt. Ebd., bes. 105f.

11  „Aus Hoffnung wird Wirklichkeit", Rede beim Festakt im Konzerthaus am Gendarmenmarkt Berlin, 3. Oktober 2002, im Internet unter: www.zeit.de/reden/deutsche_innenpolitik/200241_einheit_rau.

12  Nach: *K. Eder*, Europäische Säkularisierung – ein Sonderweg in die postsäkulare Gesellschaft?, in: BERLINER JOURNAL FÜR SOZIOLOGIE, Bd. 12, Heft 3, Leverkusen 2002.

13  AaO. (s. Anm. 7) 61f.

14  Zum gegenwärtigen Stand des Dialogs zwischen den Weltreligionen sei als Lektüre empfohlen: *J. Ratzinger*, Die Vielfalt der Religionen und der Eine Bund, Bad Tölz 1998; *ders.*, Glaube – Wahrheit – Toleranz. Das Christentum und die Weltreligionen, Freiburg-Basel-Wien 2003; *S. Painadath*, Der Geist reißt Mauern nieder. Die Erneuerung des Glaubens durch interreligiösen Dialog, München 2002.

15  *K.-H. Ohlig*, Religion in der Geschichte der Menschheit. Die Entwicklung des religiösen Bewusstseins, Darmstadt 2002, 231 u. ff.

16  Nach: *J. Taylor*, Die Zukunft des Christentums, in: *J. McManners (Hg.)*, Geschichte des Christentums, Frankfurt u. New York 1993 (engl. Oxford 1990), Grafik S. 648.

17  In diesen Staaten rechnet man heute mit durchschnittlich 50 bis 60% Religionslosen in der Bevölkerung.

18  Im Westen Deutschlands zum Beispiel verloren die beiden großen Kirchen allein zwischen 1968 und 1973 auf einen Schlag je ein Drittel ihrer Gottesdienstbesucher; nach: *K. Gabriel*, Christentum zwischen Tradition und Postmoderne, Freiburg-Basel-Wien 1992, 52ff.

19  Ich beziehe mich vor allem auf: *A. K. Wucherer-Huldenfeld*, Wandlungen des Phänomens und der Bedeutung des Atheismus an der Wende zum 21. Jahrhundert, u.: *H. Bogensberger*, Atheismus heute? Ein religionssoziologisches Fragment, beide Artikel in: *K. Baier u. a. (Hg.)*, Atheismus heute? Ein Weltphänomen im Wandel, Leipzig 2001. – Siehe auch: *E. Tiefensee*, Homo areligiosus, in: LEBENDIGES ZEUGNIS 2001/3 (188-203) 189; *M. Tomka / P. M. Zulehner*, Religion in den Reformländern Ost(Mittel)Europas, Ostfildern 1999.

20  In: *H. J. Schultz (Hg.)*, Mein Judentum, Berlin-Stuttgart, 2. Aufl. 1979 (8-18) 15.

21  Laut Nachricht vom 21. 2. 2003 auf der Internet-Seite von RADIO VATIKAN.

22  Verschiedene Befragungen Anfang der 1980er Jahre zeigten, dass unter dem Einfluss der sowjetischen Religionspolitik – mehr als sechs Jahrzehnte nach der Oktoberrevolution – nur noch 5 bis 10% der Bevölkerung „an Gott" glaubten. Laut seriöser Erhebungen des SOZIOLOGISCHEN ZENTRUMS MOSKAU bezeichneten sich im Jahr 2000 wieder 82% als orthodox-kirchliche Christen. Doch nur 18% davon glauben tatsächlich an die Existenz Gottes, und nur 4% rechnen sich zu den „praktizierenden Gläubigen". So: *S. Filatow*, Religiosität und Religionsgemeinschaft in Russland zwölf Jahre nach dem Zusammenbruch des Kommunismus, in: DER BÜRGER IM STAAT, 2 u. 3/2001 (Zeitschr. für Multiplikatoren politischer Bildung, hg. v. der Landeszentrale für politische Bildung Baden-Württemberg, Stuttgart).

23  Ebd.

24  Pastorale Konstitution über die Kirche in der Welt von heute (GAUDIUM ET SPES), Nr. 19.

25  Die Botschaft des Dalai Lama, in: *M. Günther (Hg.)*, Die Weisheit Asiens, Kreuzlingen/München 1999, 113.

26  Der Vergleich geht auf den amerikanischen Religionswissenschaftler P. L. Berger zurück; so nach: *M. Tomka / P. M. Zulehner*, aaO. (s. Anm. 19) 9.

27  So *E. Tiefensee*, aaO. (s. Anm. 19) 189.

28 Nach *H. Hürten*, Deutsche Katholiken 1918-1945, Paderborn 1992, 13, standen noch bei der letzten amtlichen Volkszählung vor dem Ersten Weltkrieg, im Dezember 1910, den fast 98,5 Prozent Christen und etwa 1 Prozent Juden in der gesamten deutschen Bevölkerung nur 0,33 Prozent Religions- und Konfessionslose gegenüber.

29 Diese u. die folgenden statistischen Angaben sind, wenn nicht gesondert belegt, Mittelwerte aus den mir verfügbaren Erhebungen, die nur leicht differieren. Neben den unter Anm. 19 genannten Veröffentlichungen s. dazu: *U. Kühn*, Zur säkularen Welt Ostdeutschlands, in: *K. Baier u. a. (Hg.)*, Atheismus heute? (s. Anm. 19); *D. Pollak u. G. Pickel (Hg.)*, Religiöser und kirchlicher Wandel in Ostdeutschland 1989-1999, Opladen 1999; *M. Bergunder*, Säkularisierung und religiöser Pluralismus in Deutschland aus Sicht der Religionssoziologie, in: *D. Cyranka / H. Obst (Hg)*, „... mitten in der Stadt". Halle zwischen Säkularisierung und religiöser Vielfalt, Halle 2001, 213-252; *H. Oschwald (Bearb.)*, Glaube in Deutschland (Reihe: FOCUS-FAKTEN), Mannheim/München 1999; *M. N. Ebertz*, Was glauben die deutschen Katholiken? Eine Bestandsaufnahme, in: ZUR DEBATTE 1/2003, 6-8 (Zeitschr. der Katholischen Akademie in Bayern); *ders.*, Aufbruch in der Kirche. Anstöße für ein zukunftsfähiges Christentum, Freiburg-Basel-Wien 2003; *M. Tomka / P. M. Zulehner*, Religion im gesellschaftlichen Kontext Ost(Mittel)Europas, Ostfildern 2000; *P. M. Zulehner / I. Hager / R. Polak*, Kehrt die Religion wieder? Religion im Leben der Menschen 1970 – 2000, Bd. 1: Wahrnehmen, Ostfildern 2001.

30 In Halle/Saale zum Beispiel setzt sich die Gesamteinwohnerschaft der Stadt, laut einer Erhebung im Jahr 2000, aus 87,1 Prozent Konfessionslosen und 11,5 Prozent Angehörigen der beiden christlichen Großkirchen (8 Prozent evangelisch, 3,5 Prozent katholisch) zusammen; 1,4 Prozent gehören 25 weiteren religiösen Gemeinschaften, bis hin zu buddhistischen Gruppen, an. So: *D. Cyranka*, Vorbemerkungen zur Bestandsaufnahme der Kirchen und Religionsgemeinschaften in Halle, in: *D. Cyranka / H. Obst (Hg)*, „... mitten in der Stadt" (s. Anm. 29), 15-18.

31 Konfessionslos! Eine neue Konfession?, in: ebd. 199-212, 211.

32 Ebd. 208.

33 Vgl. *S. Filatow*, aaO. (s. Anm. 22).

34 Durch die Erde ein Riß. Ein Lebenslauf, München, 4. Aufl. 1999, 36.

35 In: *M. Scheuermann*, „Mir ist Gotteserfahrung nicht zuteil geworden". Ein Gespräch mit Reiner Kunze, in: HERDERKORRESPONDENZ 9/1987, 428.

36 AaO. (s. Anm. 19) 198. – Siehe dazu vom selben Autor auch: „Religiös unmusikalisch"? Ostdeutsche Mentalität zwischen Agnostizismus und flottierender Religiosität, in: *J. Wanke (Hg.)*, Wieder-

vereinigte Seelsorge. Die Herausforderung der katholischen Kirche in Deutschland, Leipzig 2000, 24-53, u.: So areligiös wie Bayern katholisch ist. Zur konfessionellen Lage im Osten Deutschlands, in: *K. Schlemmer (Hg.)*, Auf der Suche nach dem Menschen von heute. Vorüberlegungen für alternative Seelsorge und Feierformen (Andechser Reihe, Bd. 3), St. Ottilien 1999, 50-66.

37  Später veröffentlicht in: Mondschnee liegt auf den Wiesen, Berlin u. Weimar 1975, 116.

38  Im HAMBURGER ABENDBLATT vom 18. Dezember 2002.

39  Summa Theol. I, 2,3, jeweils am Schluss der fünf Wege; lat. – dt. in: *Thomas von Aquin*, Die Gottesbeweise in der ‚Summe gegen die Heiden' und der ‚Summe der Theologie' (Reihe: Philosophische Bibliothek, Bd. 330), eingel. u. kommentiert v. *H. Seidl*, Hamburg, 3. Aufl 1996.

40  Zum gegenwärtigen Stand des Dialogs zwischen Theologie und Naturwissenschaft siehe den sehr informativen Artikel: *A. Benk*, Unterwegs zum Dialog von Theologie und Physik. Eine Zwischenbilanz nach dem ersten Jahrhundert der modernen Physik, in: THEOLOGIE DER GEGENWART 4/2001, 282-296. – Als weiterführende, allgemeinverständliche Lektüre zur gegenwärtigen Diskussion um das Verhältnis von Glaube und Naturwissenschaft möchte ich empfehlen: *J. Schaber (Hg.)*, Torheit des Glaubens – Frömmigkeit des Wissens. Stehen Glaube und Wissenschaft heute im Widerspruch?, Leutesdorf 2001; *A. Benz*, Die Zukunft des Universums. Zufall, Chaos, Gott?, Düsseldorf 1997.

41  Gott und die moderne Physik, München 1986, 15 (vgl. 294).

42  Ebd. 72.

43  *J. Guitton / G. u. I. Bogdanov*, Gott und die Wissenschaft. Auf dem Weg zum Metarealismus, München 1992, 73.

44  Siehe z. B.: *R. Breuer*, Das anthropische Prinzip. Der Mensch im Fadenkreuz der Naturgesetze, Frankfurt a. M. 1984.

45  Aus: *K. Müller*, Gottes Dasein denken. Eine philosophische Gotteslehre für heute, Regensburg 2001, 125.

46  Das Wunder des Theismus. Argumente für und gegen die Existenz Gottes, Stuttgart 1985.

47  Einführung in das Christentum. Vorlesungen über das Apostolische Glaubensbekenntnis, München 1968, 22-24; Neuausgabe: München 2000, 39f.

48  Zur Geschichte Alexandrias siehe: *G. Grimm*, Alexandria. Die erste Königsstadt der hellenistischen Welt. Bilder aus der Nilmetropole von Alexander d. Gr. bis Kleopatra VII., Mainz 1998; *M. Pfrommer*, Alexandria. Im Schatten der Pyramiden, Mainz 1999.

49  Siehe dazu: *S. Schroer*, Die Weisheit hat ihr Haus gebaut. Studien zur Gestalt der Sophia in den biblischen Schriften, Mainz 1996, bes. 110-125.

50  Buch der Weisheit 1,1; 6,1.

51  Als gut lesbare, allgemeinverständliche Kommentare zum Buch

der Weisheit seien empfohlen: *H. Engel,* Das Buch der Weisheit (Reihe: Neuer Stuttgarter Kommentar / Altes Testament, Bd. 16), Stuttgart 1998; *D. Hecking u. a.,* Sehnsucht nach Gerechtigkeit. Denken und Handeln nach dem Buch der Weisheit (Reihe: WerkstattBibel, Bd. 3), Stuttgart 2002. – Siehe auch das Themenheft „Das Buch der Weisheit" der Zeitschrift BIBEL UND KIRCHE, 4/1997, Kath. Bibelwerk Stuttgart.

52  Zu W. Solowjew und seinem Schülerkreis s. einführend: *U. Schmid,* Russische Religionsphilosophen des 20. Jahrhunderts, Freiburg-Basel-Wien 2003.

53  *M. Frensch,* Weisheit in Person. Das Dilemma der Philosophie und die Perspektive der Sophiologie, Schaffhausen 2000.

54  Siehe dazu: ebd. u.: *H. P. Sturm,* Urteilsenthaltung – oder Weisheitsliebe zwischen Welterklärung und Lebenskunst, Freiburg/München 2002.

55  Erscheint Ende 2003 im Verlag Kiepenheuer & Witsch.

56  Buch der Weisheit, des Öfteren ab Kap. 2.

57  Ebd. 7,8-10.

58  Ebd. 1,5.

59  Ebd. 7,11f.

60  Ebd. 8,9.

61  So vor allem im Buch der Sprüche (auch Buch der Sprichwörter genannt), Kap. 1-9, und in Jesus Sirach, Kap. 24.

62  Buch der Sprüche 8,4.

63  Ebd. 7,4.

64  Ebd. 9,13.

65  Ebd.

66  Buch der Weisheit 6,1.

67  Ebd. 7,13f.

68  Ebd. 6,12-16.

69  Ebd. 8,1.

70  Buch der Sprüche 14,1.

71  Einführung in die Weisheit, Freiburg-Basel-Wien 2002, 22.

72  Der Begriff stammt von Walter Burkert: *ders.,* The Problem of Ritual Killing, in: *G. Hamerlon-Kelly (Hg.),* Violent Origins, Stanford 1987 (156-188) 163 u. 171.

73  Siehe z. B.: *M. Eliade,* Geschichte der religiösen Ideen, Bd. 2, Freiburg-Basel-Wien 2002, 222-227.

74  Töten und Lieben. Gewalt und Gewaltlosigkeit in Religion und Christentum, München 1994, 57.

75  Siehe dazu: *E. Tiefensee,* „Religiös unmusikalisch" – zu einer Metapher von Max Weber, in: *B. Pittner / A. Wollbold (Hg.),* Zeiten des Übergangs (FS F. G. Friemel), Leipzig 2000, 119-136.

76  Johannesevangelium 16,13.

77  Markusevangelium 12,29; vgl. Deuteronomium 6,4.

78  Einführung in das Christentum (s. Anm. 47), 133 / Neuausgabe: 160.

79  Jakobusbrief 3,17.
80  Briefe aus dem Gefängnis, Berlin 1972, 66f.; Neuausgabe: 16., erw. Aufl. Berlin 2000, 98f.
81  Ebd. 67 / 99.
82  Ebd. 28 / 37.
83  Rowohlts Klassiker der Literatur und der Wissenschaft, Deutsche Literatur Bd. 11, Reinbek, 20. Aufl. 2002: Novalis, 210 (in L. Tiecks Bericht über die Fortsetzung des Romans „Heinrich von Ofterdingen").
84  In: *H. Küng / K.-J. Kuschel (Hg.)*, Erklärung zum Weltethos. Die Deklaration des Parlamentes der Weltreligionen, München/ Zürich 1993 (13-45), 21.
85  Ebd. 25.
86  Straßburger Vorlesungen (Werke aus dem Nachlaß, Bd. 2), München 1998, 693. – Siehe dazu auch: *R. Brüllmann*, Weltethos und Globalisierung. Albert Schweitzer – Wegbereiter der Idee einer weltweiten Ethik, in: *W. Zager (Hg.)*, Ethik in den Weltreligionen: Judentum – Christentum – Islam, Neukirchen-Vluyn 2002, 1-20.
87  Straßburger Predigten, hg. v. *U. Neuenschwander* (Beck'sche Reihe, Bd. 307), München, 3. Aufl. 1993, 134.
88  Diese Passage wurde zur DDR-Zeit in den Textausgaben ausgelassen, sie findet sich nur in der späteren Neuauflage, aaO. (s. Anm. 80) 71f.
89  Ebd. 55f. / 72.
90  Dialog der Kulturen – Kultur des Dialogs. Toleranz statt Beliebigkeit, Herder 2002.
91  In: *H. J. Schultz (Hg.)*, Mein Judentum, Berlin-Stuttgart, 2. Aufl. 1979 (48-57) 55; Hervorhebung ebd.
92  Eichendorffs Werke in einem Band, ausgew. u. eingel. v. *M. Häkkel* (Bibliothek Deutscher Klassiker), Berlin u. Weimar 1967, 123.
93  Buch der Weisheit 6,9.
94  AaO. 24 / 29.
95  Johannesevangelium 18,33-38.
96  Pali-Kanon Udâna 6,4; dt. in: Verse zum Aufatmen. Die Sammlung UDÂNA und andere Strophen des Buddha und seiner erlösten Nachfolger, übers. v. *F. Schäfer*, Stammbach 2002.
97  *M. Günther (Hg.)*, Die Weisheit Asiens, Kreuzlingen/München 1999, 248f.
98  Das bekannte Zitat ist eine verkürzte Wiedergabe der von Platon überlieferten „Verteidigungsrede des Sokrates". Dort wörtlich: „.... Offenbar bin ich im Vergleich zu diesem Mann (der etwas zu wissen meint, obwohl er nichts weiß, R. K.) um eine Kleinigkeit weiser, eben darum, daß ich, was ich nicht weiß, auch nicht zu wissen glaube." – *Platon*, Apologie des Sokrates, Griechisch/ Deutsch, übers. u. hg. v. *M. Fuhrmann*, Stuttgart 2001, 19 (Nr. 6).
99  Vgl. die entsprechenden Stichworte in: DUDEN, Bd. 7: Etymologie der deutschen Sprache, 2. Aufl. 1989.

*127*

100 Das indogermanische „ueid" wurde im Altgermanischen zu „wizen" = „weisen". Die Wortbildung „wizzen" war dazu die Vergangenheitsform; erst später, im Mittelhochdeutschen, also zwischen dem 12. und 14. Jahrhundert, ist dann „wizzen" zum heutigen „(etwas) wissen" geworden.

101 Aus „uer" entstanden in den indogermanischen Sprachen Worte wie „verus" im Lateinischen (= wahr, echt, richtig), „wara" im Althochdeutschen (= Treue) oder „wera" im Russischen und Slawischen (= Glaube).

102 Johannesevangelium 14,6.

103 Gesammelte Werke in zehn Bänden, Berlin 1954-1958, Bd. V, 100 (Duplik, von 1778).

104 Tao-Teh-King. Wegweisung zur Wirklichkeit, hg. u. erl. v. *K. O. Schmidt*, Hammelburg, 5. Aufl. 1996, 13.

105 *F. Lauxmann*, Die Philosophie der Weisheit. Die andere Art zu denken, München 2002, 126.

106 Aus: *M. Günther (Hg.)*, Die Weisheit Asiens (s. Anm. 97), 69f.

107 Mein Manifest für die Erde (s. Anm. 8), 20.

108 Thesen ad Feuerbach (These 11), in: Marx-Engels-Werke (MEW), Bd. 3, Berlin 1958 (533-535) 535.

109 Johannesevangelium 18,37.

110 Aus der Präambel; das Dokument ist erhältlich in der Geschäftsstelle der Europäischen Akademie, Kärntner Ring 14/4, A-1010 Wien.

111 Motu Proprio Johannes Pauls II. vom 25. März 1993, Art. 1; s. dazu: *A. K. Wucherer-Huldenfeld*, Wandlungen des Phänomens und der Bedeutung des Atheismus an der Wende zum 21. Jahrhundert, in: *K. Baier u. a. (Hg.)*, Atheismus heute? (s. Anm. 19), 37-52, 48f.

112 Pastorale Konstitution über die Kirche in der Welt von heute (GAUDIUM ET SPES), Nr. 21.

113 Mitschrift seines Vortrags auf der Konferenz der Sparte „Weltreligionen" der EUROPÄISCHEN AKADEMIE DER WISSENSCHAFTEN UND KÜNSTE am 12. April 2003 in Wien.

114 AaO. (s. Anm. 110), Präambel.

115 Ebd., Leitsätze 3 u. 4.

116 Ebd., Präambel.

117 Johannesevangelium 1,14.

118 So mehrmals in der „Bergpredigt", s. Matthäusevangelium, Kap. 5-7.

119 Zt. n. *L. Wachinger*, Der Glaubensbegriff Martin Bubers, in: *H. Fries (Hg.)*, Beiträge zur ökumenischen Theologie, Bd. 4, München 1970, 60.

120 Jesus für Atheisten. Mit einem Geleitwort von *H. Gollwitzer*, Stuttgart, 4. Aufl. 1975, 1.

121 Der Antichrist, § 39, Kröners Taschenausgabe Bd. 77, Leipzig o. J., 237.

122 Zt. n. *E. Biser*, Nietzsche – Zerstörer oder Erneuerer des Christentums?, Darmstadt 2002, 86 (mit Verweis auf: Götzen-Dämmerung, § 47).
123 Näher dargestellt in meiner Dissertationsschrift: *R. Körner*, Mystik – Quell der Vernunft. Die Rolle der ratio auf dem Weg der Vereinigung mit Gott bei Johannes vom Kreuz (Reihe: Erfurter Theologische Studien, Bd. 60), Leipzig 1990, 67-83.
124 Philosophie der Offenbarung (1831/32), hg. v. W. E. Ehrhardt, Hamburg 1992, Bd. 1, 152f; Hervorhebung ebd.
125 Genesis 8,11f.
126 Siehe dazu: *S. Schroer*, aaO. ( s. Anm. 49) 144-168.
127 Zt. n. *S. Schroer*, ebd. 153.
128 Markusevangelium 1, 10; Matthäusevangelium 3,16.
129 Buch der Weisheit 7,7.
130 Johannesevangelium 16,13.
131 Glaube – Wahrheit – Toleranz. Das Christentum und die Weltreligionen, Freiburg-Basel-Wien 2003, 186.
132 Literaturempfehlung: *E. Biser*, Wege zum Frieden, Augsburg 2003; *J. Todenhöfer*, Wer weint schon um Abdul und Tanaya? Die Irrtümer des Kreuzzugs gegen den Terror, Freiburg 2003.
133 Johannesevangelium 14,26.
134 Ebd. 16,13
135 Zt. n. *G. Lohfink*, Braucht Gott die Kirche?, Freiburg, 5. Aufl. 2002, 379.
136 Werke in 10 Bänden, hg. v. *W. Weischedel*, Darmstadt 1975, Bd. 9, 53.
137 Zt. n. *S. Grabner*, Vertraute Freunde, Potsdam 2002, 78.
138 Das Lied in meinem Herzen, Stuttgart-Zürich 2003, 44.
139 *Th. Saum-Aldehoff*, Eine Lektion Weisheit, in: PSYCHOLOGIE HEUTE 4/2003 (40-41) 40; siehe auch: *T. Kotlorz*, Der lange Weg zur Weisheit, in: DIE WELT vom 29. 5. 2003.
140 *J. Glück / S. Bluck*, Jedes Alter hat seine Weisheit, in: PSYCHOLOGIE HEUTE 4/2003 (36-39) 36.
141 Ebd.
142 Ebd. 37-39.
143 *Th. Saum-Aldehoff*, aaO. 41.
144 Ebd. 40.
145 *J. Glück / S. Bluck*, aaO. 39.
146 *J. Bopp u. a. (Hg.)*, Der Heilige Baum. Ein indianisches Weisheitsbuch, Düsseldorf 2002, 93 u. 95.
147 *Th. Saum-Aldehoff*, aaO. 41.
148 *G. Marcel*, Der Untergang der Weisheit. Die Verfinsterung des Verstandes (Le Declin de la Sagesse; 1954), Heidelberg 1960; *M. Horkheimer*, Vernunft und Selbsterhaltung, Frankfurt/M. 1970 u. a. Schriften desselben Autors.
149 „Christus und Sophie". Die Neuentdeckung Jesu im Zeichen der Weisheit, Kath. Akademie Augsburg (Akademie-Publikationen Nr. 81) 1987, 17.

150 Ebd. 19f.

151 Ebd. 17.

152 Die Entdeckung des Christentums. Der alte Glaube und das neue Jahrtausend, Freiburg-Basel-Wien 2000, 167.

153 In: *H. J. Schultz (Hg.)*, Mein Judentum, Berlin-Stuttgart, 2. Aufl. 1979 (48-57) 55.

154 Für meinen christlichen Leserkreis habe ich darüber geschrieben in: *R. Körner*, Das Vaterunser. Spiritualität aus dem Gebet Jesu, Leipzig 2002 (vor allem Kap. 4-7).

155 Der heute 90-jährige Philosoph, Kulturwissenschaftler und Publizist gehörte bis 1970 der Kommunistischen Partei Frankreichs an, wurde dann Christ und später Muslim.

156 Wertung der Religion im Marxismus, in: *E. Kellner (Hg.)*, Gespräche der Paulusgesellschaft. Christentum und Marxismus – heute, Wien 1966, 77-98, 81f.

157 Siehe dazu *E. Biser*, vor allem in: Die Entdeckung des Christentums (s. Anm. 152) u.: Gott im Horizont des Menschen, Limburg 2001. – Siehe auch: *G. Baudler*, El – Jahwe – Abba. Wie die Bibel Gott versteht, Düsseldorf 1996; *ders.*, Die Befreiung von einem Gott der Gewalt. Erlösung in der Religionsgeschichte von Judentum, Christentum und Islam, Düsseldorf 1999.

158 Doktor Erich Kästners Lyrische Hausapotheke, München, 18. Aufl. 2002, 30 (mit dem Titel „Moral").

# Die Zeit ist reif –

## fünf Schritte zu einem neuen Christsein

> *„Das Christentum fängt erst an. Es steigt gerade aus den Kinderschuhen. Es beginnt überhaupt erst. Es hatte noch keine Chance, sich zu entwickeln. "*
>
> Jean-Marie Lustiger

## *Noch einmal den Anfang wagen*

Wir haben nur noch einen Weg: Zurück zum Ursprung, und aus ihm heraus neu beginnen! Anders ist die Not nicht zu wenden, in der wir Christen uns gegenwärtig befinden.

Ich meine nicht − jedenfalls nicht nur und nicht zuerst − die finanzielle Not der Bistümer und der Landeskirchen, nicht den personellen Notstand in den Gemeinden und geistlichen Gemeinschaften, nicht den abnehmenden Einfluss der Kirchen auf gesellschaftspolitische Entscheidungen und nicht die vielen innerkirchlichen Probleme, die uns heute, angestaut zum Teil schon seit Jahrzehnten, auf den Nägeln brennen. So sehr uns all das zu schaffen macht: Wir befinden uns in einer tiefer greifenden Not. *Die Kirchen haben die Kraft verloren, den christlichen Glauben als eine überzeugende oder doch wenigstens anziehende Lebenseinstellung zu vermitteln, nach außen wie nach innen hin.* In Deutschland jedenfalls und in den meisten Ländern Europas.

Nur noch 63,8% der rund 82 Millionen Deutschen gehören einer der beiden großen christlichen Konfessionen an, meldete RADIO VATICAN zum Osterfest 2004. „Das sind 1,9 Millionen Menschen weniger als noch vor sechs Jahren", hieß es im Kommentar[1] – mehr Menschen also, als die Großstadt Hamburg Einwohner oder das Erzbistum München-Freising Katholiken zählt. In sechs Jahren! Die Zukunftsprognose, basierend auf demoskopischen Erhebungen aus dem Jahr 2000, lässt ebenso aufhorchen: „Das wiedervereinigte Deutschland", so der Hallenser Religionswissenschaftler Helmut Obst, „befindet sich auf dem Weg in die mehrheitliche Konfessionslosigkeit. ... Im Osten ist sie bereits gegeben und dürfte sich bei fast 90% einpendeln. Im Westen und Süden droht sie langfristig, im Norden mittelfristig."[2] – Aber auch die geringer gewordene Zahl der religiös Orientierten bekennt sich längst nicht mehr geschlossen und unangefochten zu den Glaubenslehren und ethischen Normen, die über Jahrhunderte hin das christliche Abendland (und seine Missionsländer) prägten. Das Christentum steht nicht mehr, wie noch vor wenigen Jahrzehnten, für *die* Religion in Europa. „Wer die Augen aufmacht", so Hans Maier, Professor für Christliche Weltanschauung und Religionsphilosophie an der Universität München, „entdeckt heute neben den ‚offiziellen' christlichen Kirchen viele Formen von Eigenwuchs. Aus wenigen Religionsnachbarn sind viele geworden."[3] Obwohl der Atheismus seinen kämpferischen Geist weithin verloren hat und wir mit einem gewissen Recht sogar von einer „Wiederkehr des Religiösen" sprechen dürfen, ist der christliche Glaube – und mit ihm diejenigen, die ihn repräsentieren[4] – in weiten Kreisen der religiös Suchenden unglaubwürdig geworden. Der Buddhismus und andere religiöse Traditionen haben an Bedeutung gewonnen und bieten sich so manchem als interessantere Alternativen an. Selbst unter den (noch) kirchlich Gebundenen stellen sich viele Menschen lieber aus Einzelstücken fernöstlicher, schamanischer und esoterischer Lehren zu ihrer eigenen Religion zusammen, was sie für ihr Leben als hilfreich und tragfähig empfinden. Ein „regelrechtes Bastel- und Patchwork-Christentum", so Hans Maier, ist „bei nicht wenigen Christen ... an die Stelle einfacher Übernahme und Weitergabe der Glaubensinhalte getreten."[5] Hinzu kommt das gewiss nicht neue, aber heute auffälligere Phänomen des Traditions- und Kultur-Christentums: Von Interesse sind kirchliche Rituale und Feste, die christliche Kunst und vielleicht noch – in Auswahl – christliche Werte, weniger aber der Glaube selbst. Einer Umfrage der KONRAD-ADENAUER-STIFTUNG zufolge (von 2002/2003) haben in den beiden großen Konfessionen in Deutschland „jene, die Religion nicht als tragenden Grund ihres Lebens betrachten, eine deutliche Mehrheit": Unter den Katholiken sind es 61%, unter den Protestanten 68%.[6] – Jeder zeitgenössisch wache Christ kennt die Situation, die sich hinter solchen Zahlen (mögen sie auch, wie alle demoskopisch gewonnenen Ergebnisse, ungenau sein) verbirgt.

Und die „Aktiven", die Gottesdienstbesucher, die Engagierten? Viele von ihnen gehen – manche getröstet durch das Wort von der „kleinen Herde"[7] – von all dem mehr oder weniger (un)berührt ihren Glaubensweg, in tiefer persönlicher Frömmigkeit die einen, aus Tradition und Gewohnheit die anderen; einige, indem sie Halt suchen in eher fundamentalistischen Positionen. Und viele leiden. Es werden, auch meiner persönlichen Erfahrung nach, immer mehr. Manche leiden an den leerer gewordenen Kirchenbänken und am vermeintlichen oder tatsächlichen Glaubensverlust der anderen. Andere an ihrer Kirche. Nicht nur an den Folgen der Pastoralpläne und Strukturreformen oder am Verlust der Eigenständigkeit ihrer „kleinen", aber lebendigen Gemeinde. Sie leiden vor allem an Gottesdiensten, deren Sprache und Gestaltung sie eher aufregt als zur Andacht anregt; an Predigten, die ihnen „abgehoben", zu wenig biblisch und theologisch fundiert oder gar frömmelnd-banal erscheinen; an Lehren und Auffassungen, denen sie angesichts ihres eigenen Wissens und ihrer eigenen Lebenserfahrung weder mit dem Herzen noch mit dem Verstand ungeteilt zustimmen können; an einer Glaubensverkündigung, die ihre Kinder und Enkelkinder nicht mehr erreicht oder die sie ihnen nicht mehr zumuten wollen; an Pfarrern und Pastorinnen, denen es an Tiefgang fehlt und an spiritueller Kompetenz. Und wieder andere, darunter einst engagierte Seelsorger und Seelsorgerinnen –

müde geworden durch Verwaltungsarbeit, pastoralen Misserfolg und Unverständnis von Seiten der Gemeinde und der Kirchenleitung – leiden an Resignation; sie haben ihre „erste Liebe"[8] unter Pflichterfüllung und Mittelmaß begraben.

Hinter allen diesen Einstellungen und Denkweisen in Kirche und Gesellschaft aber stehen Menschen! Männer, Frauen und Kinder mit ihren je persönlichen Lebensgeschichten. Wertvolle Menschen. Solche, wie sie einst in Galiläa lebten, in der Dekapolis, in Samarien, Judäa und Jerusalem, die der Evangelist Markus vor Augen hatte, wenn er erzählt: „Als Jesus ausstieg und die vielen Menschen sah, hatte er Mitleid mit ihnen; denn sie waren wie Schafe, die keinen Hirten haben. Und er lehrte sie lange."[9]

Eine Wende ist nötig. Eine Not-Wende, die tiefer ansetzt, als alle pastoralen Leitlinien der in Finanz-, Verwaltungs- und Personalkrisen geratenen Bistümer und Kirchenprovinzen es vermögen: eine *Glaubens*-Wende. Eine Neugeburt des Christentums.

Die Menschen, die diese *Neugeburt vom Ursprung her* ersehnen, sind da! Selbst unter denen, die wir die Religionslosen nennen. Und auch die Menschen sind da – innerhalb und außerhalb der organisierten Konfessionen, in den Gemeinden wie in den Kirchenleitungen –, in deren Herzen sie sich längst schon vollzieht, oft noch unbeachtet und von manchen beargwöhnt sogar.

Um die *Not*, unter der wir Christen heute leiden, geht es in diesem Buch. Sie ist inzwischen so groß und für viele von uns so bedrückend geworden, dass es mich drängt, sie einmal ausdrücklich zum Thema einer Veröffentlichung zu machen.

Nicht, dass ich mich, weil das derzeit ja immer gut ankommt, unter die Kirchenkritiker reihen oder gar den Chor derer verstärken will, die in Dur und Moll den „Untergang des Glaubens" besingen oder über die „Gottvergessenheit des modernen Menschen" und den „Verdunstungsprozess des christlichen Glaubens" klagen. Das liegt mir fern. Ich möchte nach vorn schauen, in ein Christentum mit Zukunft, und nach Wegen suchen, *wie wir aus unserer Not herausfinden.* Dabei komme ich freilich nicht umhin, beim Namen zu nennen, was im Argen liegt. Es gibt ja keine wirkliche *Um*kehr, keine entschiedene *Hin*kehr zum Guten und Besseren, wenn wir uns nicht ehrlich eingestehen, wovon wir uns *weg*kehren müssten.

Es ist wie bei der Hochzeit zu Kana, von der das Johannes-Evangelium erzählt (2,1-12). Jesus, der die Not der Hochzeitsgesellschaft sieht – darauf hingewiesen durch seine Mutter –, sagt den Dienern: *„Füllt die Krüge mit Wasser!"* Aus dem Griechischen übersetzt, heißt es dort: „Jesus *sagt*", nicht: „Jesus sag*te*". Seine Aufforderung steht in der Gegenwartsform, und die Christen der Johannes-Gemeinde hörten sie als Aufforderung an sich selbst: Füllt auch *ihr* die Krüge mit Wasser! Bringt all das Fade, Öde und geschmacklos Gewordene eures Lebens zu ihm! Bringt ihm nicht nur feierliche Lieder und wohlformulierte Gebete, sondern eure ganze Not! Bringt ihm das Wasser, das euch bis zum Halse steht! – Und sie tun, was Jesus sagt: *„Sie füllten die Krüge bis zum Rand ..."* Das erst hat

das „Wunder" möglich gemacht, die wunderbare
Erfahrung, wie herrlich und köstlich der „Wein"
ist, den Jesus zu geben vermag: Die voreinander
und vor ihm ehrlich ausgesprochene Not kann,
wie Wasser in Wein, „verwandelt" werden in Jesu
Gegenwart. – In seinem Singspiel AVE EVA (von
1974) hat Wilhelm Willms, Autor vieler geistlicher
Lieder, diese Verse aus der frühen Kirche neu hör-
bar gemacht:

(Maria:)
*sie haben keinen wein mehr*
*die krüge sind leer*
*die freiheit verspielt*
*ihr mut ist gekühlt*
*sie haben keinen wein mehr*
*die krüge sind leer*
*ihr glaube zerronnen*
*ihre liebe verglommen*
*sie haben keinen wein mehr*
*die krüge ihres lebens*
*sind leer*

(Chor:)
*und sie füllten sie voll*
*bis zum rand*
*nicht halbvoll*
*ganz voll*
*sie füllten sie voll*
*mit tränen*
*mit verzweiflung*
*mit hoffnung*
*mit sehnsucht*

*mit tränen*
*mit schweiß*
*sie füllten die krüge*
*mit wasser*
*voll bis zum rand ...*

Ich habe nicht vor, all den vielen Büchern, in denen kompetente Autoren über eine zeitgemäße Pastoral und über zukunftsorientierte Reformen nachdenken, ein weiteres hinzuzufügen. Situationsanalysen des heutigen Christentums sind sehr wichtig, und Konzepte anzuregen für die kirchliche Verkündigungs- und Seelsorgepraxis − gerade angesichts der sich drastisch verändernden Bedingungen für die Kirche in unserer deutschen und europäischen Gesellschaft −, ist ein nicht hoch genug zu würdigender Dienst an uns allen. Doch das ist nicht mein Metier. Ich bin seit über zwanzig Jahren in der Exerzitienarbeit tätig. Exerzitien − zu deutsch: (Ein-)Übungen − sind Tage in Stille und Schweigen, in denen die Teilnehmer, angeleitet durch Vorträge und Gebetsanregungen, ihre persönliche Gottesbeziehung vertiefen und von neuem „einüben". So will ich auch hier bei meinem Leisten bleiben und eher so etwas wie ein Exerzitienbuch schreiben. Ich möchte von Schritten sprechen, die *jeder Einzelne* gehen kann, mit *seinem* Herzen und mit *seinem* Verstand. Gleich ob er inmitten der „Herde" oder im „Hirten"-Dienst steht. Es geht mir nicht nur um die Zukunft der Christen*heit*, sondern zuerst um die Zukunft (die mit der Gegenwart beginnt) eines jeden einzelnen *Christen*.

Natürlich weiß ich, dass wir auch *gemeinschaftliche* Schritte gehen müssen, um wieder authentischer die Kirche des Ursprungs, ja inmitten der Gesellschaft so etwas wie eine „Bürgerinitiative des Heiligen Geistes" (Hans-Joachim Höhn)[10] sein zu können. Veränderung und Verwandlung haben, wie uns die Geschichte lehrt, immer auch eine strukturelle und institutionelle Dimension. Ich möchte die Problematik, in der wir uns befinden, also nicht auf eine individualistische Ebene herabreden. Und dennoch: „Kirche" ist, soziologisch gesehen, ein abstrakter Begriff; real gibt es die Kirche nur als die Gemeinschaft konkreter Personen, und sie wird sich, auch in ihren Institutionen und Strukturen, nur dort verändern, wo sich Menschen verändern.

Ich wende mich mit meinen „Anleitungen für Einzel-Exerzitien" nicht an Christen einer bestimmten Konfession. Manches, was ich konkret ansprechen werde, betrifft natürlich zuerst die katholische Kirche; sie ist meine „Mutter"-Kirche, und meine 54 Lebensjahre sind ein (wenn auch sehr kleiner) Teil ihrer Geschichte. Doch ihre spezifischen Nöte und Probleme haben heute vieles gemeinsam mit der Situation anderer Konfessionen, der evangelisch-lutherischen vor allem, aber auch der freikirchlichen Gemeinschaften in unserem Land. Christen, das sind für mich Menschen, die Jesus von Nazaret kennen gelernt haben und nun nicht mehr davon loskommen, sich mit seiner Lebenssicht auseinanderzusetzen. Gleich, welcher Konfession sie angehören. Gleich, ob sie überhaupt einer angehören. Ich habe Frauen und Männer vor Augen, wie ich sie kenne aus meinen Exerzitienkursen und Bibelseminaren, zu denen Teilnehmer aus dem gesamten deutschen Sprachraum anreisen; oder wie ich sie in Familienkreisen und geistlichen Gemeinschaften erlebe, in Dekanatskonventen, Pfarrgemeinderats- und Gemeindekirchenrats-Gruppen aus dem näheren Umfeld des Klosters am Rande von Berlin, in dem ich lebe: Arbeiter, Angestellte und Sozialhilfeempfänger, Pastorinnen und Ärzte, Zivildienstleistende und Professoren, Studenten und Ordensschwestern, Pfarrer und Senioren, alleinerziehende Mütter und politisch Engagierte ..., die einen mehr, die anderen weniger konfessionell gebunden, viele „einfach nur spirituell interessiert". Menschen wie sie sind die Adressaten dieses Buches.

Und eigentlich auch seine Verfasser. Denn was in meiner stillen Klosterzelle zum geschriebenen Wort geworden ist, wurde nicht zuletzt in hunderten von Gesprächen zuvor zur Erkenntnis und Erfahrung.

Wenn daher das Jesus-Wort „Ich habe euch Freunde genannt"[11] auch für das Verhältnis der Christen untereinander gilt – als Leitideal ja doch sicherlich –, dann darf ich den folgenden Seiten ein vielzitiertes Wort von Jean Paul (1763-1825) voranstellen. „Bücher sind nur dickere Briefe an Freunde", schrieb der gelehrte Literat aus dem Fichtelgebirge zu seiner Zeit.[12] Ob das noch heute und für jedes Buch zutreffend ist, sei dahingestellt; dieses jedenfalls möchte ich so verstanden wissen – als einen sehr persönlichen Brief, freimütig von der Seele geschrieben, wie man zu reden wagt, wenn man zu Freunden spricht. Ich schicke ihn ab im Vertrauen, ein offenes Ohr zumindest bei all denen im großen Freundeskreis Jesu zu finden, die mit der Zuversicht leben, die Kardinal Jean-Marie Lustiger, der Alterzbischof von Paris, einmal in die Worte fasste: „Das Christentum fängt erst an. Es steigt gerade aus den Kinderschuhen. Es beginnt überhaupt erst. Es hatte noch keine Chance, sich zu entwickeln."[13]

Wohin die Entwicklung des Christentums geht, weiß ich nicht. Nur so viel ist mir klar: Es genügt nicht, ihm ein strukturell und verwaltungstechnisch neues Kleid anzupassen; es muss sich, in diesem neuen Kleid, selbst erneuern. *Wir* müssen uns erneuern. Wir müssen, sagt Helmut Zwanger, der evangelische Poet aus Tübingen, in einem seiner Gedichte, das die Überschrift REFORMATION trägt,

> *noch einmal*
> *den Anfang*
> *wagen*
>
> *in heutiger*
> *Zeit.*[14]

*„Nur wer sich ins Neue,*
*noch Unbekannte wagt,*
*wird nach und nach*
*Fortschritte machen.*
*Ihm offenbart sich Gott*
*als Lehrmeister und Wegführer."*

*Johannes vom Kreuz[15]*

# *Fünf kleine Schritte*
# *in einen großen Glauben*

Fünf Schritte sind nötig, so meine ich, um den Kinderschuhen des Christentums zu entsteigen. *Schritte.* Schritte, die gegangen werden. Vom Reden allein verändert sich nichts, weder für die Christenheit noch für den einzelnen Christen. Schritte im Denken und Schritte im Handeln. *Schritte, mit denen das Christentum einst begann.* Fünf kleine Schritte in einen großen Glauben:

- von Gott zum „Gott und Vater Jesu Christi"
- vom Bekenntnis zur Glaubenslehre zum Hören auf Gottes Weisheit

- von der Magd zur Tochter, vom Knecht zum Freund
- von der Kirchenzugehörigkeit zum Kirche Sein
- vom Pseudo-Christlichen zum Evangelium

In den folgenden fünf Kapiteln werde ich jeweils in einem ersten Teil (I.) im Rückgriff auf die Bibel und die geistliche Tradition den Schritt darstellen, zu dem sich die Kirche am Beginn ihres Weges von Jesus herausgefordert sah. Im zweiten Teil (II.) folgt eine kurze Aktualisierung auf die gegenwärtige Situation hin. Der dritte Teil (III.) will dann, wie in einem Exerzitienkurs, konkret dazu anleiten, diesen Schritt mitzuvollziehen und „einzuüben".

# VON GOTT

# ZUM „GOTT UND VATER JESU CHRISTI"

> *„Die Quelle unserer Hoffnung*
> *liegt in Gott, der nur lieben kann*
> *und der uns unablässig sucht."*

Frère Roger Schutz

## *„Denkt größer ..."*

Es gibt viele Möglichkeiten, die zwanzig, sechzig, fünfundsiebzig oder neunzig Jahre zu verbringen, die uns auf Erden geschenkt sind. Eine hat Jesus vorgelebt. Eine *neue Art, Mensch zu sein.* Sie wiederzuentdecken – oder sie überhaupt erst zu entdecken –, das ist die wichtigste Aufgabe in der gegenwärtigen Stunde. Für die Christenheit als ganze wie für den einzelnen Christen. Nur so ist die dramatische Notsituation zu wenden, in der wir, die wir Kirche sind, uns derzeit befinden.

Damals, vor zweitausend Jahren, kam das, was Jesus lebte, tat und sagte, einer Revolution gleich, einer Wende in der Religions- und Kulturgeschichte der Menschheit, wie sie für die persönliche und gesellschaftliche Lebensgestaltung bis heute bedeutungsvoller nicht sein kann. Er rief sie aus mit den Worten: *„Die Zeit ist erfüllt, das Reich Gottes ist* *nahe. Kehrt um, und glaubt an das Evangelium!"* (Mk 1,15).

Wie ein Programm steht dieses Wort am Anfang seines öffentlichen Wirkens. Alles, was er zu verkünden hat, ist darin schon enthalten: seine Botschaft, zusammengefasst in der Kurzformel: „Das Reich Gottes ist (euch) nahe", und zugleich die Anleitung für den ersten, entscheidenden Schritt in die Nachfolge Jesu hinein, in seine Art zu leben und das Leben zu verstehen: „Kehrt um, und glaubt an das Evangelium!" – Und dem voran steht der Ruf: „Die Zeit ist erfüllt!" Von „Zeit" ist im griechischen Text eigentlich nicht die Rede. Hier steht die Vokabel „kairós", zu deutsch: „der jetzige, entscheidende Augenblick". Die ganze Redewendung meint, in unsere Sprache übertragen, so viel wie: Jetzt ist der entscheidende Augenblick! *Jetzt ist die Zeit – die Not wendenden Schritte zu tun ...*

Mit diesem programmatischen, ersten Jesus-Wort im MARKUS-EVANGELIUM möchte ich meine Exerzitien-Anleitungen beginnen. Zugegeben: Die Aufforderung „Kehrt um!" ist nicht gerade das einladendste Exerzitien-Thema. Sie klingt für viele Menschen, auch für Christen, eher fromm-kirchendeutsch als revolutionär, und vor allem arg nach Moralin. Doch es lohnt sich, noch einmal unvoreingenommen in dieses Jesus-Wort hineinzuhorchen. Es wies damals in Israel den Weg in eine Lebensart, die immer mehr Menschen anzog und sie schon bald zur Kirche machte, zu einer neuen Gemeinschaftsform über alle Grenzen hinweg. Es weist auch heute den Weg in ein authentisches Christsein.

# I.

„Kehrt um!" – So, wie dieses Wort uns heute in den Ohren klingt, hat Jesus tatsächlich nicht gesprochen. Die seit den 1960er Jahren gebräuchliche Übersetzung gibt sein Anliegen nur unzureichend wieder.[16] Auch die frühere Übertragung mit „Tut Buße!" – sie geht auf die lateinische VULGATA-Übersetzung aus dem 5. Jahrhundert zurück („paenitentiam agite") – weckt Assoziationen, die zu Missverständnissen und Fehldeutungen führen müssen.

Im griechischen Originaltext steht hier: „Metanoeite!". Das bedeutet wörtlich: *Ändert eurer Denken, eure Sicht, eure Vorstellungen!*[17] Paulus wird diese Aufforderung Jesu mit den Worten weitersagen: „Wandelt euch durch Erneuerung eures Denkens!"[18] „Denkt um!" oder – wie Pinchas Lapide, ein jüdischer Theologe, vorschlägt – „Sinnt um!" wäre folglich die treffendere Übersetzung.[19] Das griechische Wort, so lehrt uns die bibelwissenschaftliche Forschung, drückt nicht dasselbe aus, was die Propheten Israels meinten, die ihr Volk mit dem hebräischen Ruf „schubu" zur Abkehr vom Götzendienst und zur Rückkehr zum Gott der Väter ermahnten.[20] Markus, Matthäus und Lukas müssen Jesus anders verstanden haben, wenn sie *seinen* „Umkehr"-Ruf (und den seines Vorläufers Johannes) mit „metanoeite" wiedergeben. Ganz getreu ins Deutsche übersetzt, bedeutet dieses Wort: Denkt (noeite) darüber hinaus (meta)! Gemeint ist also nicht ein Umdenken im Sinne der Rückkehr zu Früherem, zu dem, was – religiös und moralisch – bisher gut und richtig war, sondern eine *Hin*kehr zu Neuem und Größerem. *„Denkt größer, als ihr bisher dachtet!"* – das ist der Aufruf Jesu, wie ihn die frühchristlichen Autoren in die junge Kirche hinein weitergaben.

Worin das Umdenken, oder besser: das Größer-Denken besteht, wird aus dem Zusammenhang heraus deutlich. Der vollständige Satz lautet: „Metanoeite kai pisteuete en to euangelio – Denkt größer, *und glaubt an das Evangelium!"* „Euange-lion" (lat.: evangelium) heißt „gute/frohe Botschaft". In der griechischen und römischen Antike benutzte man diesen Ausdruck, wenn man eine höchst erfreuliche, beglückende und befreiende Nachricht überbrachte: Dass zum Beispiel ein schwer erkrankter Angehöriger wieder gesund geworden war, das Heer einen Sieg über die Feinde errungen oder nach einer Schreckensherrschaft ein neuer Landesherr die Regierung übernommen hatte. Im Markus-Text ist zweifellos das unmittelbar zuvor genannte „Evangelium Gottes" gemeint, das Jesus „in Galiläa verkündete"[21]: eine gute, befreiende, höchst beglückende Nachricht von und über *Gott!*

Es geht Jesus also um eine Kehrtwendung im *Denken über Gott*, und damit auch um eine neue, größere Sicht von dem, was man damals in Israel das „Königreich Gottes" nannte. Denkt über das hinaus, was ihr bisher dachtet, sagt Jesus, und ändert – dies als erstes – *eure Vorstellung von Gott!* Dann wird sich eure Sicht vom Leben verändern, von der Religion, von euch selbst und von den Mitmenschen, und *dadurch* eure Moral, euer Umgang miteinander, euer Tun und euer Handeln. *Denkt größer von Gott*, und ihr gewinnt eine andere, ganz neue Art, Mensch zu sein.

Es geschieht hier in der Tat, wie der evangelische Neutestamentler Martin Hengel sagt, „eine Umkehrung herrschender religiöser Werte, die man wohl revolutionär nennen darf"[22].

Vorausgegangen war diesem Zuruf an die Landsleute in Galiläa – so erzählen Markus und die anderen drei Evangelisten – der Kontakt mit Johannes, dem Bußprediger und Täufer am Jordan. Hier war Jesus einer Gottessicht begegnet, die er zwar von Kindheit an kannte, die in jenen Tagen durch den Täufer aber aufs Dramatischste zugespitzt worden war:

Gott war im Glaubensbewusstsein des jüdischen Volkes der Gütige, Liebende und Barmherzige gegenüber „allen, die ihn fürchten und ehren, ... die seinen Bund bewahren, an seine Gebote denken und danach handeln"[23]. Doch er war zugleich auch der strafende, ja in seinem göttlichen Zorn der rächende Gott. Ein, aus menschlicher Sicht, gerechter, nicht willkürlich strafender Gott freilich, aber gerade darin doch *der Gott mit einem doppelten Gesicht.* „Alle, die ihn lieben, behütet der Herr, doch alle Frevler vernichtet er"[24], betete man aus dem Buch der Psalmen und hörte in den Zehn Geboten der Tora: „Ich, der Herr, dein Gott, bin ein eifersüchtiger Gott: Bei denen, die mir feind sind, verfolge ich die Schuld der Väter an den Söhnen, an der dritten und vierten Generation; bei denen, die mich lieben und auf meine Gebote achten, erweise ich Tausenden meine Huld."[25] Ähnliche Vorstellungen bestimmten seit Jahrtausenden das Leben der Menschen in den Nachbarvölkern Israels, in der altägyptischen Religion, in der mesopotamischen wie in der griechisch-römischen Götterwelt. Zwar hatten die Propheten – der vor- und der nachexilischen Zeit – immer wieder an die Güte und Barmherzigkeit Gottes erinnert, doch sie hatten auch, je nach Situation, mit Gott zu drohen gewusst.

Johannes der Täufer nun, ganz in ihrer Tradition stehend, hielt zu einer Zeit, in der man im gesamten östlichen Mittelmeerraum von einem baldigen Weltuntergang sprach, den Menschen das „Zorngericht Gottes"[26] als *unmittelbar bevorstehend* vor Augen: „Schon ist die Axt an die Wurzeln der Bäume gelegt; jeder Baum, der keine gute Frucht hervorbringt, wird umgehauen und ins Feuer geworfen ..."[27] Immer schon lehrte der Gott der zwei Gesichter die Menschen in Israel nicht nur Hingabe und Vertrauen, sondern auch das Fürchten und Zittern. Aber nun erschien die Lage zugespitzt zur äußersten Bedrohung. Das von vielen im Volk erwartete „Königreich Gottes" wird, so der Täufer, die große göttliche Strafaktion über Israel und das ganze Menschengeschlecht bringen, und nur die augenblickliche Kehrtwende im religiösen und sozialen Verhalten, besiegelt durch die „Taufe der Umkehr zur Vergebung der Sünden"[28], ist die letztmögliche Chance, am „dies irae", am Tag des Zorngerichtes Gottes, verschont zu bleiben.

Auf dem Hintergrund dieser Begegnung mit Johannes muss, so die Deutung der frühen Kirche, etwas geschehen sein, was die Verkündigung Jesu zu einem *Kontrastprogramm* gegenüber der Täuferpredigt machen wird, wie es größer und revolutionärer tatsächlich nicht sein kann. Markus (und mit ihm später Matthäus und Lukas) erzählt davon in der kleinen Tauf-Perikope (Mk 1,9-11).

Jesus, so heißt es dort wörtlich, *„sah die Himmel sich öffnen und den Geist wie eine Taube auf sich herabkommen“*. In Redewendungen, die den frühchristlichen Gemeinden aus den alttestamentlichen Schriften vertraut waren, spricht Markus hier von einer inneren Erfahrung (verdeutlichend in diesem Sinne fügt Lukas hinzu: „Und während er betete ...“[29]), die für Jesus von nun an zu einer unumstößlichen Gewissheit werden sollte: Nicht mit der bedrohlichen Macht und der vernichtenden Gewalt der Stiere, Löwen und Greifvögel richtet Gott sein „Reich“ wieder auf – Tiersymbole, wie sie, in Stein gehauen, vor den Toren der antiken Städte standen, um die Furcht vor den Göttern wach zu halten. Nein, Gott kommt „arglos“[30] *wie eine Taube*! Nur das Symboltier göttlicher Heilsbotschaft am Fenster der Arche Noachs[31] und der zärtlichen Liebe aus dem HOHENLIED[32] erscheint Markus geeignet, um die Haltung Gottes, wie sie Jesus zur Gewissheit geworden sein musste, bildhaft zu charakterisieren. Nicht das Zorngericht Gottes kommt auf Jesus herab. Anmutig vielmehr, liebevoll, ja zärtlich erfährt er Gott in seinem Herzen. Und *„die Stimme aus den Himmeln“* – eine „Stimme“, die alle Menschen kennen, die wie Abraham, der „Vater der Glaubenden“, und wie Maria, das „Urbild der Kirche“, auf Gott zu horchen verstehen – sagt ihm: *„Du bist mein geliebter Sohn, an dir habe ich Freude.“* Markus nimmt hier ein Wort aus den PSALMEN zu Hilfe („Mein Sohn bist du"[33]) und eines aus dem BUCH JESAJA („an ihm habe ich Freude"[34]), um auch begrifflich auszudrücken, wovon die Symbolik seiner kleinen Erzählung spricht. Es sind Worte, die sich dem erschließen, der die Sprache der Liebe kennt: das zärtliche, Vertrauen schenkende Wort eines Vaters zu seinem Sohn oder das Wort der Liebenden, die einander sagen: „Du bist meine ganze Freude!" (Die gebräuchliche Übersetzung mit „an dir habe ich Gefallen/Wohlgefallen gefunden"[35] gibt das hier Gemeinte leider viel zu „hochdeutsch" wieder.)

*So* also ist Gott, wie Jesus ihn erkennt und erfährt: ein Gott, dem er ein „geliebter Sohn" und seine „ganze Freude" ist. *Abba* – lieber Vater – wird er ihn nennen[36], und diesen Abba-Gott wird er verkünden. Entschieden wird er sich von der Gottessicht des Täufers – und damit auch von einem wohl weit verbreiteten Gott-Empfinden in seinem Volk – distanzieren. Dieser Abba-Gott wird sein „Ge-Schick" (Heinz Schürmann) werden, seine Sendung und sein Schicksal.

Im Laufe der Geschichte hat man die Worte „Du bist mein geliebter Sohn" auf Jesus allein bezogen, auf den „Sohn Gottes" im späteren theologisch-dogmatischen Sinne. In den ersten Christengenerationen aber war noch das Bewusstsein lebendig, dass Jesus *allen*, die ihm zuhörten, Gott als den Abba verkündet hatte und *jeder* sich fortan von Gott als „geliebter Sohn", als „geliebte Tochter" angesprochen wissen darf. Die Paulusbriefe zum Beispiel legen dafür ein klares Zeugnis ab[37] (s. S. 81). In der „Stimme aus den Himmeln" war Jesus nicht nur zur Gewissheit geworden, wer *er* ist, sondern wer der *Mensch* – jeder Mensch – für Gott ist: „Du bist mein geliebter Sohn, meine geliebte Tochter, an dir habe ich meine ganze Freude!"

Mit dieser Botschaft unterwegs durch Galiläa, so erzählt Lukas (4,16ff), kommt Jesus bald darauf in sein Heimatdorf Nazaret. Unerhörtes wird er dort im Synagogengottesdienst tun: Er liest einen Text aus der Jesaja-Rolle vor und – bricht die Lesung mitten im Satz ab! „Der Herr hat mich gesandt, damit ich den Armen eine gute Nachricht bringe, den Gefangenen die Entlassung verkünde und den Blinden das Augenlicht, die Zerschlagenen in Freiheit setze und ein Gnadenjahr des Herrn ausrufe –" Punkt! *„Dann schloss er das Buch, gab es dem Synagogendiener und setzte sich."* Ohne jeden Skrupel angesichts der Heiligkeit des Textes streicht Jesus den zweiten Teil des Verses, der in der Jesaja-Rolle lautet: „... (damit ich ausrufe) einen Tag der Vergeltung unseres Gottes ..."[38] Den von (Trito-)Jesaja prophezeiten „Tag der Rache" (so wörtlich in der hebräischen Bibel) lässt er weg! „Heute hat sich das Schriftwort, das ihr eben gehört habt, erfüllt" – das Wort von der *Befreiung* und von der *Gnade*, von der *Liebe* unseres Gottes! –, sagt er den Verwandten und Bekannten, den einstigen Nachbarn und den Jugendfreunden in Nazaret. Und das Wort vom „Rachetag", vom „Zorngericht Gottes", mit dem der Täufer am Jordan schrecklicher noch als Jesaja gedroht hatte, erfüllt sich *nicht*!

Selbst wenn Lukas, wie freilich in Betracht zu ziehen ist, dem Messias aus Nazaret die Jesaja-Worte in den Mund gelegt hätte, so zeugte das doch nur von der Strahlkraft der so ganz anderen Gottesbotschaft Jesu noch in die frühe Kirche hinein und „von der tiefen theologischen Einsicht des Lukas", der „gewiß nicht aus Zufall den ‚Tag der Rache unseres Gottes' ausgelassen hat" (Martin Hengel).[39]

Wo immer Jesus fortan redet, spricht er von einem Gott, der, im tiefsten Sinne des Wortes, Evangelium – *Frohbotschaft* – für die Menschen ist. Seiner Gottessicht, der alle angstmachende Bedrohlichkeit genommen ist, haftet nichts Zwiespältiges an. Der „Abba in den Himmeln", heißt es in der Bergpredigt des Matthäus, *„lässt seine Sonne aufgehen über Bösen und Guten, und er lässt regnen über Gerechte und Ungerechte"*[40]; ein Wort, das ähnlich auch Lukas überliefert: *„... er ist (auch) gütig gegen die Undankbaren und Bösen"*[41].

Man setze für „Böse" und „Gute", „Gerechte" und „Ungerechte" nur einmal die Klarnamen aus dem persönlichen Bekanntenkreis oder aus der gegenwärtigen Weltpolitik ein, um die Ungeheuerlichkeit einer solchen Botschaft zu erfassen! Und beide Evangelisten haben diese Aussage über Gott einer sehr frühen Sammlung von Jesus-Worten, der sogenannten LOGIENQUELLE, entnommen.[42] Das heißt: Wenn auch nur irgendwo im Neuen Testament die „ureigene Stimme Jesu" zu vernehmen ist, dann hier! Dieser Gott wird der Kern und die Mitte seiner Botschaft sein, gleich, ob er sie in Gleichnissen und Bildgeschichten, im tröstenden Zuspruch, in wachrüttelnden Mahnreden oder nach Art der Propheten in ausdrucksstarken Zeichenhandlungen verkündet. „Das Reich Gottes ist euch nahe" (so in der Wiedergabe durch Lukas[43]) heißt im Sinne Jesu: Worauf ihr wartet, das ist *jetzt* schon da! Und es ist *anders* da, als ihr es mit dem Blick *eures* zwiespältigen Menschenherzens erwartet! Euer Leben und eure gesamte Mit-Welt stehen unter der „Königsherrschaft" eines Gottes, der nichts als Liebe, Wahrheit, Zuneigung, Achtung und – *Verstehen* ist.

Der Jahwe unseres Volkes, der ICH BIN DA[44], so sagt Jesus den Frommen und den Frömmlern, den „Kleinen" in Galiläa und den Schriftgelehrten in Jerusalem, ist nicht als der einerseits Gütige und andererseits zornig Strafend-Rächende, sondern als der *Abba-Jahwe* da. Für diesen Gott wird der Bauhandwerker aus dem Kleinbauern-Dorf Nazaret leben, und für diesen Gott wird er sterben.

Von diesem Gott wird ein Christ aus der späten Frühzeit der Kirche (um das Jahr 100), der Autor des Ersten Johannesbriefes, sagen: „Gott ist Licht, und keinerlei Finsternis ist in ihm"[45], und: „Wenn das Herz uns auch verurteilt – Gott ist größer als unser Herz"[46], ja schließlich sogar, als Spitzenaussage des ganzen Neuen Testaments: *„Gott ist die Liebe"*[47].

Dieser Abba-Vater ist gemeint, wenn Paulus in seinen Briefen wiederholt vom *„Gott und Vater Jesu Christi"*[48] spricht.

Dieser Abba-Gott ist auch gemeint, wenn die beiden Glaubensbekenntnisse, das Große und das Kleine Credo aus dem 4. und 5. Jahrhundert der Kirche – sie verbinden bis heute alle christlichen Konfessionen der Ökumene – gleich zu Beginn betonen: „Ich glaube an (den einen) Gott, *den Vater* ..."

Das Wort „Vater" steht hier nicht für den Schöpfer der Welt; davon ist dann eigens in der zweiten Zeile beider Bekenntnisse die Rede. Dieser Zusatz füllt vielmehr den noch allgemeinen, religionsübergreifenden Begriff „Gott" mit der spezifisch christlichen Gottessicht: Der Gott, zu dem wir Christen uns bekennen, wird ausdrücklich als der Abba-Vater Jesu charakterisiert.

Wen immer, damals wie heute, Jesus mit seiner Botschaft erreicht: Die Umkehr, zu der er ruft, besteht darin, *dass ich größer von Gott denke, meine Sicht von Gott ändere* und mit ihm an *den* Gott glaube, den *er* verkündete. In dieser *Denk*-Wende liegt die Grundlage für die *Lebens*-Wende, die Jesus möglich gemacht hat.

## II.

Der Umdenk-Ruf Jesu ist noch immer aktuell. Es mag viele Gründe geben, warum der christliche Glaube heute seine Anziehungskraft verloren hat: gesellschaftliche, kirchliche und je ganz persönliche in den Herzen der Menschen. Die hauptsächliche Ursache aber liegt nicht in kirchlichen Strukturen, in der vermeintlichen „Gottvergessenheit unserer Zeit" oder in psychologischen und moralischen Verhaltensmustern. Sie ist vor allem darin zu suchen, *dass uns die Gottessicht abhanden gekommen ist, von der die neue, die christliche Lebensart ursprünglich getragen war.* An die Stelle des

Abba-Gottes Jesu ist schon bald wieder, beginnend bereits in der Frühzeit der Kirche, der *ambivalente Gott*, der Gott mit zwei Seiten getreten. Und mit ihm hat sich im Laufe der Jahrhunderte eine Religiosität entwickelt, die viele menschenunwürdige, krankmachende, ja lebensfeindliche Züge trägt. In allen Konfessionen. Das doppelgesichtige und zwiespältige Gottesbild beherrscht auch heute weithin das Denken und Empfinden der (Christen-)Menschen und die praktische Glaubensverkündigung der Kirchen.

Eine Katholikin aus einer Großstadt-Gemeinde erzählte mir, ihr Pfarrer habe kürzlich eine sehr feurige Predigt über den Gott der Liebe und der Barmherzigkeit gehalten; am Sonntag darauf habe er dann seine Predigt mit den Worten begonnen: „Heute muss ich Ihnen auch die andere Seite Gottes in Erinnerung bringen ...", und es folgte eine ebenso feurige Drohrede über den Zorn Gottes und seine „strafende Gerechtigkeit". – Das hier Berichtete spiegelt genau unsere Situation wider: Zwar ist die Frohbotschaft Jesu vom Abba-Gott und seiner bedingungslosen Liebe im Christentum nicht vergessen, doch so mancher glaubt, sie durch die Drohbotschaft vom strafenden Gott „ergänzen" zu müssen.

Dieses *ambivalente Gottesbild* – mit allen seinen Folgen – ist es, was viele Christen leiden lässt, an Gott, aneinander, an der Kirche und an sich selbst. Hier ist die Wurzel der großen Not, in der wir heute stecken. Dieses Gottesbild und die noch immer von ihm geprägte Sprechweise in Liturgie und Glaubensverkündigung sind es auch, die Menschen dazu bringen, sich von Gottesdienst und kirchlichem Leben fernzuhalten oder in die praktische Gott-Losigkeit auszuwandern.

Ich selbst hatte das Glück, in einer Glaubens- und Lebenswelt aufwachsen zu können, in der der „liebe Gott" der *Gott der Liebe* war, sowohl im Elternhaus wie in unserer kleinen Pfarrgemeinde. Doch mit dem Eintritt in ein kirchliches Seminar – ich war 14 Jahre alt – trat auch die „andere Seite Gottes" in mein Leben. Wir seien wie der Judas unter den Jüngern, wenn wir uns nicht strikt an die Hausordnung hielten, hörten wir in der ersten Predigt nach unserer Anreise, und wir dürften sicher sein: „Judas ist in der Hölle." Das saß, und die Gottesangst, die schlimmste aller Ängste, wurde fortan meine innere Begleiterin. Um sie loszuwerden, blieb mir einige Jahre später nur die (wenigstens innerliche) Flucht in den Atheismus. Seither verstehe ich sie alle recht gut: die unter Gottesangst Leidenden, die unter religiösem Leistungsdruck Stehenden, die eng und formalistisch Gewordenen, die Kirchenfernen und die Atheisten – und all diejenigen in Gemeinde, Kirchenleitung, Kleriker- und Ordensstand, die durchaus viel beten mögen, in deren Herzen aber praktisch mit Gott „nicht viel läuft", weil sie sich einem solchen Gott gegenüber auf Distanz halten. – Es waren die Schriften des spanischen Mystikers und Kirchenlehrers Johannes vom Kreuz (1542-1591), die mir schließlich den Weg aus meiner Seelennot wiesen: Wenn das, was er lebte, „glauben" ist, so sagte ich mir, tief berührt von seiner Innerlichkeit, dann will ich es lernen! Sein Gottesbild fand ich, vor allem durch das Studium der neutestamentlichen Exegese und der geistlichen Tradition der Kirche, bei Jesus von Nazaret wieder, und der kehrt seitdem mein Leben um. Es ist eben ein Unterschied, ob man „ein guter Christ" ist oder es mit Jesus zu tun bekommt!

Ich bin kein Einzelfall. Weder mit meinen einstigen Seelennöten noch mit meiner „Befreiungsgeschichte". Ein Hauptanteil seiner Seelsorge, sagte mir erst kürzlich ein in der Beicht- und Gesprächspastoral tätiger Mitbruder aus Süddeutschland, bestehe darin, den Rat- und Vergebung-Suchenden aus ihren religiösen Ängsten und Zwängen herauszuhelfen. Das kann ich aus meiner Seelsorge-Erfahrung nur bestätigen. Und es sind bei weitem nicht nur ältere Menschen, die von solchen Schädigungen betroffen sind. Christen der jüngeren und der heranwachsenden Generation mögen heute im allgemeinen widerstandsfähiger gegenüber den „dunklen" und „dämonischen Gottesbildern" (Karl Frielingsdorf SJ)[49] sein. Doch ist es nicht gerade dieser Widerstand, der Jugendliche dazu bringt, sich – zumindest innerlich – vom kirchlich verkündeten Glauben und von den Gemeindegottesdiensten zu distanzieren?

Dennoch: Hinter all der Not im gegenwärtigen Christentum, die viele Menschen weitaus schlimmer erleben müssen, als ich sie erlebte, vollzieht sich die Jesus-Revolution gerade auch in unseren Tagen. Inmitten der Kirchen und Konfessionen, ja auch außerhalb der „Grenzen der sichtbaren Kirche" (Edith Stein)[50], wird die Kirche Jesu von neuem geboren. „Gott kann nur lieben", schrieb Frère

Roger Schutz, der Prior von Taizé, den Jugendlichen in aller Welt in einem Brief ins Jahr 2003 hinein. In den „noch so zerrütteten Verhältnissen auf der Welt" sieht er „Zeichen unleugbarer Hoffnung", und die „Quelle solcher Hoffnung", sagt er den jungen, ökumenisch orientierten Christen, liegt „in *Gott, der nur lieben kann* und der uns unablässig sucht".[51]

Was sich da in den Herzen so zahlreicher Menschen bewegt, findet inzwischen mehr und mehr Bestätigung durch wache Theologen. In Deutschland ist es gegenwärtig vor allem der Münchner Religionsphilosoph Eugen Biser (geb. 1918), der in seinen Büchern und Vorträgen[52] ein heilendes, ein „therapeutisches Christentum" einfordert. Es wird möglich, wenn wir das unheilvolle ambivalente Gottesbild hinter uns lassen und uns dem *bedingungslos Liebenden* zuwenden, den Jesus als den Abba angerufen und verkündet hat. Mit dieser Zärtlichkeitsanrufung, so der katholische Theologe, fasste Jesus „das Gottesverhältnis, in das er sich hineingenommen wusste, in den einzig zutreffenden Ausdruck; denn in dieser Anrede führte er die menschliche Gottesbeziehung in jene ungeahnte Dimension, die, jenseits aller Sehnsüchte und Erwartungen, der alternativlosen Liebe Gottes angemessen war. ... Im Zug dieser wahrhaft ‚sanften' Revolution beseitigte er den Schatten des Grauen- und Schreckenerregenden aus dem Bild des gleicherweise ‚grausamen und gütigen' Gottes, ... um darin stattdessen das Antlitz des bedingungslos liebenden Vaters zum Vorschein zu bringen."[53] – Der Gott Jesu, so schrieb schon der große

Gott-Denker Karl Rahner (1904-1984), ist ein „ursprünglich und grundlos liebender Gott"[54], in dessen Herz „nichts sein kann als wirklich nur Liebe und sonst nichts"[55].

Andere Theologen sind den Bibeltexten, in denen vom Zorn und von der strafenden Vergeltung Gottes die Rede ist, gründlicher nachgegangen. Sie konnten zeigen, dass die alt- und neustestamentlichen Autoren mit solchen Worten und Bildern ganz und gar nicht den Charakter Gottes beschreiben wollten. Vielmehr hätten sie damit auf menschlich verständliche Weise ihre Überzeugung zum Ausdruck bringen wollen, dass sich Gott – *zusammen mit allen Leidenden* –, leidenschaftlich und bis zum Äußersten „emotional erregt", *gegen* alles Unheil stellt; dass Gott das Leid, das Unrecht und das Unheil gerade *nicht* will! Vom „zornigen", „strafenden" und „vergeltenden" Gott reden die Propheten Israels, um die Menschen von Einstellungen und Verhaltensweisen abzubringen, die – sachlogisch, aus sich selbst heraus – ins Unheil und Elend führen. Sie reden von Gottes Zorn, um den Gequälten zu sagen, dass der Gott Israels ihnen auch im Leid nahe ist, auf ihrer Seite steht und mit ihnen *gegen das Unheil* und *für ein menschenwürdiges Leben* kämpft. „Christliche Predigt", so erläutert der katholische Theologe Ralf Miggelbrink am Schluss einer solchen Untersuchung, „wird auch im Horizont der Rede vom zornigen Gott nicht zur Drohbotschaft. Sie bleibt Verheißungs- und Heilsbotschaft."[56] Ähnlich äußern sich die protestantischen Theologen Walter Dietrich und Christian Link in einem zweibändigen

Werk über die vermeintlich „dunklen Seiten" Gottes: „Gott war und ist zuerst ein Gott des Heils. Erst nachdem dies klargemacht ist, kann auch von Gottes Verhältnis zum Unheil, von seinem Zürnen und Richten, gesprochen werden."[57] – Die Konsequenzen, die sich aus diesen Erkenntnissen ergeben, werden allerdings, auch von den genannten Theologen, meines Erachtens nicht immer klar und eindeutig gezogen. Es mag ja dem theologisch Geschulten verständlich sein, was gemeint ist, wenn auch weiterhin – gut biblisch – vom zornigen Gott die Rede sein soll, etwa mit der Begründung: „Ich will vom zornigen Gott reden, weil ich diese prophetische Intuition für die Gottesrede der Gegenwart für unverzichtbar halte: Gott will das Leben für alle Menschen" (Ralf Miggelbrink).[58] Aber der „normale" Christ und Mitmensch von heute, so mancher Prediger eingeschlossen, wird diese Redeweise doch so hören, wie sie sich menschlichem Verstehen nun einmal nahelegt, heute ebenso wie damals in Israel: Er wird sich daraus sein Bild vom *zwiespältigen Charakter Gottes* machen – und wird unter diesem Gott leiden oder sich gegen ihn auflehnen.

Auch das Zweite Vatikanische Konzil (1962-1965) hatte bereits einen wesentlichen Schritt der Hinkehr zum Ursprünglichen des Christentums getan. Seine Bedeutung für unsere Zeit kann nicht genug gewürdigt werden. Ein Umdenken in der Gottessicht hat das Konzil jedoch nur ansatzweise und damals noch nicht in der nötigen Klarheit und Ausdrücklichkeit vollziehen können. Sein großes Thema war die Kirche, wenn auch, wie Kardinal

Ratzinger, der heutige Papst Benedikt XVI., rückblickend betont, die Gottesfrage nicht etwa ausgeblendet war: „Das II. Vatikanum wollte durchaus die Rede von der Kirche der Rede von Gott ein- und unterordnen, es wollte eine im eigentlichen Sinn theologische Ekklesiologie (= von der Gotteslehre her verstandene Lehre über die Kirche, R. K.) vorlegen, aber die Rezeption des Konzils (hier gemeint: die Umsetzung der großen Leitgedanken des Konzils, R. K.) hat bisher dieses bestimmende Vorzeichen vor den einzelnen ekklesiologischen Aussagen übersprungen, sich auf einzelne Stichworte gestürzt und ist damit hinter der großen Perspektive der Konzilsväter zurückgeblieben."[59] Geweckt jedenfalls hat das Konzil ein neues Interesse an Jesus selbst, sogar weit über die katholische Kirche und über das Christentum hinaus. Doch wiederum mit den zwiespältigen Folgeerscheinungen, die Eugen Biser auf einem internationalen Kongress (2003) des Karmelitenordens, dem ich angehöre, zusammenfassend so beschrieb: „Im Zug der durch das Zweite Vatikanum ausgelösten Neuentdeckung Jesu kam es zu Übereinkünften, die sich der rationalen Erklärung entziehen. Sie sind ebenso förderlicher wie destruktiver Art: So kam es zu Beginn der siebziger Jahre zur Publikation einer ganzen Reihe von Jesusbüchern, die wie auf geheime Verabredung entstanden waren und sich ebenso durch das eindeutige Übergewicht der ‚mit Liebe' geschriebenen wie durch die Beteiligung jüdischer und agnostischer Autoren auszeichneten. Von einer stillschweigenden Verschwörung aber möchte man angesichts der Tatsache sprechen, dass sich gleichzeitig die Stimmen derjenigen mehren, die einem ‚ambivalenten' Gott das Wort reden und darauf abheben, dass im Gegenzug zur Gottesverkündigung des Konzils endlich wieder der strafende und schlagende Gott des Zornes und des unnachsichtigen Gerichts verkündet werden müsse. Doch dieser Gott fällt eindeutig hinter den von Jesus entdeckten zurück."[60]

Die Rede von einem zwar barmherzigen, aber zugleich rächenden und strafenden Gott widerspricht zutiefst dem christlichen Glauben. Diesem Gottesbild, das sich so verheerend auf das Menschenbild auswirkt, ja auf die menschliche Seele selbst, hat Jesus von Nazaret in aller Eindeutigkeit den Gott der Liebe entgegengestellt. Der bedingungslos liebende Abba-Gott ist die *Mitte* seiner gesamten Verkündigung – und damit auch die Mitte des christlichen Glaubens.

Es ist richtig zu sagen, Jesus Christus als der menschgewordene, gekreuzigte und auferstandene Sohn Gottes sei das Entscheidend- und Unterscheidend-Christliche am Christentum. Aber dieses Bekenntnis bleibt unvollkommen und entbehrt seiner historischen und theologischen Grundlage, wenn Jesus Christus nicht *zusammen mit seiner spezifischen Gottesbotschaft* die Mitte des christlichen Glaubens bildet. Der „Verkündete" ist nur als der „Verkündigende" der Jesus Christus unseres Glaubens. „Die Sendung des Sohnes hat ein Ziel, nämlich die Liebe Gottes zum Menschen und zur Welt offenbar zu machen", betont Kardinal Karl Lehmann. „Die Herrschaft Gottes ist nicht die Durchsetzung irgendeiner Macht, sondern letztlich ist es die ganz andere Herrschaft der suchenden Liebe."[61] – Ohne die Gottessicht Jesu verliert das Christentum seine Identität. (Das ist, wollen wir nicht einem gleichmacherischen Relativismus verfallen, auch im so hoffnungsvoll begonnenen Dialog mit den beiden anderen großen abrahamitischen Weltreligionen festzuhalten.)

Es finden sich freilich immer Gründe genug, der Verkündigung eines Gottes, der „nur Liebe ist und sonst nichts" (Karl Rahner, s. o.) zu widersprechen. Die Botschaft Jesu hat schon damals in Israel nicht nur Zustimmung erfahren; sie ist ebenso auf Widerspruch und Ablehnung gestoßen, bis hin zur Vernichtung des Botschafters selbst. Die Palette der Argumente, die heute gegen diese Gottessicht vorgebracht werden, reicht von dem Einwand: „Aber im Neuen Testament gibt es doch auch die drohenden Gerichtsworte!" über die Entrüstung: „Wo bleibt denn da Gottes Gerechtigkeit?!" bis hin zu der alten und stets wieder neuen Frage: „Kann es denn angesichts des vielen Leids und Elends in der Welt einen Gott geben, einen liebenden noch dazu?" – Es ist hier nicht der Platz, auf solche und ähnliche Gegenargumente in der erforderlichen Gründlichkeit und Ausführlichkeit einzugehen[62]; nötig wäre dies freilich in höchstem Maße, und es ist nur zu wünschen, dass sich immer mehr Theologen und Glaubensverkünder dieser Aufgabe mit Entschiedenheit annehmen.

Das am häufigsten geäußerte Gegenargument lautet heute: „Wenn Gott nicht mehr als der Zürnende und Strafende verkündet wird, kann das doch nur zu Laxheit und Unmoral führen!" Von einem „Kuschel-Gott", der das Glaubensleben vieler Christen und die Verkündigung mancher Prediger und Katecheten verwässere, ist in diesem Zusammenhang dann gern die Rede, oder vom „lieben Gott" im verächtlich machenden Sinne. Ich denke, wer so argumentiert, hat die Gottesbotschaft Jesu – und die Menschen, die sie heute weitertragen – gründlich missverstanden. Vom Gott der *Liebe* hat Jesus gesprochen, nicht von einem Gott der Belanglosigkeit und Unverbindlichkeit![63] Schon die Erfahrung in den zwischenmenschlichen Beziehungen lehrt uns doch, dass Liebe – wo sie wirklich Liebe ist – nicht zum Freibrief für Laxheit oder gar Unmoral wird. Im Gegenteil, nichts fordert mehr zum Guten heraus als die Erfahrung, von jemandem geachtet und geliebt zu sein! Und im Übrigen: Ich mag ja in meinem Kloster nicht alles mitbekommen, was in der landes- und weltweiten Christenheit geschieht, aber Menschen mit einem „Kuschel-Gott" im Herzen (was hier wohl so etwas wie einen „Eia-Popeia-Gott" meint) sind mir in meinen 28 Priesterjahren nur sehr selten begegnet. Ich kenne als Seelsorger neben den Christen, die mit dem Gott der bedingungslosen Liebe leben (möchten), und denjenigen, die unter Gottesangst leiden, nur solche, die so gut wie überhaupt keine persönliche Beziehung zu Gott pflegen. Nicht das Leben mit einem „Kuschel-Gott" ist die Gefährdung der Christen in unserer Zeit, sondern das Leben *ohne* Gottesbeziehung, gerade auch unter den haupt- und ehrenamtlich Tätigen in den Kirchen. – Doch ob „Kuschel-Gott" oder praktische Gott-Losigkeit: das eine wie das andere hat seine Wurzel nicht zuletzt in eben jenem ambivalenten Gottesbild in all seinen lebensfeindlich schillernden Facetten.

Der „Gott und Vater Jesu Christi", den viele Christen (wie ich auch) vertrauensvoll – und durchaus nicht kindisch-naiv – den *lieben Gott* nennen, regiert nicht mit Drohung und Strafe, aber ebenso wenig mit einer belanglosen, unverbindlichen Soft-Liebe. Er fordert heraus – mit einer Liebe, die keine Vorbedingungen stellt und doch *alles* abverlangt. Seine Art zu lieben lockt unseren ganzen Lebenseinsatz hervor!

Nur diese *absolut angstfreie* und zugleich *aufs Höchste herausfordernde* Gottessicht, davon bin ich aus persönlicher und aus seelsorglicher Erfahrung überzeugt, kann den Christen zu einem aufrecht lebenden Menschen machen und dem Religionslosen als akzeptable Alternative erscheinen. Die Zukunftsgestalt des Christentums, aber auch die Zukunftsgestalt der Ökumene mit den Weltreligionen und den religionslosen Weltanschauungen wird in ihrer Qualität wesentlich davon abhängen, ob wir Christen bereit sind, *größer von Gott zu denken* und nun endlich, nach zwei Jahrtausenden, in dieser alles entscheidenden Gottessicht ohne Wenn und Aber mit Jesus gleichzuziehen. Nur in dem Maße, wie die ursprüngliche, an Jesus von Nazaret orientierte Glaubens- und Lebensweise unser Denken und Handeln bestimmt, werden wir Christen ernstzunehmende Gesprächspartner all derer sein können, denen die Menschlichkeit des Menschen – und damit nicht zuletzt die Frage nach Gott! – am Herzen liegt.

# III.

An dieser Stelle möchte ich ein Argument nennen, das *für* den Gott Jesu spricht. Ein Argument, das mir selbst geholfen hat, umzudenken und mein Leben auf die Karte des bedingungslos liebenden Gottes zu setzen. Es ist ein Argument der Erfahrung, nicht der bloßen theologischen Theorie. Es nach- und mitzuvollziehen, kann vielleicht auch dem Leser und der Leserin den *ersten Schritt* in eine neue, so ganz andere Art zu leben möglich machen:

Unter meinen Freunden und Weggefährten gibt es einige, die mich sehr gut kennen. Sie haben nicht nur meine Sonnenseite erlebt, sie kennen auch meine Schatten. Dennoch stehen sie zu mir. Ich bin ihnen viel wert. Ich. Einfach, weil ich der Reinhard bin. Wenn nun Gott so wäre, wie ich ihn als 14jähriger im kirchlichen Internat kennen lernte und wie er vielerorts, landauf, landab, noch immer verkündigt wird – er hätte weit weniger Charakter als diese Freundinnen und Freunde! Ehrlich: Auf einen solchen Gott würde ich pfeifen!

Und es gibt, auch in meinem Leben, ein paar Menschen, die mir weh- und unrecht getan haben. In einigen Fällen musste ich mich dann schützen, und manchmal haben sich unsere Wege getrennt. Dennoch habe ich ihnen nicht die Pest an den Hals gewünscht oder will sie gar im „ewigen Höllenfeuer" leiden sehen. Schon wenn ich versucht bin, jemanden nur nach seinen Leistungen zu beurteilen, komme ich mir ziemlich schäbig vor. – Kann dann aber Gott, der große, unendliche Gott, weniger liebesfähig sein? Weniger liebesfähig als ich und als die vielen Menschen, deren Liebesfähigkeit weit größer ist als die meine?

Jedem Leser und jeder Leserin traue ich diesen Denk-Schritt zu. Vielleicht gelingt er jedoch in dem Maße erst, wie er zum Tat-Schritt wird, wie also dem Um-Denken nun tatsächlich eine Um-*Kehr* folgt. Jesus selbst hat sie den Leidenden, Niedergedrückten, ungerecht Behandelten, Ausgebeuteten und Verachteten seiner Zeit im drastischsten aller Fälle zugemutet – da, wo das menschliche Herz nach Vergeltung geradezu schreit und daher den Gott des Zornes und der strafenden „Gerechtigkeit" am wenigsten preisgeben möchte: „Ihr habt gehört", heißt es in der Bergpredigt[64], „dass gesagt worden ist: Du sollst deinen Nächsten lieben und deinen Feind hassen. Ich aber sage euch: Liebt eure Feinde und betet für die, die euch verfolgen, damit ihr Söhne und Töchter eures Vaters im Himmel werdet ..." – Söhne und Töchter nun auch in dem Sinne, dass wir mit dem „Feind" im gleichen Geist umgehen wie der göttliche Vater mit ihm umgeht: „... denn er lässt seine Sonne aufgehen über Bösen und Guten, und er lässt regnen über Gerechte und Ungerechte."

Und Jesus fügt verdeutlichend hinzu: „Seid also vollkommen (nach Lukas: Seid barmherzig[65]), wie es auch euer himmlischer Vater ist." Dieser Schluss-Satz ist kein Gebot; als Gebot verstanden, wäre ein solches Jesus-Wort nicht erfüllbar. Dieses Wort ist vielmehr die sehr konkrete Anleitung Jesu für den ersten Schritt in sein „Reich Gottes"! Die beste und wirkungsvollste, die ich kenne. Denn erst wenn ich, wenigstens anfanghaft, aus der Erfahrung eigenen Denkens, Tuns und Empfindens weiß, wie weit Liebe selbst bei *mir* gehen kann, werde ich sie *Gott* nicht mehr absprechen.

Ein solcher Schritt ist dann nicht nur der Schritt in einen großen Glauben, sondern zugleich in ein großes, wenn auch weiterhin unvollkommenes Leben: in die neue Art, Mensch zu sein.

# VOM BEKENNTNIS ZUR GLAUBENSLEHRE

# ZUM HÖREN AUF GOTTES WEISHEIT

> *„Der Gott Jesu Christi,*
> *unseres Herrn,*
> *der Vater der Herrlichkeit,*
> *gebe euch den Geist der Weisheit*
> *und der Offenbarung ..."*

*Epheserbrief*

## „Höre, Israel!"

Wenn ich nun nach dem ersten Schritt von einem zweiten spreche, dann nicht im Sinne von jeweils getrennten Vollzügen. Alle fünf Schritte – es ließen sich leicht noch weitere hinzufügen! – gehören zusammen und bilden den einen Not-wendenden Schritt hinein in die Lebensart Jesu. So geht auch der folgende mit dem ersten in eins; er will vertiefen, was bisher betrachtet und „eingeübt" worden ist.

Als Jesus einmal gefragt wurde, „welches Gebot das erste (hier gemeint: das wichtigste) von allen" sei, antwortete er mit einem Vers aus der Tora: *„Höre, Israel! Jahwe, unser Gott, Jahwe ist einzig. Darum sollst du Jahwe, deinen Gott, lieben mit ganzem Herzen, mit ganzer Seele und mit ganzer Kraft"*

(Mk 12,29; Dtn 6,4). Noch heute haben diese Worte des Schema Jisrael den Rang eines Credo im Judentum. Sorgfältig aufgeschrieben, tragen betende Juden sie in den Tefillin, den Gebetsriemen, um Handgelenk und Stirn, und in der Mesusa, einem oft kunstvoll gestalteten Behältnis an Türen und Toren, erinnern sie den Gläubigen an den Gott seiner Väter. Auch für Jesus sind sie von bleibender Gültigkeit. So entschieden er den allgemein verbreiteten Gottes- und Glaubensvorstellungen seiner Zeit das „Ich aber sage euch ...“ entgegenhält[66], so klar und eindeutig ist doch sein Bekenntnis zum Jahwe-Gott Israels.

# I.

Jahwe ist nicht Geschichte. Aber er *hat* Geschichte. Charakter-Geschichte. Oder richtiger: Die menschliche Vorstellung von seinem Charakter, von seinem Wesen und seiner „Gesinnung“ gegenüber den Menschen, hat eine lange Geschichte. Sie begann vor Jahrzehntausenden, und sie fand ihren Höhepunkt in Jesus von Nazaret. Es ist die Geschichte des Gesprächs zwischen der Menschheit und einer allen Kulturen der Erde seit alters her bekannten Partnerin. Die Ägypter nannten sie „ma'at“, die Griechen „sophia“, die Römer „sapientia“ und die Juden „chokma“; im biblischen Buch der Sprichwörter wird sie liebevoll „Frau Weisheit“[67] genannt. Kein Thema hat dieses Gespräch so sehr bestimmt wie die Frage nach dem Wesen des Göttlichen – und damit nach dem Wesen des Menschen, nach dem Sinn seines Daseins und dem Gelingen seines Lebens.

Heute ist uns weitestgehend *die Kenntnis der Sprache verloren gegangen, in der sich Frau Weisheit an die Menschheit wendet, und mit ihr die Fähigkeit, der „Weisheit von oben"*[68] *zuzuhören.* Ich sehe darin einen weiteren Grund für die große Bedrängnis, in die wir Christen geraten sind. Mit dem von ihm aufgenommenen Ruf „Höre, Israel!" weist uns Jesus den Weg aus der Not, hin zu den Wurzeln unseres Glaubens: in das Gespräch mit der Weisheit über seinen Gott.

Weisheit – ein Wort, geschöpft aus unvordenklichen Zeiten; ein großes, heiliges Wort in den Überlieferungen aller Kulturen rund um den Erdball! Mag seine Bedeutung von Kulturkreis zu Kulturkreis auch etwas variieren, so hat es doch immer dieselbe Grundbedeutung in den alten Traditionen der Völker. Weisheit meint nicht, wie im säkularisierten Sprachgebrauch unserer Zeit, die Intelligenz eines Menschen, nicht seine Verstandesschärfe und nicht sein Wissen, nicht das Ergebnis des Denkens und Schlussfolgerns und nicht die Erkenntnis-Früchte eines langen Lebens. Die Weisheit ist vielmehr ein *Erfahrungs*phänomen und hat als solches ein „Eigen-Dasein". Die Ägypter, die Sumerer, die Babylonier und die Perser, die Griechen und die Römer verehrten sie deshalb als Gott oder Göttin. Auch in Israel war man gewohnt, sie als eigenständig und als „Person" zu denken. Nicht als eine wirkliche Person freilich, denn Gott allein galt als der Weise, ja als *die* Weisheit schlechthin. Aber bildhaft konnte man von ihr sprechen, als rede und handle sie selbst. „Geschaffen im Anfang seiner Wege, vor seinen Werken in der Urzeit", so sagt das BUCH DER SPRICHWÖRTER, schickt Gott sie aus in die Welt hinein, zu „allen Menschen", damit sie ihnen „Schwester", „Freundin" und „Lebensgefährtin" sei und sie vor der „Frau Torheit" bewahre, die nur „nach Verführung fiebert" und das Leben zerstört.[69] – Weisheit, wie die Bibel sie versteht, kann nicht durch menschliche Geisteskraft erdacht werden. Weisheit wird *erfahren*. Sie will *empfangen* werden. Sie ist immer schon da, *vor* unseren Erkenntnissen und *vor* unseren Urteilen, *vor* jeder Überzeugung und *vor* jeder Lehre, vor jeder Religion und vor jeder Weltanschauung.

*Wie* Weisheit vom Menschen erfahren wird, das lässt sich mit Worten umschreiben wie: erkennend, schauend, einsehend, erahnend, wahrnehmend ..., und vor allem – die Bibel gebraucht es über 1.200-mal – mit dem Wort *hören*.

Und *was* da hörend empfangen wird, hat mit dem zu tun, was wir *Wahrheit* nennen: Wahrheit im Sinne von faktisch gegebener Realität, aber auch im Sinne eines wahren Gedankens, eines erhellenden Wortes, einer ein-leuchtenden Ein-Sicht über Wichtiges, Großes, Wesentliches. Weisheit ist Wahrheit, die vor mich hintritt, mich angeht, mir etwas sagen will – gleich, woher sie kommt: ob in Gestalt eines Wortes aus dem Munde eines Menschen, als ein Gedanke, der in der Stille aus dem eigenen Herzen aufsteigt, als ein Wort aus Literatur und Dichtung, als die innere Stimme des Gewissens oder als das „Lied in allen Dingen", in der Natur, in den kleinen und großen Ereignissen des Alltags ... Weisheit hat mit jener Art von Wahrheit zu tun, die uns Bodenhaftung gibt in der Realität und uns zugleich „in die Höhe" wachsen lässt, zum Guten und immer Besseren, zum Erfüllenden und Menschlicheren hin.

In der deutschen Sprachgeschichte ist das Substantiv „Weisheit" aus „weisen", nicht aus „wissen" hervorgegangen (weshalb wir Weisheit, nach alter wie nach neuer Orthografie, mit „s", nicht mit „ß" schreiben). Weisheit meint also, dem Empfinden unserer Vorfahren nach, *weisende Wahrheit*: Gedanken, Erfahrungen und Einsichten, die über das hinausweisen, was wir bisher wissen, denken und fühlen. Weisheit ist Wahrheit im Prozess: nicht die absolute Wahrheit, die allein Gott zukommt, wohl aber die Wahrheit, die immer tiefer zu dem hinführt, von dem her sie kommt.

Das Mittel, um weise zu werden, ist weniger die intellektuelle Begabung als vielmehr die *Wahr-Nehmung*, das bewusste und vorbehaltlose *Hören* auf das, was als Wahrheit sich kundtut. Ein *Weiser* ist nicht, wer sich viel Wissen angeeignet hat, sondern wer sich den Wahrheiten stellen konnte, die das Leben an ihn herangetragen hat. Das Gegenstück zum Weisen ist folglich nicht der Unwissende oder Ungebildete, sondern, wie die Bibel sagt, der *Tor*: ein Mensch, der die Wahrheit nicht beachtet; oder der *Frevler*: einer, der sie – für sich selbst und für andere – verdreht.[70] Es kann einer hochgelehrt und doch ein Tor sein, ja ein Frevler sogar;

und es kann einer zu den Ungebildeten gehören und doch ein Weiser sein.

Kultur- und Religionshistoriker sagen heute, die Weisheitserfahrung sei die „Urszene (original scene)"[71] in der Entwicklungsgeschichte der Menschheit.[72] Der Weisheits-Wahr-Nehmung verdanke sich jede Religion und jede Kultur. Sie ist, so der katholische Theologe Georg Baudler, das „Grundmuster von Religion, Kultur und Gesellschaft"; und er fügt hinzu: „das bis heute gültige".[73]

Auch der lange Weg zum Jahwe-Glauben Israels ist die Geschichte des Gespräches zwischen Weisheit und Mensch. Es ist eine Geschichte des Hörens und Ge-Horchens, aber auch der Torheit und des Frevels. Aus der Sicht des Kulturhistorikers ist sie die Geschichte fortschreitender menschlicher Erkenntnis, aus der Sicht des Theologen eine Geschichte göttlicher Offenbarung; aus der Sicht des Erfahrenden und Glaubenden ist sie beides: die Geschichte Gottes mit den Menschen und die Geschichte des Menschen mit Gott.

Sie begann, als unsere Vorfahren lernten, „nach oben" zu schauen, hin zu den Mächten und Gewalten, von denen sie sich abhängig erfuhren und zugleich getragen wussten. Die Weisheit, empfangen im Staunen und Ahnen, lehrte sie, dass Größeres und Höheres da sein muss als sie selbst, die kleinen, vergänglichen Menschen; im Hören auf Weisheit liegt die Wurzel des Gottesglaubens.

Es war wiederum die Weisheit, die unseren Ahnen schließlich sagte, dass solches Größere und Höhere nicht von geringerer Daseinsart sein kann als sie, die mit Ich-Bewusstsein und Wille begabten Menschen. Noch in den Psalmen Israels wird dieser ein-leuchtende Gedanke seinen Niederschlag finden: „Der das Ohr geschaffen hat, sollte der nicht hören? Der das Auge geschaffen hat, sollte der nicht sehen?"[74] Geistige, personale Götterwesen begleiteten nun die Stammesgruppen und Volksgemeinschaften – freilich mit all der Ambivalenz behaftet, die auch dem Menschenherzen eigen ist: Zorn und Güte, Belohnen und Strafen, Rache und Vergebung, Begnadung und Vernichtung gehörten zum Wesen der Götter ebenso wie zu ihrem eigenen, menschlichen Charakter; und Leid und Unglück, Krankheit und Unwetter, Tod und Verderben schienen zu bestätigen, dass von den Göttern das Gute wie das Böse kommt. Mit Opfern, auch mit dem Opfer von Töchtern und Söhnen, meinten sie, der Strafe der Götter entgehen und ihre Gunst (wieder)erlangen zu können. Kriege um Wasser und Weideland, um Siedlungsgebiete, Jagdreviere und Handelsstraßen, um Vormachtsstellung und um Unabhängigkeit wurden im Namen solcher Götter geführt, und der eine Gott erwies sich – für den eigenen Stamm – als schützend, der andere als vernichtend.

Und es ist wieder die Weisheit, die – so nach heutigem Wissensstand[75] – eines Tages, im 14. oder 15. Jahrhundert v. Chr., eine Gruppe von Kleinviehnomaden in der nordarabischen Steppe dazu bringt, ihren Schutzgott *Jahwe* zu nennen.

*Jahwe* – das ist (typisch für die Namensgebung in der altorientalischen Welt) ein kleiner Satz, der eine Aussage über den Namensträger macht. Der etymologischen Deutung nach heißen die beiden rau gehauchten arabischen Silben: *„Er weht"*. Wie der Wind da ist, so ist unser Schutzgott da, wollten die Viehhirten einander wohl sagen: Du siehst ihn nicht, aber er „umweht" dich von allen Seiten; verborgen ist er da mit seiner starken, schützenden Kraft, wo immer wir uns aufhalten auf der Wanderschaft durch Steppen, Wüsten und Gebirge. Die beglückende Erfahrung, dass sich das bestätigte, als eine spätere Stammesgeneration in die Sklaverei der Ägypter geraten war und eines Tages dem Elend der Knechtschaft entfliehen konnte, stärkte und festigte diese Gottessicht. Ein Name, ein kleiner Satz aus zwei Silben, war für diese Menschen zu verdichteter Weisheit geworden. Mit ihrem ER WEHT werden die so Befreiten – die Bibelwissenschaft nennt sie heute die Exodus-Gruppe – nach Kanaa, in das Land des späteren Israel kommen.

Es mag zunächst eine ähnliche Befreiungserfahrung unter den in Kanaa ansässigen Bergdörfer-Bewohnern gewesen sein, die den Schutzgott der zu ihnen gestoßenen Nomadengruppe auch für sie interessant machte. Denn auch sie waren den Ägyptern „entkommen", als um 1200 v. Chr. deren politische und militärische Oberherrschaft in Mittel- und Südpalästina zusammengebrochen war und sie sich nun zu einer freien und eigenständigen Gemeinschaft, dem Volk Israel, formieren konnten. Der tiefere Grund aber, dass der Schutzgott eines kleinen arabischen Stammes auch zu einem ihrer Götter werden konnte, liegt in derselben inneren Geschichte, die sich bis dahin hinter den Ereignissen der Historie vollzogen hatte: in der Offenbarungs- und Erkenntnisgeschichte, im

Gespräch zwischen Weisheit und Mensch. Denn nun wurde der Name selbst – der kleine Satz: „Jahwe" – zur Offenbarung, zur Botschaft, mit der Frau Weisheit fortan zu den Menschen sprach.

Es gibt Worte, die wie Fenster sind: weise(nde) Worte, die uns auf die Wirklichkeit blicken lassen, die uns umgibt, über unsere vier Wände hinaus, in die Weite hinein; oder wie Berggipfel, auf denen uns die Illusion genommen wird, der vom Flachland aus sichtbare Horizont sei die Grenze der Welt. Sie nehmen die Enge, brechen Urteile und Vorurteile auf, fordern zum *Größer-Denken* heraus. – Der Gottesname „Jahwe" erwies sich als ein solches Fenster-Wort: In den Ohren der kanaanitischen Hebräer bekamen die arabischen Laute einen Aussagesinn, der sie zu immer tieferen Einsichten in die göttlichen Wesenszüge führen konnte. Und dies umso mehr, wenn sie sich vorstellten, dass der nun auch von ihnen verehrte Gott selbst sich Jahwe nennt. In der alten Erzählung vom brennenden Dornbusch[76], die wahrscheinlich im 8. Jahrhundert v. Chr. aufgeschrieben wurde, antwortet dieser Gott dem Mose auf die Frage, wer er denn sei*: „Ich bin der ‚Jahwe'."* Die sehr unterschiedlichen Übersetzungen dieser Schriftstelle in den deutschen Bibelausgaben zeigen, wie tiefsinnig und wie vielschichtig der kleine Satz „Jahwe" in der hebräischen Sprache verstanden werden kann. Mit mindestens drei Übersetzungen müssen wir im Deutschen wiedergeben, was der Hebräer in diesen zwei Silben ausgedrückt findet. Je nachdem wie man sie in Kanaa hörte, sagt da ein Gott von sich selbst: *„Ich bin der ICH BIN",* aber auch:

*„Ich bin der ICH BIN DA"* und: *„Ich bin DER INS DASEIN SETZT".*

Hinzu kommt, dass das Wort, das wir mit „ich bin" übersetzen, im Hebräischen grammatisch den sogenannten „ewigen Präsens" ausdrückt, also nicht nur die Gegenwart, sondern auch Vergangenheit und Zukunft meint.[77] Daher ergeben sich für den Hebräer weitere Hör-Möglichkeiten: „Ich war der ICH BIN DA" etwa, oder: „Ich bin der ICH WERDE DA SEIN", „Ich werde der ICH BIN DA sein" oder: „Ich werde DER INS DASEIN SETZT sein" ... Martin Buber zum Beispiel, der jüdische Schrift-Übersetzer, gibt die Antwort Jahwes an Mose mit den Worten wieder: „Ich werde da sein, als Der Ich da sein werde."[78] Und Pinchas Lapide kommentiert, Jahwe werde also „nicht in der Form erscheinen, die sie (die Glaubenden) sich wünschten, sondern immer in der von ihm selbst bestimmten Art und Weise – ‚wie ich eben da sein werde'."[79]

„Ich bin, war, werde sein", das meint zudem im Hebräischen nicht ein bloßes Existieren, sondern eher: „werden", „geschehen", „bei (jemandem) sein". Der ICH BIN bestätigt hier nicht den Philosophen, dass es „Gott gibt". Menschen, die mit Selbstverständlichkeit an Gott glauben, hören vielmehr im Jahwe-Namen, dass Gott bei ihnen ist; dass er um sie herum „geschieht" und dass alles, was da ist, durch ihn im Da Sein und Werden ist.

Gleichsam von verschiedensten Seiten her blickt man durch das Wort-Fenster „Jahwe" hindurch. Weiten tun sich da auf ..., Weisheit weist in Wahrheit hinein: in das grenzenlose und doch uns nahe Geheimnis, das allem, was ist, entgegenwartet.

„Jahwe", im Hebräischen mit vier Konsonanten – JHWH – geschrieben und daher auch Tetragramm (das Vier-Buchstaben-Wort) genannt, wurde so zu *dem* „großen Namen" im werdenden Volk Israel. Man sprach diesen Namen in der Regel nicht aus und ersetzte ihn beim Lesen aus den heiligen Schriften mit „adonai – der Herr".[80] Nicht aus Ehrfurcht nur, wie man meinen möchte. Vielmehr konnte der Gottesname so – und wohl nur so – die weisende Wahrheit bleiben, die *gehört und meditiert* werden will; und er geriet so weniger in Gefahr, zum „Begriff" und zu einem zerredeten Gebrauchswort zu werden.

In der Zeit zwischen 1000 und 900 v. Chr., unter den Königen David und Salomo, wird diesem Gott in Jerusalem ein Tempel gebaut. Er wird nun der Hauptgott des neuen Volkes, das, wie seine Nachbarvölker, zunächst noch viele Götter verehrte. Eine immer stärker werdende „Jahwe allein!-Bewegung" führte schließlich zur *Monolatrie*, zur ausschließlichen Verehrung eines einzigen Gottes unter den vielen Göttern Kanaas. Der einstige Schutzgott der Exodus-Gruppe wurde zum Bundes-Gott des Volkes Israel. Noch zur Zeit der ersten Niederschrift des von Jesus zitierten Bibelwortes, im 8. Jahrhundert v. Chr., bedeutete das Bekenntnis „Jahwe ist einzig": Unter allen Göttern sei nur Jahwe dein Gott, dein „einzigartiger" und deshalb dein „alleiniger" Gott!

Doch die Geschichte ging weiter. Im Kontakt mit der Religion des Zweistromlandes während des babylonischen Exils (586-535 v. Chr.), nach den dramatischen Ereignissen der Eroberung Palästi-

nas und der Zerstörung des Tempels durch Nebu-
kadnezar (587 v. Chr.), reifte unter den deportier-
ten Tempeltheologen eine Einsicht heran, die in
Ansätzen schon der ägyptische Pharao Echnaton
(14. Jh. v. Chr.) vertreten hatte: Gott kann nur *ein*
Gott sein. Ob Marduk oder Re, ob Ischtar, Isis,
Aschera oder die vielen Baale und Astarten – hinter allen Gottes- und Götter-Vorstellungen der
Menschheit kann nur ein *einziger* Gott sich verber-
gen. Das alte Credo Israels „Jahwe ist einzig"
wurde nun zum *monotheistischen* Bekenntnis: Der
einzigartige JHWH-Gott ist der einzige Gott. Und
mit der endgültigen Niederschrift der Tora um das
Jahr 400 v. Chr. setzte sich diese Glaubenssicht im
religiösen Bewusstsein des ganzen Volkes durch.
Der bisher allein verehrte wird der alleinige Gott.

Die biblischen Schriften erzählen die Ereignisse, die zur Entstehung des jüdischen Volkes und
seines JHWH-Glaubens führten, freilich in mancher Hinsicht anders, als sie sich heute den Histo-
rikern und Archäologen darstellen. Ihre Autoren
waren weniger an der Historie der äußeren Abläu-
fe als vielmehr an der *inneren* Geschichte interessiert, die sich in Menschen ereignet, denen Jahwe
„einzig", der Einzigartige und der Einzige, wird.
Dadurch aber wurde die Bibel – für Juden wie für
Christen – zu mehr als zu einem Buch mit historischen oder weniger historischen Daten und Fak-
ten. Sie wurde zum *Weisheitsbuch*, zum „Gottes-
wort in Menschenwort" (II. Vat. Konzil)[81]; in ihrer
alles zentrierenden Mitte steht – wortwörtlich
über 6.800-mal im Ersten (Alten) Testament – der
kleine Satz, die weisende Wahrheit: „JHWH".

Von diesem JHWH sprach Jesus, wenn er Gott den Abba nannte. Und es war wieder die Weisheit, die in ihm den Jahwe Israels als den *Abba-Jahwe* offenbarte: den ICH BIN DA *ohne* jede Ambivalenz.

Nur um ein Missverständnis auszuräumen, sei hier erwähnt: Wenn Jesus den JHWH seines Volkes Abba – Vater – nannte, so hat er ihm damit keinesfalls nur väterliche Züge zugesprochen, sondern ebenso auch mütterliche. Gott – auch das lehrt seit alters her die Weisheit – umgreift alles Männliche und Weibliche, weit über unsere „Ying und Yang"-Harmonisierungen hinaus. „Er ist Vater, aber mehr noch ist er Mutter ...", rief der neugewählte Papst Johannes Paul I. am 10. September 1978 der auf dem Petersplatz versammelten Menschenmenge zu.[82]

Jesus wird die Weisheit den „Geist der Wahrheit"[83] nennen. In seiner Muttersprache ist „Geist" die „ruach", in der griechischen Sprache der frühchristlichen Gemeinden das „pneuma": ein Wort, das in beiden Sprachen die wehende, frische und erfrischende Luft bezeichnete. Die „heilige ruach", der „heilige Geist": das ist das „Wehen" von JHWH her, der „Hauch", der „Sturm" und das „Brausen", der „Wind" und der „Atem" seines Abba-JHWH. Dieses „heilige pneuma" geht, so heißt es im JOHANNES-EVANGELIUM, „vom Vater aus"[84] und will uns Menschen „in die ganze Wahrheit führen"[85].

Einer Taube gleich – schon in vorbiblischer Zeit auch das Symboltier weisheitlicher Botschaft – war die heilige ruach, das „pneuma der Weisheit"[86], nach der Taufe im Jordan auf Jesus herabgekommen. Was dabei geschehen und wie es geschehen war, ist wiederum *von menschlicher Seite her* ein Erkennen, ein Hören und Aufnehmen – nicht ohne ein Ringen „in der Wüste", wie die Evangelien gleich im Anschluss an das Taufereignis erzählen[87]: Wem die weisende Wahrheit „von oben" widerfährt, die über alles hinausweist, was je über Gott gesagt und geglaubt wurde, der muss sein Gottesbild, sein Menschenbild, sein Weltbild und sein Selbstbild, seine Religion und sein Alles neu durchbuchstabieren. *Von Seiten der Weisheit her* ist das, was am Jordanufer geschah, das offenbarende Wirken des „Wehenden" selbst.

Und was für Jesus gilt, trifft für jeden Menschen zu: Es ist das *beiderseitige Gespräch* zwischen dem hörenden Menschen und der weisenden ruach, das zum Glauben an den Abba-JHWH führt. Ein frühchristlicher Autor, der unter dem Pseudonym des Paulus den EPHESERBRIEF verfasste, war sich dessen noch zutiefst bewusst, als er seiner Gemeinde schrieb: „Der Gott Jesu Christi, unseres Herrn, der Vater der Herrlichkeit, gebe euch den Geist der Weisheit und der Offenbarung, damit ihr ihn erkennt. Er erleuchte die Augen eures Herzens, damit ihr versteht, zu welcher Hoffnung ihr durch ihn berufen seid, welchen Reichtum die Herrlichkeit seines Erbes den Heiligen schenkt und wie überragend groß seine Macht sich an uns, den Gläubigen, erweist durch das Wirken seiner Kraft und Stärke."[88]

Nun, seit den Tagen des Jesus von Nazaret, hat der „Geist der Weisheit" ein besonderes Wort zur Verfügung, um Menschen in die Weiten und Tiefen der Wahrheit Gottes zu führen. Er hat ein Wort,

das „Fleisch geworden" ist[89], den „Christus Jesus,
den Gott für uns zur Weisheit gemacht hat"[90]. Dieser ist fortan der Weisheit bestes Argument, dass
der, den wir Gott nennen, „nichts sein kann als
wirklich nur Liebe und sonst nichts" (Karl Rahner[91]). Denn das war ja das Erstaunliche: Den Charakter seines Abba-Gottes hatte Jesus selber ganz
und gar zu Eigen; er war seinem Abba-JHWH „wie
aus dem Gesicht geschnitten". Mit der gleichen
Zuneigung, die ihm von Gott entgegenkam, neig-
te Jesus sich den Mitmenschen zu. In seinem Verhalten erlebten die, die ihm begegneten, ein An-
genommen-, Beachtet- und Bejahtsein, das sie
heilte und befreite. Zwar konnte ihm keiner, dem
er in die Augen blickte, etwas vorspielen. Jesus
sah das Unrecht, und er nannte es beim Namen!
Er sah es nicht nur in den Taten der Menschen,
sondern schon in ihren inneren Einstellungen
und Gedanken.[92] Aber wenn er auch über Taten
und Haltungen urteilte, so verurteilte er doch den
*Menschen* nicht – und das richtete selbst tief in
Schuld verstrickte und in der Öffentlichkeit abge-
stempelte Leute wie den Zolleintreiber Zachäus
oder die Ehebrecherin vor dem frommen Tribunal
im Tempelhof wieder auf. – Weil Jesus selbst so
war, wie er von Gott sprach, konnten ihm die
Zuhörer – die aufgeschlossenen jedenfalls, die
„armen" und die „kleinen" – seinen rundum liebenden, väterlich-mütterlichen Abba-Gott glauben. Hier hat das Argument, das ich im 1. Kapitel
nannte, seinen ursprünglichen und tiefsten Grund:
Konnte/Kann denn Gott schlechter sein als dieser
Jesus?

Und noch einmal wird es die Weisheit sein, die in Frauen und Männern der ersten Christengenerationen die Erkenntnis reifen lässt: Ein solcher Gott, der „die Liebe" ist[93], muss zwar ein einziger, aber kann nicht ein einsamer Gott sein. Gott ist nicht nur Person, Gott ist *Gemeinschaft von drei Personen*, die eins − das heißt: sich einig − sind im Miteinander unsagbarer Liebe. Kleiner und geringer, so lehrte nun die ruach, das „pneuma der Wahrheit, das euch in die ganze Wahrheit führen wird"[94], darf Gott, wie er in Jesus sich zeigte, nicht mehr gedacht werden.

## II.

„Denkt nicht, ich sei gekommen", sagt Jesus, „um das Gesetz und die Propheten aufzuheben. Ich bin nicht gekommen, um aufzuheben, sondern um zur Fülle zu bringen."[95] Das gilt für das Gottesbekenntnis Israels, das gilt aber auch für das Wort, das diesem Bekenntnis − unabtrennbar − vorangestellt ist: „Höre, Israel!" Mehr als 450-mal wird in den alt- und neutestamentlichen Schriften zum Hören aufgefordert. Wiederholt fügt Jesus selbst seiner Botschaft hinzu: *„Wer Ohren hat, der höre!"*[96] Aber wir Christen haben das Hören weithin verlernt. Religiosität besteht für uns vor allem darin, dass wir *reden*, im persönlichen Umgang mit Gott wie in unseren Gottesdiensten. Wir reden die „Weisheit von oben" mit unseren vielen Gebeten und

Liedern regelrecht zu! Hat sie da noch eine Chance, unser Ohr zu erreichen?

Wir beten *um* den Heiligen Geist – der doch immer schon da ist! –, statt *zum* Heiligen Geist zu beten, was ja eigentlich heißt: ich wende mich *hin* zu ihm, damit seine weisende Wahrheit mich berühren, korrigieren und hinausführen kann in die Weite. Wir kennen seine Sprache nicht mehr – obwohl sie uns, wie *allen* Menschen, selbst den „Religionslosen" um uns herum, täglich und stündlich begegnet, vom Spruch auf dem Kalenderblatt am Morgen bis hin zu den „Zeichen der Zeit" in Gesellschaft und Kirche. (In meinem Buch WEISHEIT – DIE SPIRITUALITÄT DES MENSCHEN[97] habe ich dies näher darzustellen versucht.)

Gottes Sprache ist die Weisheit, die weisende Wahrheit – woher immer sie uns entgegenkommt. Eine andere Sprache hat er nicht. Es ist nicht wahr, dass Gott ein schweigender Gott (geworden) ist. Wer so redet, spricht vom gehörlosen Menschen, nicht vom Gott der jüdisch-christlichen Glaubenserfahrung!

Und da wir die Sprache Gottes im Alltag nicht mehr hören, verstehen wir sie auch in den Worten der Heiligen Schrift und in den Überlieferungen der frühen Kirche nicht mehr. Wir haben das Wort Gottes „auf den Begriff gebracht" und seine weisende Wahrheit zu *definierten Wahrheiten* gemacht. Jesus selbst brachte keine Lehre. Er stieß ein Fenster auf – und zeigte Wirklichkeit. „Die Worte, die ich zu euch gesprochen habe", sagt der johanneische Christus, „sind Geist und sind Leben."[98] Es sind Vokabeln, die auf erfahrbare Wirklichkeit weisen! Doch aus den großen Fenster-Worten seines Evangeliums sind „Schlag"-Worte geworden, nicht mehr zum Hindurchblicken freigegeben, sondern um damit zuzuschlagen, wenn Menschen mit neuen Worten „verkünden, was sie gesehen und gehört haben"[99]. Das Problem dabei sind nicht die Dogmen, sondern die dogmatistische Einstellung: Wir bieten Lehren an und erwarten ihre Akzeptanz im Gehorsam, statt Weisheit weiterzusagen und zur Ge-*Horch*-samkeit anzuleiten. Der Glaube aber, so wusste Paulus noch, „kommt vom Hören"[100], nicht vom Gehorsam. Und wenn derselbe Paulus im PHILIPPERBRIEF sagt, Jesus sei „gehorsam geworden bis zum Tod"[101] – ähnlich auch der HEBRÄERBRIEF: Jesus habe „Gehorsam gelernt"[102] –, so ist das in unseren deutschen Bibelausgaben nur dann eine zutreffende Übersetzung, wenn wir das Wort „G/gehorsam" in seinem ursprünglichen Sinne verstehen: als „gehörsam", wie unsere Vorfahren auf mittelhochdeutsch noch sagten. Auch das lateinische Wort, mit dem um das Jahr 400 der des Griechischen und Lateinischen gleichermaßen kundige Hieronymus die entsprechenden Schriftstellen übersetzte – mit „oboediens"[103] und „oboedientia"[104] –, hat diesen ursprünglichen Aussagesinn: „oboediens" ist von „ob-audire = mit großer Aufmerksamkeit hören, lauschen" abgeleitet und meint genau jene Haltung, die nach Paulus zum Glauben führt, die Haltung des Hörens und Horchens. Ohne Hinhören und Lauschen werden Menschen für die Stimme Gottes, die Stimme der weisenden Wahrheit, taub. Das lateinische Wort für taub ist „surdus"; vollkommen taub sein heißt „absurdus". In der Tat: Unsere Glaubenswahrheiten werden *absurd*, wenn der Glaube an sie nicht auch vom eigenen, je ganz persönlichen Hören kommt. Religiöses Leben muss dann zu einem absurden Leben werden, weit entfernt von Jesu neuer Art, Mensch zu sein.

Vor allem geht uns mit dem Verlust an Horchsamkeit der Zugang zum Zentrum unseres Glaubens verloren, zu *Jesus als dem Weisheitswort Gottes in Person*. Wir haben die Gottesbotschaft, die er verkündete und verkörperte, wieder eingereiht in die Gottesvorstellungen, die der „Geist der Weisheit" in Jesus überwunden hatte. Wir lesen die biblischen Schriften nicht mehr, wie es die Vätertheologen uns lehrten, „auf Christus hin" und „von Christus her", sondern setzen aus allen Teilen der Bibel die Aussagen über Gott wie Puzzlesteine zu einem Ganzen zusammen und sagen den Menschen: Das ist Gott. Wie viele Christen, darunter selbst Theologen, fallen heute auf das Schein-Argument: „Aber die Bibel spricht doch auch vom strafenden Gott ..." herein! Sie benutzen die Bibel zur „Querschnittslektüre" und vergessen, dass sie der Niederschlag einer langen Geschichte ist – der Geschichte des Gesprächs zwischen Weisheit und Mensch –, und dass diese Offenbarungs- und Erkenntnisgeschichte einen *Höhepunkt* hat, an dem alles bisher Erkannte gemessen werden muss.[105] Biblische Texte müssen, so betont Eugen Biser, *„auf ihre Mitte hin* gelesen werden ... Die aber bildet zweifellos die Gottesverkündigung Jesu."[106] Und das gilt selbst für die Evangelien und die Schriften des Neuen Testaments. Denn diese entwerfen ja, so der Münchner Theologe, „ein aus ganz unterschiedlichen Stufen und Formen der Rezeption gewonnenes Bild Jesu, das in seiner Konsequenz zu (einer) Revision der allgemein angenommenen Irrtumslosigkeit der biblischen Schriften nötigt. Denn diese erscheinen nunmehr zwar als die authentische ..., indessen aus Verständnis und Missverständnis hervorgegangene Dokumentation der Heilsbotschaft."[107] Praktisch und konkret heißt das: Alle Aussagen der Bibel, auch die des Neuen Testaments, müssen danach befragt werden, ob sie mit der Abba-Verkündigung Jesu übereinstimmen. Allein von diesem Gott her dürfen sie ausgelegt, müssen sie gegebenenfalls aber auch korrigiert (!) werden. Allein vom Gott der eindeutigen, bedingungslosen und herausfordernden Liebe her können sie jesusgetreu verstanden werden. Sonst denken wir nicht mit Jesus *größer* von Gott, sondern denken – bestenfalls – die Gottessicht Jesu zu unserm alten, archaischen Gottesbild *hinzu.* Damit aber bleiben wir der Ambivalenz verhaftet, der göttlichen und der menschlichen ebenso, und leiden weiterhin unter den Folgen, die daraus entstehen.

Johann Baptist Metz, der prominente Rahner-Schüler, hatte wohl Recht, als er in seiner Abschiedsvorlesung in Münster (1993) sagte: „Die Krise, die das europäische Christentum befallen hat, ist nicht mehr primär oder gar ausschließlich eine Kirchenkrise. ... Die Krise sitzt tiefer: Sie ist keineswegs nur im Zustand der Kirchen selbst begründet: Die Krise ist zur Gotteskrise geworden."[108]

Wie wahr! Fragt man heute zehn Christen, woran sie glauben, wenn sie sagen, dass sie „an Gott glauben", bekommt man unter Umständen zehn verschiedene Antworten! Die Palette der Gottesvorstellungen reicht von den vielgestaltigen „dämonischen Gottesbildern" über die unpersonale „alles umfassende Energie"[109] bis hin zu der an Minimalismus kaum noch überbietbaren Schlussfolgerung eines katholischen Theologen nach 700 Seiten philosophisch-theologischen Disputs über die christliche Gotteslehre: „Es ist Gott, wenn der eine dem anderen hilft."[110] Entsprechend sind das Menschenbild, das Kirchenbild und die Praxis des „spirituellen" Lebens ausgeprägt.

Und dennoch, so meine ich, ist die „Gotteskrise" hausgemacht: Die kirchliche Gottesverkündigung erreicht die Menschen nicht, weil sie zu sehr als theologische Theorie und als „Glaubensgegenstand" einherkommt und ihr nicht mehr, wie dem Credo Israels, das *„Höre, Kirche!"* und *„Höre, du Mensch!"* vorangestellt wird.

Der Zugang zur Dreieinigkeit Gottes muss uns dann ohnehin verschlossen bleiben. Die menschlichen Worte und Begriffe, mit denen die Konzilien von Nicäa (325) und Konstantinopel (381) den in drei Jahrhunderten im Hören auf den „Geist der Wahrheit" gewachsenen Glauben an den „einen Gott in drei Personen" zum CREDO des Christentums ausformulierten, können schon naturgemäß nicht mehr sein als ein „armseliges Gestammel", wie Joseph Ratzinger in seinem Kommentar zum APOSTOLISCHEN GLAUBENSBEKENNTNIS (von 1968) bemerkte.[111] Wie alle Worte, Begriffe und Bilder, die aus dem Gespräch zwischen Weisheit und Mensch hervorgegangen sind, können auch Dreifaltigkeitsworte und -bilder nur Fenster sein, und nur der Hörende und Schauende wird die Wirklichkeit draußen, vor den Scheiben, erahnen. Nur ein Gott, der als *die Liebe* gehört wird, kann als drei-einig erkannt werden: als ein Gott, der Gemeinschaft (communio) ist; sonst muss uns die theologische Formel „ein Gott in drei Personen" als ein mathematischer Unsinn und Juden und Muslimen als Vielgötterei erscheinen.

„Frau Weisheit hat ihr Haus gebaut", heißt es im SPRICHWÖRTERBUCH der Bibel, doch „die Torheit reißt es nieder mit eigenen Händen."[112]

## III.

Not-wendend ist ein kleiner Schritt: „Wer Ohren hat, der *höre!*" Im letzten Buch des Neuen Testaments, der OFFENBARUNG DES JOHANNES, wird dieses Jesus-Wort – siebenmal im selben Wortlaut – der Christenheit als eindringliche Weisung mit auf den Weg durch die Zeiten gegeben: *„Wer Ohren hat, der höre, was der Geist den Gemeinden sagt!"*[113]

In der jüdisch-christlichen Glaubenstradition ist das Hören so etwas wie der Grundakt des religiösen Lebens. Und nichts scheint leichter als das. Ist doch in der Tat jedem (gesunden) Menschen das Ohr gegeben, das des Leibes und das der Seele! Warum aber fällt uns das Hören so schwer?

Ich persönlich bin im Laufe der Jahre zu der Erkenntnis gekommen, dass ich immer dann nicht gern hinhöre, wenn ich meine Meinung nicht ändern will. Denn Hören kann gefährlich sein! Ich müsste Neues an mich heranlassen, umdenken vielleicht sogar, weiterdenken, größer denken, noch einmal alles von vorn durchdenken, und möglicherweise hätte das Konsequenzen ... Sehr beeindruckt hat mich einmal, als ich im Buch eines Facharztes für Hals-Nasen-Ohren-Heilkunde[114] las, das leibliche Hörorgan des Menschen sei bereits viereinhalb Monate vor der Geburt fertig ausgebildet: Das sogenannte Labyrinth mit der Cochlea, so sagen die Mediziner, sei der einzige Teil unseres Körpers, der seine endgültige Größe schon vor der Geburt erreicht, und das Felsenbein – der Knochen, der Labyrinth und Cochlea schützend umgibt – sei das mit Abstand härteste Knochengebilde im menschlichen Körper. Das Ungeborene hat noch keine Sprache, aber über das Hören kommuniziere es bereits mit der Mutter und der Umwelt.

Was Kinder – manche bis ins frühe Jugendalter hinein – so selbstverständlich können, muss der Erwachsene immer wieder neu lernen. Für uns Christen muss das die wichtigste „geistliche Übung" sein, soll unser Glaube, der persönliche und der kirchliche, nicht zur Ideologie verkommen. Erste kleine Übungs-Schritte ins Hören hinein könnten zum Beispiel folgende sein:

Ich beende mein persönliches Gebet nicht mit dem „Amen" meiner Gebete, sondern bleibe noch ein paar Momente in der Stille vor Gott, damit auch er zu mir reden kann. Und er wird reden, auf seine weisheitliche Art. – Zu meinen „therapeutischen Methoden" in der Seelsorge gehört es seit Jahren, dass ich gelegentlich einem Christen, Priestern und Ordensleuten voran, rate, einmal für ein paar Wochen den Rosenkranz und das Brevier in den Schrank zu legen, die Gebetszeiten aber sehr bewusst weiter einzuhalten, still und „freihändig" vor Gott. Der Erfolg ist durchweg nicht ausgeblieben ...

Oder: Ich nehme mir Zeit für ein gutes Buch, nicht mit dem Ansinnen nur, mein (Glaubens-)Wissen zu erweitern, sondern um weisender Wahrheit zu begegnen, die mich daraus – vielleicht erst auf Seite 57 unten – ansprechen will ...

Oder für diejenigen, die Gottesdienste leiten und zelebrieren: Ich achte darauf, dass in den gottesdienstlichen Feiern der Stille genügend Raum gegeben wird. Vor allem die Worte der Heiligen Schrift, in denen die göttliche Weisheit doch geradezu verdichtet zu uns spricht, brauchen das Nachklingen in der Stille, um wirklich gehört werden zu können. „Es ist wie mit dem Klang im Anstoßen zweier Gläser, wie im letzten Ton einer Melodie: Im Verklingen, im Münden in das Schweigen erahnen wir die Fülle" (Hanna-Renate Laurien).[115] – In der Pastoralen Einführung zur Leseordnung der katholischen Kirche steht die sehr weise Bemerkung, die wieder mehr Beachtung finden sollte: „Der Wortgottesdienst soll in einer Weise gefeiert werden, daß er zur Besinnung führt. Es ist selbstverständlich, daß darum jede Eile vermieden werden muß, da sie der Sammlung im Wege steht. Das Zwiegespräch zwischen Gott und den Menschen unter dem Einfluß des Heiligen Geistes erfordert Augenblicke der Stille. ... Solche Augenblicke der Stille sind im Wortgottesdienst an verschiedenen Stellen möglich, z. B. vor dem Beginn des eigentlichen Wortgottesdienstes, unmittelbar nach der Ersten und Zweiten Lesung und schließlich nach der Homilie."[116] Der vielerorts „übliche"[117] Abschluss der Lesungen mit der Akklamation: „Wort des lebendigen Gottes" und des Evangeliums mit dem Zuruf: „Evangelium unseres Herrn Jesus Christus" mag theologisch sinnvoll sein, gehört meines Erachtens aber zu den Torheiten der liturgischen Erneuerung in der katholischen Kirche. Denn er verhindert ja gerade, dass das soeben Vorgelesene als „Wort des lebendigen Gottes" wirklich gehört und aufgenommen werden kann. Diese Akklamationen wegzulassen oder wenigstens zwischen dem Text und dem Zuruf eine halbe Minute Stille zu halten, wäre ein ganz einfacher und doch sehr bedeutsamer Schritt, um zusammen mit der Gemeinde „Ge-Horch-samkeit" zu lernen und zu pflegen.

Manche Christen unterbrechen hin und wieder ihren gewohnten Arbeitsalltag, um an Exerzitien teilzunehmen. Solche Tage in Zurückgezogenheit, Schweigen und Stille haben sich immer schon als besonders geeignet erwiesen, der „Wahrheit meines Lebens" auf die Spur zu kommen. – Gerade in schwierigen Zeiten der jüngeren Kirchengeschichte hat die zu Beginn des 16. Jahrhunderts von Ignatius von Loyola ausgelöste Exerzitienbewegung wesentlich zur Erneuerung des Glaubenslebens beigetragen. Mit der Gründung von Exerzitienhäusern – unter anderem durch Karl Borromäus (das erste 1579 in Mailand) – und einer Bulle Pauls V. von 1606, die die ignatianischen Exerzitien allen Ordensleuten und Weltklerikern sehr ans Herz legte, begann ein „Siegeslauf der Exerzitien" (Carl Feckes[118]) durch die Ordenshäuser und Priesterseminare. In steigendem Maß nahmen seit dem 19. Jahrhundert auch andere Ordensfamilien diese Bewegung auf und fanden aus ihren eigenen geistlichen Traditionen zu je spezifischen Exerzitienformen. Die Enzyklika MENS NOSTRA Pius' XI. von 1929 hob schließlich die Bedeutung von Exerzitien für jeden Christen, gleich welchen Standes, hervor. In Deutschland hat dann vor allem Hugo Rahner SJ (1900-1968) wesentlich dazu beigetragen, dass Exerzitienkurse ein systematisch betreuter und von den Bischöflichen Ämtern geförderter Bestandteil der überregionalen Seelsorge wurden.[119] – In das Gästehaus unseres Klosters am Rande der Weltstadt Berlin, das solche Kurse in der spezifisch karmelitanischen Form anbietet[120], kommen jährlich mehr als zweitausend Frauen und Männer – katholische, evangelische, freikirchliche und zunehmend auch konfessionslose, die meisten im mittleren Lebensalter –, um den „Geist der Weisheit" (wieder) zu ihrem Lebensbegleiter zu machen.

Still werden und hören: Es sind viele Schritte möglich, die in diese Grundhaltung des Glaubens führen. Letztlich wird sie ein jeder selbst finden müssen. „Es wird eine wesentliche Aufgabe jeder einzelnen sein", sagte Edith Stein einmal vor einer

Frauengemeinschaft, „zu überlegen, wie sie nach ihrer Veranlagung und ihren jeweiligen Lebensverhältnissen ihren Tages- und Jahresplan gestalten muß, um dem Herrn die Wege zu bereiten. ... Von den Mitteln, die geeignet sind, die Verbindung mit dem Ewigen herzustellen, wachzuhalten oder auch neu zu beleben .., sind nicht alle für jeden und zu allen Zeiten gleich fruchtbar. ... Es ist wichtig, das jeweils Wirksamste herauszufinden und sich zu Nutze zu machen ...“[121]

„Strahlend und unvergänglich ist die Weisheit; wer sie liebt, erblickt sie schnell, und wer sie sucht, findet sie. Denen, die nach ihr verlangen, gibt sie sich sogleich zu erkennen", heißt es im biblischen BUCH DER WEISHEIT; „wer sie am frühen Morgen sucht, braucht keine Mühe, er findet sie vor seiner Türe sitzen."[122] Ihr die Tür öffnen, das ist der entscheidende Schritt. Frau Weisheit selbst „kommt jenen entgegen, die an sie denken"[123].

# VON DER MAGD ZUR TOCHTER, VOM SOHN ZUM FREUND

*„Ein Schlüsselproblem der Moderne*
*scheint darin zu liegen,*
*dass das Individuum,*
*das von ihr freigesetzt worden ist,*
*keine Selbstbeziehung gewinnt*
*oder sie immer aufs Neue verfehlt."*

Wilhelm Schmid

## *„Steh auf, meine Freundin!"*

Die Gottessicht Jesu hat Folgen. Wenn Gott der
Abba-JHWH ist, der Gott der grundlosen und
bedingungslosen Liebe, dann sind wir, die Menschen, wie die Schriften des Neuen Testaments
immer wieder betonen, *Söhne und Töchter Gottes*.
Alle Menschen. Und im Verhältnis zueinander
sind wir *Schwestern und Brüder*.

Vertraute Worte in der Kirche. Aber auch so zer-
redet, dass sie unser Ohr kaum noch erreichen.
Aus den „Söhnen und Töchtern" sind, viel- und
nichtssagend, „Kinder" Gottes geworden, und die
Anrede „Liebe Schwestern und Brüder" klingt in
der Regel eher formelhaft als ernstgemeint, ja bis-

weilen frömmlerisch sogar. Doch es sind biblische Worte, in ihnen steckt die geballte Kraft des Ursprungs, und es lohnt sich, sie noch einmal neu zu hören. Wie die Anrede „Abba" für die Revolution des Gottesbildes steht, so stehen sie für das neue Menschenbild, das mit Jesus von Nazaret in die Welt kam. Sie führen uns zu einem dritten Einübungs-Schritt, der wiederum eng mit den beiden ersten verbunden ist.

## I.

*Denkt größer, über das bisher Gedachte hinaus!*, rief Jesus den Leuten in Israel zu. Gemeint war das Gottesbild. Gemeint war aber auch das Selbstbild: die Meinung, die einer von sich selber hat. Und gemeint war das Bild, das Menschen sich von ihren Mitmenschen machen. Der Zuruf: „Denke größer von Gott!" bedeutet auch: *Denke größer von dir selbst!* und: *Denke größer von Emil und Paula!*

Ein Satz aus dem JOHANNES-EVANGELIUM bringt besonders anschaulich zum Ausdruck, wie Jesus auch in dieser Hinsicht dem „Ihr habt gehört" sein „Ich aber sage euch" hinzufügt. Ob es sich um ein „echtes" Jesus-Wort handelt, oder ob der Evangelist hier eine Überzeugung seiner frühkirchlichen Gemeinde zum Jesus-Wort verdichtet hat, darf offen bleiben; die Stimme des Geistes Jesu, der über alles bisher Gedachte hinausführt, der zwar nicht „aufhebt", aber doch „zur Fülle bringt"[124], ist jedenfalls unüberhörbar: *„Ich nenne euch nicht mehr Knechte; denn der Knecht weiß nicht, was sein Herr tut. Vielmehr habe ich euch Freunde genannt; denn ich habe euch alles mitgeteilt, was ich von meinem Vater gehört habe"* (Joh 15,15).

Freunde Jesu und seines Vaters sind wir, nicht nur Mägde und Knechte. Das ist das *neue Selbstbild*.

Und Freundschaft soll auch unsere Beziehung zueinander prägen, basierend auf einem *neuen Bild vom anderen*: „Es grüßen dich die Freunde. Grüße die Freunde, jeden einzelnen!"[125], schreibt ein Ältester aus der Gemeinde, in der das JOHANNES-EVANGELIUM entstand, in einem Brief an den „geliebten Gaius", den „lieben Bruder" in einer anderen Gemeinde.[126]

So recht verständlich wird das Neue und Revolutionäre an diesen Worten erst, wenn wir bedenken, dass es damals, anders als im heutigen Sozialgefüge der westeuropäischen Welt, durchaus nicht wenig war, jemandes Magd oder Knecht zu sein. In den alten Gesellschaftsordnungen, die auch bei uns noch gar nicht so lange Vergangenheit sind, waren Magd und Knecht wie Angehörige der Familie, in sie eingegliedert auf Lebenszeit, und es war eine Ehre, nicht als Tagelöhner sein Dasein fristen zu müssen, sondern als Magd und Knecht im Dienst eines guten Herrn zu stehen. Nur von daher ist es verständlich, dass sich Menschen des Ersten wie des Neuen Testaments geradezu glücklich preisen konnten, ein „Knecht Gottes"[127] oder, wie Paulus, ein „Knecht Christi"[128] und, wie Maria, eine „Magd des Herrn"[129] zu sein. Doch

Jesus, so weiß der Johannes-Evangelist, führte seine Jünger und Jüngerinnen selbst über diese Würde noch hinaus: *Freunde* seid ihr in den Augen Gottes! Freie und Gleichgestellte, nicht Untergebene! Dem Knecht und der Magd teilt der Herr die Arbeit zu, mit dem Freund und der Freundin teilt er sein Leben.

Ähnlich sind die Worte „Sohn" und „Tochter" zu verstehen. Auch im Volk Israel, dem ja die ersten Christen entstammen, konnten der König oder einzelne „Gerechte" als Söhne Gottes bezeichnet werden, und mit dem Propheten Hosea durfte sich das Volk selbst als einen „Sohn" Jahwes betrachten[130] – nicht nur im Sinne des Geschaffenseins von Gott, sondern im Sinne der väterlich-sorgenden und mütterlich-liebevollen Beziehung Jahwes zu seinem Bundesvolk und dessen führenden oder Geist-erfüllten Gestalten. Es war eine hohe Würde, zu einem solchen „Sohnes"-Volk zu gehören! Nun aber galt das Sohn-Sein nicht mehr nur für das Volk als Ganzes und für einige herausragende Persönlichkeiten, sondern für jeden Einzelnen im Volk, für jeden Mann und jede Frau, für jeden Greis und für jedes Kind. „Ihr alle (!) seid durch den Glauben Söhne (hyioi) Gottes in Christus Jesus"[131], sagt Paulus den Galatern, und mit den „hyioi" (wörtlich: Nachkommen) sind selbstverständlich auch die Töchter Gottes gemeint. Die Christen in Rom erinnert Paulus an das Menschenbild Jesu mit ähnlichen Worten: „... ihr habt den Geist empfangen, der euch zu Söhnen und Töchtern macht, den Geist, in dem wir rufen: Abba, Vater!"[132]

Das ist auch dann noch wahr, wenn der Sohn zum „verlorenen" Sohn geworden ist (Lk 15,11-32), der nur noch sagen kann: „Vater, ich bin nicht mehr wert, dein Sohn zu sein; mach mich zu einem deiner Tagelöhner." Er, der bei den „Schweinen" gelandet war, wird mit ausgebreiteten Armen erwartet. Der Vater, „für orientalische Verhältnisse ungewöhnlich, ja fast skandalös" (STUTTGARTER NT)[133], läuft ihm entgegen. Er küsst ihn, bekleidet ihn mit den besten Gewändern und gibt ein Festmahl für ihn. – Voraussetzung war freilich, dass der Sohn sein Fehlverhalten erkannte und dem, an dem er schuldig geworden war, aufrichtig gestand: „Vater, ich habe mich gegen den Himmel und gegen dich versündigt." So erst *kann* der Vater vergeben. Und *Ver-Söhn-ung* geschieht, im tiefsten Sinne des Wortes – nicht ein billiges „Schwamm darüber!". Der Vater lässt nicht „Gnade walten", sondern *heilt* mit seiner Liebe – und mit seinem Verstehen. Der Sohn wird wirklich wieder Sohn! Und der Ring, den er dem Heimgekehrten ansteckt, ist nicht irgendein kostbares Geschenk, sondern der Siegelring, mit dem der Sohn dem Vater wieder gleichgestellt wird.

*Geliebter Sohn* und *geliebte Tochter Gottes* – nicht im Entwicklungsstand des noch unmündigen Kindes, sondern ernstgenommen und anerkannt in der Würde eines Erwachsenen –, das ist der Mensch nach dem Menschenbild Jesu! Selbst der noch, der Unrecht getan hat. Denkt größer von Gott, sagt er; Gott kann nur höchste Liebe sein! Und denkt größer von euch selbst; der Gott der bedingungslosen Liebe meint *euch*! „Seht euch die

Vögel des Himmels an: Sie säen nicht, sie ernten nicht und sammeln keine Vorräte in Scheunen; euer himmlischer Vater ernährt sie. Seid ihr nicht viel mehr wert als sie?"[134] Ungeheuer viel mehr wert seid ihr!

„Ich nenne euch nicht mehr Knechte. ... Vielmehr habe ich euch Freunde genannt." Diesem großen Wort hat der Johannes-Evangelist das programmatische, dem Sinn nach mehrfach im Neuen Testament bezeugte Jesus-Wort vorangestellt: *„Das ist mein Gebot: Liebt einander, so wie ich euch geliebt habe."*[135] Es ist der Schlüssel zum Verständnis des neuen Menschenbildes. Hier werden Maßstäbe gesetzt! Es scheint mir daher angebracht, an dieser Stelle auch dem Wort „Liebe" einmal näher nachzugehen.

Als jüdische Gelehrte um die Mitte des 1. Jahrtausends v. Chr. aus dem überlieferten Liedgut ihres Volkes das SCHIR HASCHSCHIRIM, das „Lied der Lieder" zusammenstellten – wir nennen es heute das HOHELIED –, hatten sie Texte vor sich, die allesamt die Liebe zwischen Mann und Frau besingen. Was sie da zusammengetragen hatten, war so kostbar, dass es der Weisheit Salomos zugeschrieben wurde und Eingang in den Kanon der heiligen Schriften Israels fand. Die Texte des HOHENLIEDES sprechen von Sehnsucht und Erfüllung, vom Entzücken an der Schönheit des anderen, von der Glückseligkeit, mit Haut und Haar jemandem wertvoll zu sein, von Schmerz, von Werben und von Hingabe in der Liebe zweier Menschen. Diese Erfahrung *menschlicher* Liebe, wie sie hier in tiefsensibler, bildreicher Sprache zum Ausdruck gebracht ist, wurde im Judentum als eine der schönsten Gaben Gottes betrachtet. In denselben Texten sahen schon bald führende Rabbiner auch die Liebe *Gottes* zu seinem Volk Israel ausgedrückt. Namhafte Kirchenväter deuteten sie dann auf die Beziehung zwischen Christus und der Kirche, und von den frühen christlichen Jahrhunderten an fanden Beter und Theologen darin die Worte und die Bilder, um von der Sehnsucht zu sprechen, die Gott zu den Menschen hin treibt ... (Viele Menschen, Frauen vor allem, suchen nach anderen Bildern, weil sie statt liebender Beziehung sexuelle Gewalt erleben mussten.)

Die Liebe, die Knechte zu Freunden macht, Mägde zu Freundinnen, Geschöpfe Gottes zu persönlich angesprochenen, mündigen Söhnen und Töchtern – diese Liebe geht genauso aufs Ganze wie die Liebe zweier Menschen. Es wäre Torheit, himmelschreiende Torheit, von dem alles umfangenden ICH BIN DA geringer zu denken. Nachdem uns Jesus aus Nazaret dafür die Augen geöffnet hat, ist das nicht mehr möglich. Eigentlich nicht.

Auch die beiden Begründer meines Ordens, des Teresianischen Karmel, gehören zu denen, die aus dem „Lied der Lieder" gelebt haben. Teresa von Ávila (1515-1582) bekennt, dass sie das Hohelied „mehr bewegt hat als die vielen frommen Bücher"[136]. Und von Johannes vom Kreuz (1542-1591) sagen Zeitzeugen, er habe auf seinen Fußmärschen durch Andalusien und Kastilien oftmals ganze Teile der Bibel, vor allem aber das Hohelied auswendig vor sich hin rezitiert. Er sang in diesen Bildern von der großen Liebe, die in seinem Herzen war. Drei seiner Poesien, die in der spanischen Nationalliteratur höchsten Rang einnehmen – die DUNKLE NACHT, den GEISTLICHEN GESANG und die LEBENDIGE FLAMME DER LIEBE[137] –, hat er in seinen theologisch-mystagogischen Kommentarwerken auf das Leben des Menschen mit Gott hin interpretiert. Es entstanden so die wohl tiefgründigsten Schriften der Mystik in der geistlichen Tradition des Christentums; sie reflektieren die innere, mit herkömmlichen Worten so schwer zu beschreibende Erfahrung, die ein Mensch machen kann, wenn er sich auf eine persönliche Beziehung zu Gott einlässt – zu dem Gott, der sich in Jesus von Nazaret als der Gott des Lebens und der Liebe offenbart hat. Dieselben Poesien werden heute in Spanien von jungen Verliebten rezitiert und von Popstars gesungen. Wie das HOHELIED, so sprechen auch die Gedichte des hl. Johannes vom Kreuz von einer Liebe, die zwischen Gott und Mensch und zwischen Mensch und Mensch immer dieselbe ist.

*Liebe* – man kann dieses Wort mit einem Ausrufungszeichen versehen. Dann stellt es einen Imperativ dar und sagt: Du sollst lieben – deinen Nächsten, Gott, die Schöpfung, deine Kinder ..., deinen Feind sogar! Man kann auch einen Punkt dahinter setzen oder gar nichts. Dann steht das Wort

LIEBE

einfach mitten im Raum ... Es ist dann wiederum wie ein Fenster, durch das man in die Landschaft blickt, die sich draußen, vor den Fensterscheiben auftut: ein Wort für eine Wirklichkeit hinter dem

Wort; ein Fenster-Wort, das einlädt, den Blick auf-zurichten – weg von den gewohnten inneren Denk- und Gefühlswelten und hin zu etwas Großem, das „da draußen" immer schon da ist ...

Die jüdisch-christliche Glaubenstradition kennt beide Schreibweisen. Doch wo sie authentisch und ihren Ursprüngen nahe ist, setzt sie zuerst den Punkt oder stellt in den Raum, bevor sie, behut-sam und doch bestimmt, auch ein Ausrufungszei-chen schreibt. Das „Liebt einander!" setzt das „so wie ich euch geliebt habe" voraus.

Liebe ist zuerst eine Gabe, ein Geschenk, unver-dient und ungeschuldet. Sie will, wie alle Gaben Gottes, erfahren und empfangen werden: als eine Wirklichkeit, die da ist ohne unser Dazutun, wie die Luft da ist, die wir atmen, und die Erde da ist, die uns trägt ... Dafür hat Jesus den Menschen die Augen geöffnet. Er hat ihnen Liebe gezeigt, bevor er ihnen zu lieben geboten hat. Dem „Imperativ" ging ein Indikativ voraus, dem Gebot eine Bot-schaft, der Aufforderung zu lieben die Herausfor-derung, an die Liebe zu glauben. „Das Erste ist, wo Jesus mit Menschen umgeht, immer dies", schreibt der evangelische Theologe und Buchautor Jörg Zink: „dass er sie annimmt und einlädt. Dass er sie aufrichtet und ermutigt. Dass er ihnen in der Gemeinschaft der Töchter und Söhne Gottes ein Zuhause gibt. Er lässt sie gelten. Er erzählt ihnen Geschichten, in denen sie vorkommen und in de-nen ihnen gezeigt wird, wer oder was sie nach Got-tes Willen sein können. Er zeigt ihnen einen Weg und entlässt sie in den Frieden. Immer ist die Rei-henfolge klar: Er gibt zuerst Freiheit, danach eine

Weisung. Erst die Würde, dann das Gebot. Erst die Kraft, dann den Auftrag. Erst die Lebenschance, dann die Zumutung. Erst das Bild ihrer Zielgestalt, dann die Forderung: Tu etwas an dir! Erst kommt immer, was Gott tut, danach, was die Menschen tun können oder sollen."[138] Jeder Liebende, jede Liebende weiß: Wenn es einen Imperativ braucht, stimmt etwas nicht mit der Liebe. Wer sich geliebt weiß, der *will* lieben. Wenn Jesus sagt: „Liebt einander, wie ich euch geliebt habe", so ist das eher ein flehendes Bitten im Kreis seiner Freunde, nicht ein Gebot mit erhobenem Zeigefinger.

Und Gottes Liebe ist nicht weniger real als die Liebe eines Menschen. Johannes vom Kreuz hat sie als eine Kraft besungen und beschrieben, die Gott der ganzen Schöpfung „eingegossen" hat. Sie steckt in den Bergen und in den Flüssen, in Pflanzen und Tieren, in den „Wäldern und Gebüschen, gepflanzt von des Geliebten Hand"[139] und „selbst in der Seele des größten Sünders der Welt"[140]. Uns Menschen ist sie, so schreibt der spanische Karmelit, in das Empfindungsvermögen eingesenkt; wir erfahren sie als Berührtwerden von Schönheit, als Angerührtsein von Tiefem, Wesentlichem und Kostbarem, als Hingezogensein zum anderen und „Du"-Sagen-Wollen zu ihm, als Leidenschaft, die Geist, Seele und Leib durchdringt, als das Ja zum Leben. Sie ist da, sie muss nur „gesehen" werden. Sie kommt mir entgegen aus Menschen und Geschöpfen und, bin ich dafür erst einmal sensibel geworden, von dem „in allen Dingen" (Ignatius von Loyola), auch in mir selbst, verborgen gegenwärtigen, uns allen entgegen-wartenden Gott …

Ist die Liebe gefunden, wird sie zur Energie. Wie Glauben und Hoffen gehört für Johannes vom Kreuz das Lieben zu den von Gott gegebenen Kräften, die in die *Tätigkeits*vermögen der Seele hineingegossen sind. Von dorther drängt sie – es immer dieselbe Liebe – zu Gott, zu den Menschen und zu den Geschöpfen hin, zu allem, was kostbar und liebenswert ist. Die Kraft zu lieben ist das „Werkzeug", so Johannes vom Kreuz, das der Schöpfer seinem Ebenbild, dem Menschen, ins Herz gelegt hat, „sagend, wie es zu gebrauchen sei und mit ihm zusammen es gebrauchend"[141]. In ihrer reinen Gestalt will die Liebe geben, wo Mangel ist, will sie wecken, wo Lebensmöglichkeit verschlafen wird, schenkt sie (Be-)Achtung, indem sie bewundernd anschaut ... Sie muss dann nicht „befohlen" werden.

Weder sich selbst noch anderen hat Johannes vom Kreuz mit solchen Gedanken und Überzeugungen eine heile Welt vormachen wollen. Mit Paulus sieht er die ganze Schöpfung in „Geburtswehen" liegen. Sie ist nicht vollkommen. Sie wartet – „seufzend" – auf die Vollendung, die sie als Sehnsucht in sich trägt.[142] Und der Mensch hat in allem Teil an ihr. Der göttliche Bildhauer, sagt der Mystiker und Seelsorger Johannes vom Kreuz[143], ist noch bei der Arbeit. Der Stein, den er liebevoll behaut und beschaut und beschaut und behaut, lässt schon erahnen, welch kostbares Bildnis entstehen soll. Doch noch hat sein Kunstwerk, das die Bibel „adam – Erdling" nennt, gar viele Ecken und Kanten. Die Liebe ist – „durch seinen Blick allein"[144] – schon in den Adam hineingesenkt, aber noch ist sie im Widerstreit mit all dem, was, an ihr gemessen, geradezu „nichts" ist. Ausgespannt lebt der Mensch zwischen den Zwängen des Begehrens, die einfangen, an sich reißen und festhalten wollen – und dem „sanften Hauch" der Liebe, die Freiheit schenkt, hinausführt in die Weite und atmen lässt ... Und dazwischen ist Angst, Gefangenschaft, Sehnsucht hinter Gittern, Enge, Verklemmung, und manchmal Degeneration statt Verwandlung in der Formung durch die Liebe. Ob Besitzergreifen oder Sich-Unterwerfen in Ehe und Familie, ob Bedrängen und An-Sich-Binden in Partnerschaft und Freundschaft, ob das individualistische Nebenher in Klöstern und geistlichen Gemeinschaften, ob ängstlicher Formalismus in der Liturgie und abergläubisches „Benutzen" Gottes in der Realität der Frömmigkeit: Es ist immer die Liebe, die unter Verschluss gehalten wird – und die doch gelebt werden will ...

Die nächtliche Flucht aus dem Klosterkerker von Toledo ist dem Sänger der DUNKLEN NACHT zum Bild für die Flucht aus solcher Gefangenschaft geworden. Die Liebe selbst, die sich nicht einsperren lassen will in Enge und Angst, ist, so heißt es in diesen Strophen, „das Licht, den Weg zu leuchten", das „sich'rer führt als das Licht der Tagesmitte" – dorthin, wo „mit seiner sanften Hand" der Wind der Freiheit weht, in der „Geliebter und geliebte Geliebte" sich zusammenfinden.[145]

„Ich glaube, um die Größe der menschlichen Person zu verstehen", sagte in einer Ansprache Johannes Paul II., der als junger Priester eine Doktorarbeit über Johannes vom Kreuz geschrieben hat, „muss man einmal die Theologie des heiligen Johannes vom Kreuz durchgehen, diese Sicht vom Menschsein, die sich einem mit seiner Lehre eröffnet; man kann dann die eigene Würde nicht mehr vergessen."[146]

Texte wie das HOHELIED, Poesien wie die des Johannes vom Kreuz und Verse, wie sie von Liebenden aller Zeiten verfasst wurden, rufen wach, was schon immer tief in uns Menschen steckt. Die „Stimme von außen", sagt Augustinus, weckt die „Stimme von innen" auf. Sie bringt, so weiß Johannes vom Kreuz, „der Seele nicht neuen Reichtum, sondern hebt nur zu ihrer Beglückung ans Licht, was sie zuvor schon besaß".[147] Was da erwacht, ist die gleiche Stimme, die Jesus einst in den Armen und den Reichen, in den Frommen und den Frömmlern von Galiläa und Jerusalem weckte, wenn er ihnen vom Reich Gottes, das „in euch" ist[148], erzählte. Es ist diese Stimme der vom Schöpfer „eingegossenen" und von Jesus erweckten Liebe, die – als alle starken Männer im Jüngerkreis geflohen waren – Maria aus Magdala zum Grab des Geliebten trieb und ihr schließlich die Gewissheit seiner Auferstehung schenkte ... Es ist die Liebe, immer dieselbe Liebe, die auch mir das unbändige Vertrauen gibt, dass Gott mein Leben – und alle und alles, was er liebt und was ich liebe – am Ende nicht einfach wieder ins Nichts zurückfallen lassen wird.

Nichts fordert so heraus wie solche Liebe. Mit Drohung und mit Strafe kann man einen Menschen bestenfalls dazu bewegen, im Moment von seinem unüberlegten oder böswilligen Vorhaben zu lassen; vielleicht schafft man es auch, in seine Seele derartige Angst einzupflanzen, dass er ein Leben lang „die Sünde meidet", eine bestimmte wenigstens. Doch immer wird er in der Sorge bleiben, ob er dem Willen des Vorgesetzten (der Eltern, des Lehrers, Gottes) überhaupt je gerecht werden kann. Liebe dagegen verändert den Menschen, sie lässt ihn reifen, sie wird zur Lebensenergie, sie lässt ihn werden, der er eigentlich ist. Jeder, der sie auch nur ansatzweise erfahren hat, weiß: Kein Lebensabenteuer ist größer und lohnender als solche Liebe. Sie ist es wert, die ganze Existenz darauf zu bauen.

Je mehr sich ein Mensch als Freund und Freundin weiß, als Sohn und als Tochter Gottes, desto weniger wird er um sein Selbstwertgefühl besorgt sein müssen. Er braucht dann nicht mehr nach Anerkennung zu haschen. Er wird aber auch nicht mehr zulassen, dass man ihn demütigt und dass man ihm die Würde nimmt. Weil er sich selbst lieben kann, wird auch seine Liebe zum Nächsten frei von altruistischer „Selbstaufopferung" sein – und frei von einem harmoniesüchtigen „Liebesgefasel", das dem anderen die Wahrheit und die Herausforderung der Umkehr nicht zutraut. Er wird im Menschen neben sich den Bruder und die Schwester sehen. Und das sind dann nicht mehr frömmelnde Worte.

# II.

Soweit der Blick in die Bibel und ihre spirituelle Wirkungsgeschichte. Wie aber passt das alles zu der Realität, in der wir Christenmenschen uns heute erleben? Ich meine nicht die vielen Menscheleien in der Kirche, die nun einmal auftreten, wo verschiedene Charaktere aufeinander treffen. Auch der Jünger- und der Apostelkreis kannte sie, und die frühchristlichen Gemeinden waren, wie die neutestamentlichen Schriften zeigen, durchaus nicht nur „ein Herz und eine Seele"[149]. Wir sind nicht vollkommen, wir müssen es auch nicht sein.

Ich meine wiederum eine tiefer greifende Not: *Wir haben vergessen, wer wir sind.* Und deshalb fehlt uns die Zielmarke, auf die hin wir – in aller Unvollkommenheit – unsere persönliche Reifung und unseren Umgang miteinander ausrichten könnten. Schon Teresa von Ávila sah das sehr deutlich: „Gott verschone uns davor, zu sagen: ‚Wir sind keine Engel', ‚Wir sind keine Heiligen', sobald wir etwas nicht gerade Vollkommenes getan haben. Schaut, auch wenn wir es nicht sind, so ist doch sehr gut zu bedenken, dass Gott uns die Hand reichen wird, um es zu werden, sofern wir uns bemühen."[150]

Wohl die allermeisten Christen haben noch nie gehört, wer sie eigentlich sind. Wie sie den Abba-JHWH der bedingungslosen Liebe nicht kennen, so kennen sie auch ihre eigene Würde nicht. Unter dem Eindruck ihres ambivalenten Gottesbildes fristen viele eher ein Tagelöhner-Dasein vor Gott, ein Leben lang bemüht, für Gebet, Opfer, Gottesdienstbesuch und Wohlverhalten die Zuwendung zu bekommen, die sie sich ersehnen und „erbeten"; die einen von sich überzeugt, dass sie ihre religiösen Pflichten im Allgemeinen doch recht treu und redlich erfüllen, die anderen mit dem stetigen Gefühl, für ein (so verstandenes) konsequentes geistliches Leben im Grunde viel zu schlecht zu sein. Oder sie holen sich – wenn Gott jede Herausforderung für sie verloren hat – ihren Tageslohn woanders her, in der Meinung, dass Gott ja „für alles Verständnis hat"; der Gedanke, dass er wie der Vater im Gleichnis vom verlorenen Sohn an ihrem Elend leidet und sehnsüchtig auf sie wartet, liegt ihnen fern. Weil sie faktisch nicht mit ihm leben.

Es gibt auch die Mägde und die Knechte unter uns. Das sind diejenigen, die sich, ob als gläubige Laien-Christen oder im Klerikerstand, ganz „in Dienst" genommen wissen von Gott und darin eine gewisse Erfüllung finden: hingebungsvolle, von Gott gepackte Menschen, aber auch bepackt mit ihren Selbstzweifeln, Unsicherheiten, Schuldgefühlen und Versagensängsten; die einen, die sie mit „Amt und Würden" überspielen und sich gerade dadurch verraten, die anderen, die sie still erleiden und dabei als ein Zerrbild des „Erlösten" umherlaufen. – Als Exerzitienbegleiter, der fast wöchentlich mehr Beichten hört und geistliche Gespräche führt als heute mancher katholische Priester hierzulande in einem ganzen Jahr, weiß ich, wovon ich spreche.

Und all das hat Folgen für die Einstellung dem Mitmenschen gegenüber. Wer als Tagelöhner lebt, wird um sich herum nur Tagelöhner sehen. Er wird den Knecht und die Magd nicht verstehen und den Sohn und die Tochter schon gar nicht; bestenfalls wird er „von fern grüßen", was er selbst nicht sein kann. Gefühle wie Neid oder pharisäische Überheblichkeit werden sein Verhältnis zu anderen bestimmen, ein geschwisterliches Empfinden muss ihm, selbst wenn er von „Schwestern und Brüdern" spricht, fremd bleiben. Und der Knecht Gottes wird nur Knechte und Mägde gelten lassen. Die Freien werden ihm gefährlich erscheinen, die Söhne und Töchter wird er – so er die Wahrheit, die sie leben, nicht verdunkeln kann – zu „außergewöhnlich Begnadeten" erklären, um sie in ihrem Anspruch zu neutralisieren. (Mancher wurde „ungefährlich" gemacht, indem man ihn „zur Ehre der Altäre" erhob.)

„Ein Schlüsselproblem der Moderne scheint darin zu liegen", sagt der Berliner Philosoph Wilhelm Schmid, „dass das Individuum, das von ihr freigesetzt worden ist, keine Selbstbeziehung gewinnt oder sie immer aufs Neue verfehlt, und dies nach zwei Seiten hin: als *Selbstverlust*, der keine gewählte, souveräne Selbstlosigkeit ist; und als *Selbstsucht*, die keine gewählte, souveräne Selbstbeziehung ist. Daher geht es in der Lebenskunst zuallererst ... um ein maßvolles Selbstverhältnis, das in der Lage ist, das Selbst zu festigen und zu anderen hin zu öffnen."[151] Nur wer sich geliebt weiß, so der Philosoph, könne „mit sich selbst befreundet sein", und erst die gesunde „Selbstfreundschaft" mache eine Liebe möglich, wie sie Jesus, rückgreifend auf eine alte Lebensregel seines Volkes, einforderte: „Liebe deinen Nächsten wie dich selbst."[152] – Das Gottesbild prägt das Selbstbild, und das Selbstbild ist die geheime Werkstatt, in der das Bild vom Mitmenschen entsteht.

Hier liegt in der Tat das Problem, ein sehr altes und wohl nicht nur das der religionslos orientierten Moderne. Es ist in der Christenheit nicht nur und nicht zuerst ein – auch strukturell gewordenes – Problem „der Kirche", sondern das Problem jedes Einzelnen, die wir zusammen die Kirche bilden. Es wirkt sich freilich in dem Maße besonders unheilvoll und atmosphärisch in die Kirche hinein aus, wie es Personen und Persönlichkeiten betrifft, die Einfluss haben, die Entscheidungen für viele treffen und Strukturen schaffen. Deshalb kann die Not auch nur hier gewendet werden: im Glaubensbewusstsein des Einzelnen – der Bischöfe und Entscheidungsträger, der Glaubensverkünder und Seelsorger voran. Joseph Ratzinger antwortete auf die Frage „Und was will Gott wirklich von uns?": „Dass wir Liebende werden, dann sind wir nämlich seine Ebenbilder. Denn er ist, wie uns der heilige Johannes sagt, die Liebe, und er möchte, daß es Geschöpfe gibt, die ihm ähnlich sind und die dadurch aus der Freiheit ihres eigenen Liebens heraus wie er werden und mit ihm zusammengehören und damit sozusagen das Leuchten seiner selbst ausbreiten."[153]

Nur der Geliebte, der sich – vor jeder Leistung und vor jedem Verdienst – ganz und gar bejaht und angenommen weiß, wird lieben können; er kann andere gelten lassen und wird ihnen Würde zusprechen, weil er um die eigene Würde nicht kämpfen und nicht fürchten muss. Er kann sich sogar von Herzen an ihnen freuen! Die älteste, noch unverfälschte Tradition der Kirche, wie sie uns in den Paulusbriefen überliefert ist, sagt uns: „Ihr seid alle durch den Glauben Söhne und Töchter Gottes in Christus Jesus. Denn ihr alle, die ihr auf Christus getauft seid, habt Christus (als Gewand) angelegt. Es gibt nicht mehr Juden und Griechen, nicht Sklaven und Freie, nicht Mann und Frau; denn ihr alle seid ‚einer' in Christus Jesus."[154]

Jesus hat Maßstäbe gesetzt. Neue, sehr hohe. Nicht, dass wir sie erfüllen könnten – aber *uns darauf zu bewegen* können wir! Nur vergessen, verdrängen, verschweigen oder gar verbiegen dürfen wir sie nicht. Wenn wir sie gelten lassen, sind die kleinen Schritte möglich, die uns aus der Not herausführen, in der wir gegenwärtig wie in einer Agonie verharren.

## III.

Den entscheidenden Schritt – von der Magd zur Tochter und Freundin, vom Knecht zum Sohn und Freund – kann nur jeder Einzelne ganz persönlich tun. Sonst wird sich nichts verändern, im eigenen Leben nicht und in der Christenheit nicht. Und dieser Schritt ist sehr einfach: Ich versuche, *Gott die Liebe zu glauben, die er zu mir hat.* Besser noch:

Ich versuche es nicht nur, ich setze einmal sehr ernsthaft darauf, dass es so ist. *Ich glaube es ihm.* Ich glaube ihm, dass ich geliebter Sohn, geliebte Tochter für ihn bin, und dass er – wie der Liebende im HOHENLIED (2,10.13) – zu mir sagt: *„Steh auf, meine Freundin!"*

Natürlich weiß ich, dass dieser einfache Schritt sehr, sehr schwer sein kann. Ich habe Menschen kennen gelernt, die ihn binnen weniger Minuten und ein für allemal vollziehen konnten; danach war nichts mehr, wie es vorher war. Und ich kenne andere, die, wie auch ich, Jahre dafür brauchten; irgendwann aber, ich weiß selbst nicht wie, war er vollbracht. Und nie wieder möchte ich hinter diesen Schritt zurückgehen!

In meinen Exerzitienkursen gebe ich gern die Anregung, sich doch einmal folgende Situation vorzustellen:

Denken Sie sich, sage ich den Kursteilnehmern, Sie sind Mose, wie er vor dem brennenden Dornbusch steht (Ex 3). Sie haben Gott gefragt: „Wer bist du, wie heißt du?", und er hat geantwortet: „Ich bin der JHWH." ... Hören Sie nun seine Antwort von Jesus, der „Fülle der Offenbarung" her: „Ich bin der Abba-JHWH." ... Hören Sie lange und gut hin. Und dann stellen Sie sich vor, Gott fragt *Sie.* Wie heißt *du*? Antworten Sie nicht mit „Fritz" oder „Erna", sondern ebenfalls mit einem Namen, der wie ein kleiner Satz ist und der Sie charakterisiert. Mehr noch: Versuchen Sie, den Namen zu sagen, den *Gott* für Sie hat ..., alle anderen Stimmen, die von innen und die von außen, zählen nicht. Suchen Sie so lange nach diesem Namen, bis Sie den Blick erheben und Gott „in die Augen schauen" können ... Sie haben für diese geistliche Übung alle Zeit der Welt. Aber geben Sie sie nie mehr auf!

Eines Tages werden Sie sich dabei ertappen, dass Sie sich selbst und ihre Mitmenschen – die „Guten" und die „Bösen", die „Gerechten" und die „Ungerechten" – mit den Augen dieses Gottes sehen ...

# VON DER
# KIRCHENZUGEHÖRIGKEIT

## ZUM KIRCHE SEIN

*„Wenn Sie so weitermachen,*
*werden Sie dem lieben Gott*
*nichts als die entkräfteten Reste*
*eines Herzens darbringen,*
*das sich für Interessen verbraucht hat,*
*die nicht die seinen sind."*

*Johannes-Maria Vianney*


## „Bleibt in mir ..."

Über mehrere Kapitel hin erstrecken sich im JOHAN-NES-EVANGELIUM die sogenannten Abschiedsreden Jesu (Joh 14-17). Der lange Text ist natürlich nicht eine Mitstenographie dessen, was Jesus im Abend-mahlssaal gesagt hat. Und doch geben diese Worte – daran hat die Christenheit nie gezweifelt – sehr wesentliche Anliegen Jesu wieder. Dass sie auch von den Erfahrungen und Überzeugungen einer frühchristlichen Gemeinde geprägt sind, macht sie nur umso kostbarer: Sie sind, einem Testament gleich, das Vermächtnis Jesu an seine Freundinnen und Freunde, und sie sind zugleich das Vermächt-nis unserer Schwestern und Brüder von damals an alle folgenden Generationen der Kirche. Beschwö-rend geradezu sagt hier der johanneische Christus: *„Bleibt in mir und ich in euch!"* (Joh 15,4).

# I.

Die geistliche Tradition kennt den Gedanken vom *dreigestaltigen Weg (triplex via)*. Er knüpft an die Abschiedsreden Jesu an und entfaltet sie für das persönliche und gemeinschaftliche Glaubensleben. Der Weg der Nachfolge Jesu, so sagen die alten geistlichen Meister, ist ein *Weg der Einigung (via unitiva)*, ein *Weg der Erleuchtung (via illuminativa)* und ein *Weg der Reinigung (via purgativa)*. Schon früh begegnet uns diese Trias bei einigen Väter-theologen, vor allem bei Pseudo-Dionysius Areopagita (5. Jh.), dann ausdrücklich bei Bonaventura (13. Jh.) und Johannes Tauler (14. Jh.) und schließlich bei Johannes vom Kreuz (16. Jh.). Gemeint sind nicht drei verschiedene Wege zu Gott, auch nicht, wie der neuplatonisch geprägte Pseudo-Dionysius noch dachte, nacheinander verlaufende Stufen oder Weg-Etappen, sondern, wie besonders Bonaventura[155] und Johannes vom Kreuz[156] klarstellten, drei zusammengehörende Aspekte des einen – dreige-staltigen – christlichen Glaubensweges.

Über den Aspekt der *Erleuchtung* habe ich schon im Zusammenhang mit dem zweiten Schritt ge-sprochen: Wer den Weg Jesu mitgehen will, sich also seine Lebensart zu Eigen machen möchte, muss sich – hörend – den „Einleuchtungen" des Heiligen Geistes öffnen, von dem es in den Ab-schiedsworten heißt: „Wenn aber jener kommt, der Geist der Wahrheit, wird er euch in die ganze Wahrheit führen."[157] Und die *Reinigung*, die aus-drücklich im Weinstock-Gleichnis anklingt – „jede

Rebe, die Frucht bringt, reinigt er, damit sie mehr Frucht bringt"[158] – wird Thema des nächsten Kapitels sein.

Wenn die Meister der christlichen Spiritualität von der *Einigung* oder vom *Einssein* mit Gott sprechen – davon soll an dieser Stelle die Rede sein –, meinen sie nicht außerordentliche religiöse Erfahrungen oder gar ein Aufgehen der Person im Göttlichen, wie die Begriffe in unserer multireligiös geprägten Zeit zunächst nahelegen könnten. Einssein mit Gott heißt für sie: mit dem Glauben, dass Gott da ist, Ernst machen und in einem *Beziehungsverhältnis* mit Gott leben. Die Vokabeln für diesen sehr wesentlichen Aspekt des Glaubensweges haben sie ebenfalls den Abschiedsworten Jesu entnommen, genauer: seinem Abschiedsgebet (Joh 17). Dort sagt Jesus zu Gott, dem Abba-Vater: *„Alle sollen eins sein"* und: *„Sie sollen eins sein, wie wir eins sind".*

Heute, im Zeitalter der Ökumene, verstehen wir diese Worte als Bitte um die Einheit zwischen den christlichen Konfessionen, um das Einssein zwischen Mensch und Mensch also. Doch das war nicht immer so. Bis in die ersten Jahrzehnte des 20. Jahrhunderts hinein wurden sie vor allem als Gebet um das Einssein *zwischen Mensch und Gott* gedeutet. Und die exegetischen Textanalysen geben dieser älteren, „traditionellen" Deutung Recht.[159] Bereits Rudolf Schnackenburg schrieb in seinem Johannes-Kommentar von 1975: „Alle Erklärungen, die nur an die äußere Eintracht, Vereinigung, ,horizontale' Einigung denken, greifen zu kurz"; so sehr die Einheit der Christen untereinander als ein zentrales Anliegen Jesu und der johanneischen Gemeinde betrachtet werden dürfe: hier gehe es „um eine in Gott gründende, aus seiner Liebe lebende Einheit", die „dann freilich auch zu brüderlicher Einigung verpflichtet".[160]

Jesus ersehnt sich in diesem Gebet nichts weniger als die tiefe Lebensgemeinschaft eines jeden Menschen mit dem Abba-Gott, so wie er selbst sie mit ihm gelebt hat. Legt man die Brille der „ökumenischen" Deutung einmal ab und liest das Abschiedsgebet unvoreingenommen, dann ist dieser ursprüngliche, zumindest mitgemeinte Sinn sehr klar zu erkennen: „Alle sollen eins sein: *Wie du, Vater, in mir bist und ich in dir bin* ..." Das Einssein meint also das persönliche In-Beziehung-Sein Gottes mit dem Menschen und des Menschen mit Gott: ein „Eins"- und „Ineinander"-Sein von Ich zu Du.

Die Christen der Johannes-Gemeinde denken dabei freilich daran, dass sie, wenn sie sich zu Gott, dem Vater, hinwenden, bei ihm zugleich dem auferstandenen, beim Vater lebenden Jesus Christus begegnen. Daher fügen sie hinzu: „... (so) sollen auch sie *in uns* (nicht: in mir) sein."

Diese *persönlich-innerliche Lebensgemeinschaft mit Jesus und seinem Abba-Gott* ist das Große, Kostbare, die alles neu gestaltende und alle zwischenmenschlichen Beziehungen durchstrahlende „Herrlichkeit", die Jesus den Menschen zeigen und schenken möchte: „Ich habe ihnen die Herrlichkeit gegeben, die du mir gegeben hast: dass sie eins seien, wie wir eins sind, ich in ihnen und du in mir."

Noch Elisabeth von Dijon (1880-1906), eine Zeitgenossin der hl. Thérèse von Lisieux und Karmelitin wie sie, gehört zu denen, die das Gebetswort Jesu in diesem Sinne verstanden haben. Sie schreibt in einem Brief: „Mir scheint, ich habe meinen Himmel auf Erden gefunden, denn der Himmel ist Gott, und Gott ist in mir. An dem Tag, da ich dies verstanden habe, ist in mir alles hell geworden. ... Und ich möchte dieses Geheimnis ganz leise allen mitteilen, die ich liebe, damit auch sie durch alles Schwere hindurch sich in Gott festmachen und damit sich das Gebet Christi erfüllt: *Vater, sie sollen eins sein.*"[161]

„Sich in Gott festmachen" – das ist das Grundanliegen Jesu im johanneischen Abschiedsgebet. Es ist heute an der Zeit, dass wir uns auch diese Deutung, und damit den ganzen, unverkürzten und ursprünglichen Sinn des frühkirchlichen Vermächtnisses wieder vergegenwärtigen. Die Erfahrung lehrt uns ja zur Genüge, dass eine tragfähige Einheit untereinander erst dort gelingt, wo es um das Erste und Entscheidende des Glaubens geht, eben um das Einssein *mit* Gott, das die Voraussetzung ist, um zum Einssein *in* Gott zu finden.

Im selben Sinne ist auch das eingangs zitierte Wort zu verstehen: „Bleibt in mir und ich in euch!" Es ist die Aufforderung des johanneischen Christus an seine Jüngerinnen und Jünger – an die damaligen und die heutigen –, in einer persönlichen Beziehung mit ihm zu bleiben. Die EINHEITS-ÜBERSETZUNG gibt diesen Satz leider falsch wieder, wenn sie das griechische „Meinate en emoi, kago en hymin" mit „Bleibt in mir, *dann* bleibe ich in euch" übersetzt. Von einem bedingungshaften „dann" ist im Originaltext nicht die Rede. Jesus hat sein „Bleiben in uns" nicht an eine Bedingung geknüpft. Seine bleibende Gegenwart, seine nie aufgekündigte Freundschaft mit jedem Einzelnen ist nicht die Folge oder gar der Lohn für unser „Bleiben in ihm", sondern eher die Voraussetzung für unser In-Beziehung-treten zu ihm. Richtiger übersetzt daher Martin Luther: „Bleibt in mir und ich in euch", und noch treffender der katholische Bibeltheologe Fridolin Stier: „Bleibt in Eins mit mir, und ich in Eins mit euch."[162] Gemeint ist also ein beiderseitig-persönliches Beziehungsverhältnis, ein Bleiben im *Ich-in-Dir-und-Du-in-mir*.

Was aber heißt das praktisch? *Wie* bleibe ich in dir, Jesus, und deinem Abba-Gott? Worin besteht der Weg der Einigung konkret?

Einen Weg muss man *gehen*. Man muss einen Schritt tun. Den gleichen Schritt, den man von Mensch zu Mensch tun muss, um mit jemandem in Beziehung zu treten und mit ihm in Beziehung zu leben: Ich muss ihn anschauen, mich zu ihm hinwenden, zu ihm sprechen, ihm zuhören, mit ihm zusammensein. Nicht anders ist es von Mensch zu Gott. Nur dass Gott dabei immer der geglaubte, der verborgen-anwesende Partner ist. Mich mit Gott „ver-einigen", das heißt: Ich wende mich zu Gott hin. Ich denke daran, dass Gott da ist – wenn auch der Sinneswahrnehmung verborgen. Ich sage mit Bewusstsein „du, Gott" zu ihm, spreche zu ihm oder verweile – auch ohne Worte, mehr hörend als redend – in seiner Gegenwart ...

Das ist schon alles! Das jedenfalls ist der Schritt, der auf dem christlichen Glaubensweg nicht fehlen darf. Dieses „Hinblicken" oder „Aufmerken" zu

Gott, wie die geistlichen Lehrmeister sagen, macht aus „Glauben haben" einen glaubenden, mit Gott lebenden Menschen; es einzuüben und zu einem „habitus", einer „guten Angewohnheit" werden zu lassen, dazu wollen sie anleiten. Alles Weitere, auch alle dann möglichen Erfahrungen auf dem Weg der Lebensgemeinschaft mit Gott, setzen diese liebende, sich Gott zuwendende „Aktivität" voraus. Das schon im Credo Israels eingeforderte und von Jesus bestätigte Gebot der Gottesliebe verwirklicht sich konkret erst in diesem *Grundakt des Glaubens* (Thomas von Aquin[163]), nicht in noch so feierlicher, aber äußerlich bleibender Gottesverehrung.

Johannes vom Kreuz beschreibt diesen „Grundakt des Glaubens" mit dem Wort „advertencia amorosa", das soviel bedeutet wie *liebendes und vom Vertrauen in die göttliche Liebe getragenes Sich-Hinwenden zu Gott*. Nach seinem Menschenbild muss das Einssein mit Gott nicht erst erworben werden, es ist – von Gott her betrachtet – immer schon da, weil Gott „in jeglicher Menschenseele, und sei es die des größten Sünders der Welt, wesenhaft wohnt und gegenwärtig ist"[164]. Die spirituelle Grunderfahrung, zu der er hinführen möchte, ist deshalb zuerst und vor allem anderen ein „Erwachen Gottes in der Seele ..." – und hier verbessert er sich sogleich – „... nein, ein Wachwerden der Seele"[165], ein *Wachwerden des Menschen* also für die tiefste Wahrheit über sein Wesen: dass das Ja Gottes unverbrüchlich über meinem Leben steht, selbst dann noch, wenn ich, wie Thérèse von Lisieux (1873-1897) sagen wird, „auch alle nur möglichen Verbrechen begangen hätte".[166]

Andere geistliche Autoren, wie Johannes Tauler, Teresa von Ávila, Madame Guyon oder Gerhard Tersteegen, sprechen vom *Inneren Beten*.[167] Sie verstehen darunter ein Beten von innen her, also wiederum ein bewusstes persönliches Sich-Hinwenden zu Gott von Ich zu Du. Beten heißt für Teresa von Ávila: mit Gott leben „wie mit einem Freund, mit dem wir oft und gern zusammen sind, von dem wir wissen, dass er uns liebt"[168]. Ein anderes, in der geistlichen Tradition häufig gebrauchtes Wort ist das von der *Vergegenwärtigung Gottes*. Gemeint ist immer derselbe „Grundakt des Glaubens", ein sehr konkretes und zugleich ganz einfaches, für jeden Menschen vollziehbares „Tun" des Herzens:

Ich denke daran, dass das Wirklichkeit ist, was ich glaube: Gott ist da – und in seinem Ja zu uns „leben wir, bewegen wir uns und sind wir"[169]. Er ist so wirklich da wie jede andere anwesende Person, wenn auch verborgen ...

Dann folgt der eigentliche Schritt: Ich rede Gott an, von innen heraus, so dass wirklich ich es bin, der da redet ... Ich sage „du" zu Gott, zu diesem unfassbar großen Gott, den ich nur ahnen kann ... Wie von selbst sagt dann nicht nur der Verstand das „du"; inwendige Tiefenbereiche „sprechen" mit ... Aus dem „du"-Sagen wird eine Hinwendung von Wesen zu Wesen, ein „Sich-Anblicken", ein „Entgegen-Warten" zu dem großen Geheimnis hin, das mich und alle Existenz liebend umfängt, so verborgen und so nahe zugleich ...

Einssein mit Gott – das heißt für alle Meister der christlichen Spiritualität: mit dem Glauben, dass

Gott da ist, Ernst machen; nicht nur *von* Gott reden, *über* Gott nachdenken und *vor* Gott „mein Gebet verrichten", sondern Beziehung zu ihm pflegen; nicht nur zur Kirche gehören, sondern zu Gott hinhören; nicht nur mit einer religiösen Weltanschauung im Kopf umherlaufen, sondern mit dem verborgen anwesenden Gott wie mit einem Freund und Gefährten, in Ehrfurcht ebenso wie in tiefem Vertrauen, durch den Lebensalltag gehen ... Und wenn sie vom *Weg* der Einigung sprechen, wollen sie sagen, dass dieses Einssein *Weg*-Charakter hat, also einen Entwicklungsprozess zu immer noch tiefer und bewusster gelebtem Einssein hin darstellt, das sich einmal, am Ziel des Lebens, vollenden wird. Den Weg der Einigung gehen, heißt: in die Lebensgemeinschaft mit Gott hineinwachsen, wie man in eine Freundschaft hineinwächst; sich Schritt um Schritt von dieser Freundschaft prägen lassen; die Welt mit den Augen Gottes sehen lernen; sich seinen „Willen", d. h. seine Einstellung, seinen Geist, sein „Denken und Fühlen", seine „Ethik", seinen „Charakter" immer mehr zu Eigen machen ...

Es handelt sich dabei nicht um einen spirituellen Sonderweg in der Kirche, sondern um die Lebensform, die gemeint ist, wenn wir im ursprünglichen – biblischen und urchristlichen – Sinne von „glauben" sprechen, eben um die christliche Art, Mensch zu sein. Es ist der *Weg der Lebensgemeinschaft mit Gott*, getragen von dem Vertrauen, dass Gott uns in Liebe zugewandt ist, dass er seinerseits immer „eins" mit uns ist.

Und dieser Weg ist zugleich auch ein *Weg der Einigung mit den Mitmenschen.* Der Zusammenhang ist letztlich in Gott selbst begründet: Der „Gott und Vater Jesu Christi" sucht nicht Menschen, die ihn anhimmeln, und schon gar nicht individualistisch-fromme Seelenheil-Sucher. Ein solcher Gott sucht *Mitliebende.* Sein Wille ist immer die Liebe – zu jedem und zu allem, was im Himmel und auf Erden ist. Die „Welt" ist also nicht ausgeschlossen; sie rückt durch die Beziehung zu Gott, der alles liebt, was er geschaffen hat, vielmehr erst so recht in den Blick des geistlich lebenden Menschen. „Die wahre Gotteinung", sagt Teresa von Ávila ihren Schwestern, „ist, dass mein Wille eins wird mit dem Willen Gottes. Das ist die Einung, die ich mir wünsche und die ich in euch allen gern gesehen hätte, und nicht wie so manche wonnigliche Verzückungen, die man Einungen nennt."[170] Eine allein auf ihn ausgerichtete Beziehung entspricht dem Willen Gottes gerade nicht, das weiß Teresa nur zu gut aus eigener Erfahrung: „Was ist das nur, mein Gott", fragt sie nachdenklich, „dass in einer Seele, die allein dir zu gefallen sucht, das Ruhen in dir zur Ermüdung führt?"[171] – Ein Volkslied aus Umbrien, der Heimat des Bruder Franz von Assisi, drückt dieselbe Erfahrung so aus:

> *Weinend sagte Franziskus*
> *eines Tages zum Herrn:*
> *Ich liebe die Sonne und die Sterne*
> *Ich liebe Klara und die Schwestern*
> *Ich liebe das Herz der Menschen*
> *und alle schönen Dinge*

*Herr*
*Du musst mir verzeihen*
*Denn nur dich sollte ich lieben.*

*Lächelnd antwortete der Herr:*
*Ich liebe die Sonne und die Sterne*
*Ich liebe Klara und die Schwestern*
*Ich liebe das Herz der Menschen*
*und alle schönen Dinge.*
*Mein Franziskus*
*Du musst nicht weinen*
*Denn das alles liebe auch ich.*[172]

Einssein mit Gott und Einssein mit den Mitmenschen gehören – immer im *Weg*-Charakter – zusammen. Grundhaltungen und Grundeinstellungen, die für den einen Bereich gelten, gelten auch für den anderen, und der Grundakt der Gottesliebe ist auch der Grundakt der Nächstenliebe. Den Weg Jesu mitgehen heißt, sich den Mitmenschen ebenso zuwenden wie dem verborgen gegenwärtigen Gott: in einem „Aufmerken" von innen her, nicht mit nur äußerlich bleibenden Werken der Nächstenliebe und einem gelegentlichen netten Wort, sondern mit demselben einfachen „Tun" des Herzens, das den anderen anschaut und ihn wirklich meint, mit Bewusstsein „du, ..." zu ihm sagt, zu ihm spricht, auf ihn hört und in seiner Gegenwart verweilt ... Nichts mehr zunächst und nichts weniger ist es, was Menschen zu Geschwistern macht. Dieser einfache Hin-Blick zum anderen Du, vollziehbar für jeden, ist der Wanderschritt auf dem Weg zum Miteinander und zur Freundschaft, der aus „dem da" und „der da" einen interessanten, wertvollen, wenn auch mitunter recht kantigen Mitmenschen macht.

Das Abschiedsgebet Jesu, so resümiert Rudolf Schnackenburg, bezeugt „eine Konzentration auf das Wesentliche, eine Besinnung auf das ... von Gott durch Christus Geschenkte, das von innerer Herrlichkeit erfüllte Leben in Gott und seiner Liebe. Dieser Ruf zur Innerlichkeit, inneren Sammlung, zur Einheit mit Gott und untereinander, behält seine Bedeutung auch in unserer Zeit der Aktivität, des äußeren und nach außen gerichteten Wirkens."[173]

## II.

*Bleibt im Ihr-in-mir-und-ich-in-euch*! Mit dem Weinstock-Gleichnis fügt Jesus hinzu: „Wie die Rebe aus sich selbst keine Frucht bringen kann, sondern nur, wenn sie am Rebstock bleibt, so auch ihr nicht, wenn ihr nicht in mir bleibt ...; denn ohne mich könnt ihr nichts vollbringen" (Joh 15,4f).

Wenn es irgendwo im Neuen Testament eine Schriftstelle gibt, die uns heute zu einer Gewissenserforschung regelrecht herausfordert, dann ist es diese. „Keine Frucht bringen", jedenfalls nicht genug und jedenfalls nur noch inmitten von viel verdorrtem und vertrocknetem Geranke – das ist doch haargenau unsere derzeitige kirchliche Situation! „Zu viel Apparat, zu wenig Evangelium

– zu wenig Leben aus dem Glauben", so charakterisierte sie erst kürzlich (im September 2004) der Limburger Bischof Franz Kamphaus in einer Predigt an die Gläubigen seines Bistums. Man müsse „ohne Wenn und Aber zugestehen, dass von der Kirche wenig Faszination ausgeht", und gefährlicher als der Verlust der äußeren Position in der Gesellschaft sei dabei „die schleichende Säkularisierung von innen".[174]

Steht da nicht, anders gewendet, die Frage an uns im Raum: *Sind wir (noch) „in ihm", und ist er (noch) „in uns"?*

Ich denke, wir sollten diese Frage zulassen. Es mag noch genügend andere Fragen nach den Ursachen der gegenwärtigen Fruchtlosigkeit in der Christenheit geben, denen wir dringend nachgehen müssen; so zum Beispiel: Haben wir uns in den vergangenen Jahrzehnten zu sehr in eine kirchliche Ghetto-Mentalität hineinmanövriert? Warum fehlt uns der Mut, den alten Glauben in neuer, verständlicher Sprache weiterzugeben? Haben wir die „Zeichen der Zeit" überhört, uns zu sehr an überkommene Rechte und Traditionen geklammert? Haben wir uns der Naturwissenschaft und den geistigen Umbrüchen in der Gesellschaft zu lange verschlossen? Ist der Mangel an Priestern und Seelsorgern – er war schon vor dreißig Jahren aktuell, als ich kurz vor der Priesterweihe stand, und er spitzt sich derzeit drastisch zu[175] – wirklich nicht zu verhindern (gewesen)? ..., und viele weitere Fragen mehr. Aber ohne *diese* Frage, vor die uns das JOHANNES-EVANGELIUM stellt, würden wir uns die Ursachenforschung zu billig machen.

Es ist wiederum nicht eine Frage an „die Kirche", sondern an jeden Einzelnen von uns. Aus ihr ergibt sich der nächste Schritt.

Den Weg der Einigung gehen heute, meiner Erfahrung nach, mehr Menschen, als es oberflächlich betrachtet zunächst scheint, aktive Christen wie auch solche, die unsere Gottesdienste selten oder nicht (mehr) besuchen.

Und viele in der Kirche gehen ihn nicht, Gläubige in den Gemeinden wie auch Leitende und Kleriker in Verkündigung, Katechese und Pastoral. Und da wiederum liegt das Problem! Eines von vielen jedenfalls, aber das grundlegendste, das weitere andere Probleme zur Folge hat. „Dieses Volk ehrt mich mit den Lippen, ihr Herz aber ist weit weg von mir!" rief einst Jesaja[176] – so zitiert ihn Jesus selbst[177] – in die Realität des religiösen Lebens seiner Zeit hinein. Würde er heute die Liturgiefeiern in unseren Kirchen und Kathedralen miterleben, einen „guten Katholiken" durch den Tages- und Wochenablauf begleiten oder einem Brevier-betenden Priester oder Ordensmann ins Herz schauen – er hätte wohl nicht selten Grund, dieselbe Klage zu erheben. Und die Reaktion? Viele würden gar nicht verstehen, was er meint, manche würden ihn seiner kritischen Worte wegen einen Nestbeschmutzer schimpfen und mangelnder Liebe zur Kirche bezichtigen – und vielen, im Volk wie im Klerus, würde er aus dem Herzen sprechen!

Um es mit dem klassischen Bild des Apostels Paulus zu sagen: Die Kirche, der „Leib Christi"[178], ist krank, wenn die Verbindung der „Glieder" mit dem „Haupt", also der Christen mit Christus, nicht intakt ist. Sind die Nervenbahnen des menschlichen Körpers, der hier Bild und Gleichnis ist, zwischen den Hirnzentren und den einzelnen Gliedern gestört, hat das Folgen: Die betroffenen Glieder reagieren dann unkontrolliert und wirr oder gar nicht mehr ... Unter geistlich-existentiellem Aspekt betrachtet, der den dogmatisch-lehrhaften Aspekt noch einmal umgreift, genügt es daher nicht, von der Kirche als dem „mystischen Leib Christi" zu wissen und zu reden; die Verbindung zwischen Haupt und Gliedern – die von Christus her gewiss immer da ist – muss *gelebt* werden, sonst besteht sie nicht! „Das sollten die ach so Aktiven bedenken", schrieb einst Johannes vom Kreuz, „die mit ihrem Gepredige und ihrem ganzen äußerlichen Gewerkel der Welt zu dienen meinen. Sie sollten daran denken, dass sie der Kirche viel mehr nützten und Gott viel mehr Freude bereiteten, wenn sie wenigstens einen geringen Teil der dafür verwendeten Zeit betend mit Gott verbringen würden, selbst wenn ihr Gebet noch sehr armselig wäre. Der Zuwachs an geistiger Kraft, den sie darin geschenkt bekämen, würde sie befähigen, mit einer einzigen Aktion mehr und mit weniger Verausgabung ihrer Kräfte zu bewirken als mit ihren tausend anderen. Was sie tun, heißt sich abplagen und doch so gut wie nichts, mitunter überhaupt nichts zustande zu bringen, wenn nicht gar Schaden zu machen. ... Denn die guten Werke werden nicht anders als aus der Kraft, die einem von Gott kommt, getan."[179] Und was Johannes-Maria Vianney (1786-1859), der

Pfarrer von Ars, einem äußerst geschäftigen Mitbruder schrieb, muss nicht nur Kleriker aufhorchen lassen: „Wenn Sie so weitermachen, werden Sie dem lieben Gott nichts als die entkräfteten Reste eines Herzens darbringen, das sich für Interessen verbraucht hat, die nicht die seinen sind."[180]

Es wird im Status des Unterwegsseins die vollkommene Einheit zwischen Haupt und Gliedern freilich niemals geben. Die Kirche war immer gesund *und* krank, und sie wird es auch in Zukunft sein. Doch sie wird ihre Glaubwürdigkeit nur behalten und ihre *Heils*-Sendung nur ausüben, wenn sie wenigstens um ihre Krankheit weiß und nicht nur in der „gottfernen" Gesellschaft, sondern auch und zuerst bei sich selbst Heilungsbedarf sieht.

Unsere Kirche in Deutschland hat viel Gesundes und Lebendiges. Aber sie ist ebenso von Krankheit gezeichnet. Diagnostiziert man den Krankheitsherd, der die vielfältigen Symptome, an denen wir leiden, zur Folge hat, handelt es sich um einen weit verbreiteten *Mangel an gelebter Beziehung zu Gott.* Ich meine nicht einen Mangel an Gebet und Gottesdienst, sondern an dem, was alles Beten, Meditieren und Liturgiefeiern erst zum „geistlichen Tun" macht. Was ist es sonst, was viele Menschen, kirchlich gebundene und kirchenferne, vermissen, wenn sie angesichts unserer Gottesdienste, Predigten und pastoralen Aktionen von „Oberflächlichkeit", „mangelndem Tiefgang" und „geistlicher Dürre" sprechen? – Täuschen wir uns nicht: Wie Liebende sofort erkennen, ob einer, der über die Liebe spricht, aus eigener Erfahrung weiß, was Lieben und Geliebtsein ist, oder eben nur klug darüber redet, so erkennen von Gott Berührte sofort und schon von weitem, ob ein Prediger oder Katechet, sei es ein Pfarrer, eine Gemeindereferentin, ein Ehrenamtlicher oder ein Bischof, in seinem Herzen mit dem Gott *lebt*, den er da beredsam verkündet.

Ich möchte die Krankheit, um die es hier vor allem geht, in Anlehnung an den lateinischen Begriff „Ekklesialismus" (ecclesia = Kirche) den *Kirchismus* nennen. Gemeint ist das ungesunde Gegenstück zu echter Kirchlichkeit: eine Haltung und Lebenspraxis, die zwar (mehr oder weniger) auf die Belange der Kirche schaut, zu wenig aber von einer lebendigen Beziehung zum Haupt des Leibes Christi getragen ist. Mehr noch: Kirchismus ist eine Einstellung, in der es – auch wenn von Gott, vom Evangelium und von christlichen Werten gesprochen wird – eigentlich nicht um Jesus Christus und seine Botschaft an die Menschen geht, sondern zuerst um Ämter und Amtspersonen, um die Institution und ihre Strukturen. Kirchismus ist im kollektiv-kirchlichen Bereich, was auf der individuellen Ebene *Narzissmus* heißt: hier ein Kreisen um die eigene Person, da das Kreisen um „die Kirche"; und da wie dort hat diese Haltung in der Beziehungslosigkeit ihre Wurzeln. – Was echte Kirchlichkeit ist, lässt sich an der Herkunft unseres deutschen Wortes „Kirche" deutlich machen: Es ist aus dem griechischen Wort „kyriaké" hervorgegangen, das wiederum aus dem Wort „kyrios – der Herr" gebildet wurde. Die *kyriaké* ist *die Gemeinschaft der zum Herrn Gehörenden* – im

existentiell, als Christus-Beziehung und Gemein-
schaftsbeziehung gelebten Sinne. Für mich persönlich habe ich mir den Unterschied zwischen
Kirchismus und Kirchlichkeit so klar gemacht: Ich
bin nicht Priester der Kirche, sondern Priester *Jesu
Christi* – *in* der Gemeinschaft Kirche.

Was sind die Ursachen dieser Beziehungslosigkeit zwischen Haupt und Gliedern? Ob nicht eine
der sicherlich sehr vielfältigen Ursachen darin zu
suchen ist, dass wir Christen, zumindest in unserem Land, uns in den langen Jahrzehnten, in
denen wir uns gegen andere, vornehmlich kämpfe-
risch-atheistische und nihilistische Weltanschauungen behaupten mussten, angewöhnt haben, den
christlichen Glauben ebenfalls als bloße Weltanschauung zu betrachten, gewissermaßen als das
Gegenstück zu anderen Lebenseinstellungen? Ob
uns der Weg der Einigung nicht dadurch aus dem
Blick geraten ist, dass wir unser Christsein auf
„Glaubensüberzeugung", ja auf ein „Bekenntnis
zur Kirche" (im Sinne der Zugehörigkeit zu einer
Institution) reduziert haben? Oder, in Abgrenzung
zu nichtchristlichen Werte-Vorstellungen, gar auf
bloße Ethik, Moral, Brauchtum und Tradition?

Mit einem Gefühl aus Sorge, Bedauern und
Scham denke ich an meine Jahre in der Gemeinde-
und Jugendseelsorge zurück, in denen auch ich
den pastoralen Akzent wohl zu einseitig auf diese
Aspekte gesetzt habe ... Inzwischen konnte ich lernen, nicht zuletzt durch die Beschäftigung mit der
geistlichen Tradition der Kirche,

– dass im Mittelpunkt des christlichen Glaubenslebens nicht der Papst, die Bischöfe und der

Ordensobere stehen, sondern *der, dem sie in ihrem Amt* – wie ich in meinem – *dienen*;

– dass wir gemeinsam, ein jeder nach seiner Berufung, nicht die Lehre der Kirche zu verkünden haben, sondern *den, von dem die Lehre der Kirche spricht*;

– dass sich „glauben" nicht zuerst auf eine Weltanschauung und auf kirchliche Gebote oder Ideale bezieht, sondern auf eine *Person*, auf den Gott, der sich in Jesus von Nazaret offenbart hat (eine junge Ehefrau sagte mir einmal: „Ich lebe in meiner Ehe ja auch nicht mit einer Beschreibung über meinen Mann und mit einem Katalog von Ratschlägen für meine Partnerbeziehung – ich lebe mit Franz!");

– dass folglich die christliche Art, Mensch zu sein, erst in der *Gottesbeziehung* gefunden ist, um die der johanneische Jesus so sehnsuchtsvoll für uns betete;

– und dass sich daher kirchliche Pastoral nicht mit der Verkündigung von Glaubensinhalten und christlichen Werten begnügen darf oder gar nur mit der Organisation engagierten Gruppenlebens in der Gemeinde, sondern dass sie – wie es uns Priesteramtskandidaten der damalige Erfurter Pastoraltheologe Franz-Georg Friemel wiederholt ans Herz legte – *zu einer persönlichen Standortveränderung auf Jesus Christus hin anleiten* muss, zu dem Schritt hin also, den die geistliche Tradition das *Innere Beten* nennt.

Jedenfalls habe ich in dem Maße, wie mir dies alles klar wurde, meine *Liebe zur Kirche* gefunden.

Eine weitere Ursache des Kirchismus heute mag der schon lange anhaltende Schrumpfungsprozess

sein, vom Mitgliederschwund über den Seelsorger-
mangel bis zu den immer leerer werdenden Kas-
sen. Die berechtigte und verständliche Sorge um
das Wohl der Kirche führt leicht dazu, dass der
Blick auf das Haupt zu kurz kommt. Man kann
sich mit Eifer und unter Aufopferung aller Kräfte
für die vielfältigen Nöte der Kirche engagieren –
und doch Gott-los leben!

Eine ähnliche Wirkung hat die jahrhundertealte
Last der Kirchenspaltung, die gegenwärtig, allein
schon angesichts der Bemühungen um eine global
geeinte Welt, besonders bedrückend ist. Ohne Frage
wird jeder Gläubige, der an der Zersplitterung der
Christenheit leidet, um ein möglichst gutes ökume-
nisches Miteinander besorgt sein, ja sich den Ab-
bau von allem Trennenden zwischen den Konfessionen ersehnen. Aber auch diese Sorge kann in den
kirchistischen Horizontalismus führen. Ausdruck
dafür ist nicht zuletzt das o. g. verkürzte Verständnis des Abschiedsgebetes Jesu. Im Laufe meines
Lebens habe ich zu diesem Evangelientext viele
Predigten gehört, viele Hirtenbriefe (vor)gelesen
und so manches kirchliche Dokument studiert –
doch ich kann mich nicht erinnern, jemals *in diesem
Zusammenhang* einen Hinweis der Prediger und
Autoren auf das erste und grundlegende Anliegen
Jesu gefunden zu haben: auf die Notwendigkeit
einer persönlichen Gottesbeziehung als Voraussetzung aller kirchlichen Einheitsbemühungen. (Ich
meine nicht die gewiss immer wieder geäußerte
Aufforderung, für die Einheit der Kirche zu beten;
ich meine eine Hinführung zum Beten als Pflege
der Einheit mit Christus und seinem Abba-Gott!)

Verräterisch in dieser Hinsicht ist das gängige Verständnis der Worte, die der Bitte Jesu um das Einssein in Joh 17 folgen: *„... damit die Welt glaubt, dass du mich gesandt hast."* Wenn wir diesen zweimaligen Damit-Satz (in Vers 21 und 23) in dem Sinne deuten, dass eine – wie auch immer gedachte – Einheit der vielen Konfessionen dazu führen wird, dass sich die andersreligiöse oder religionslose Welt (wieder) zum Christentum bekehrt, zeigt sich auch darin ein kirchistisches Denken. Und eine gehörige Portion Realitätsferne dazu. Was im Abschiedsgebet gemeint ist, hat eine tiefere Dimension: Glauben an Jesus – oder wenigstens Interesse an ihm und seiner Botschaft – wird die „Welt" dann finden können, wenn sie an konkreten Menschen glaubhaft wahrnimmt, dass Gott nicht nur Gegenstand religiöser Überzeugung, sondern Wesensmerkmal einer anderen, anziehend wirkenden Lebensart ist. Nicht die geeinte Kirche, sondern *das Einssein eines Menschen mit Gott* führt andere zum (Interesse am) Glauben. Dass dieses Verständnis des frühkirchlichen Textes zumindest mitgemeint ist, wird klar, wenn wir die Gebetsworte Jesu wiederum ohne die „Ökumene-Brille" lesen: *„Wie du, Vater, in mir bist und ich in dir bin, sollen auch sie in uns sein,* damit die Welt glaubt, dass du mich gesandt hast." Hier geht es um das Zeugnis einer inneren Lebensgemeinschaft mit Gott! Nicht mit einem irgendwie gedachten Gott, sondern mit einem Gott, von dem ich glaube, dass ich so von ihm geliebt bin, wie sich Jesus selbst von ihm geliebt wusste: „... denn sie sollen eins sein, wie wir eins sind, ich in ihnen und du in mir. So sollen sie vollendet sein: in der Einheit, damit die Welt erkennt, dass du mich gesandt hast und sie (die Jüngerinnen und Jünger) liebst, wie du mich liebst." – Wenn eine solche Art, das Menschsein zu leben, sich dann auch in der Beziehung zu den Mitmenschen auswirkt – und zwar nicht nur zu den Glaubensgeschwistern in anderen Konfessionen, sondern über alle Grenzen der Kirchenzugehörigkeit hinaus –, wird das Zeugnis umso anziehender sein.

Andere, zu jeder Zeit aktuelle Ursachen für den Mangel an gelebter Gottesbeziehung haben mit dem Gottes- und dem Selbstbild zu tun, wovon bereits in den vorangegangenen Kapiteln die Rede war. Die Lebensart Jesu, die zutiefst vom Einssein mit dem Abba-JHWH geprägt ist, werde ich nicht finden können, wenn Gott der Ambivalente und damit auch der Angsterregende bleibt. Pointiert ausgedrückt: Mit einem solchen Gottesbild im Herzen werde ich vielleicht Gebete verrichten, aber nicht beten; die Liturgie gestalten, aber nicht den in der Liturgie gegenwärtigen Jesus Christus feiern; den Gottesdienst besuchen, aber mir nicht Gottes Dienst an mir und an unserer Welt vergegenwärtigen. – Und ein unheiles Selbstwertgefühl und Selbstbild wird zwangsläufig dahin führen, dass ich in der Kirche nicht Gott, sondern – im haupt- wie im ehrenamtlichen Dienst – die Anerkennung suche, nach der meine Seele noch hungert.

Kardinal Ratzinger, der heutige Papst Benedikt XVI., hat es auf den Punkt gebracht: „Die Kirchenkrise, wie sie sich in der Krise des Volk-Gottes-

Begriffs spiegelt, ist ‚Gotteskrise‘; sie resultiert aus dem Weglassen des Wesentlichen. Was bleibt, ist nur noch ein Streit um Macht. Den gibt es anderwärts in der Welt schon genug, dazu brauchen wir die Kirche nicht. Markus erzählt darüber am eindringlichsten. Auf dem Weg nach Jerusalem hatte Jesus den Jüngern zum dritten Mal von seinem künftigen Leiden gesprochen. In Kapharnaum angekommen, fragte er sie, worüber sie unterwegs miteinander geredet hatten. ‚Aber sie verstummten‘, weil sie darüber gesprochen hatten, wer von ihnen der Größte sei (Mk 9,33–37). Ist es nicht heute auch so? Während der Herr auf das Leiden zugeht, während die Kirche und in ihr er selber leidet, sind wir bei unserem Lieblingsthema, bei der Frage nach unseren Vorrechten. Und wenn Er unter uns hereinträte und uns fragen würde, was wir geredet haben, wie sehr müssten wir erröten und verstummen."[181]

Nur als „kyriaké" wird die Kirche die Bedeutung für die Welt haben, mit der sie vor zweitausend Jahren ausgesandt wurde. Nur als „ecclesia", als die Versammlung der „Herausgerufenen", in der ein jeder persönlich mit dem lebt, der da gerufen hat, wird sie das Gespür für die Präsenz des „Gott und Vaters Jesu Christi" wachhalten können in der multireligiösen und der religionslosen Welt. Ein lediglich zur *Kirche* Gehörender, der denjenigen nicht (mehr) oder nur sehr oberflächlich aus persönlicher Erfahrung kennt, den er verkündet – und sei er Pfarrer, Pastorin, Katechet, Bischof, Religionslehrerin oder Professor der Theologie –, mag mehr oder weniger interessante religiöse und ethische Diskussionsbeiträge liefern, aber er wird nichts von der *neuen Lebensart* vermitteln können, die zu *bezeugen* wir Christen in die Welt des 21. Jahrhunderts gesandt sind.[182]

## III.

Damit solche Einsichten nicht wieder nur gutge-meinte geistliche Theorie und Lehre bleiben, ist ein Schritt nötig. Der Schritt vom Kirchismus zum *Kirche sein.* Anders ist ein authentisches und ansprechendes Christentum und anders ist die Freude am Glauben nicht zu haben. Worin besteht dieser Schritt?

Ich weiß nur eine ehrliche Antwort, und die gebe ich mir, Reinhard, ebenso wie dem Bischof, der Katechetin, dem Ordens-Mitbruder und der jungen Ehefrau in der Kirchenbank: *Jetzt, aus dem Stand heraus, daran denken, dass Gott da ist, „du, Gott ...“ zu ihm sagen und den Lebensweg mit ihm gehen ...* – ab heute (wieder), ab jetzt.

Es ist wirklich ein kleiner, ganz einfacher, für jeden „machbarer“ Schritt. Ich muss nicht länger beten und nicht mein Gebetspensum erhöhen, ich muss nur an Gott *denken*, wenn ich bete. Nicht um Quantität geht es, sondern um die Qualität meines geistlichen Lebens.

Ich muss mir nicht andere, schöner formulierte Gebete suchen, ich muss nur *zu Gott hin* sagen, was ich da bete.

Ich muss die Liturgie nicht mit noch mehr Gottesdienst-Elemente – kreativen oder rubrikentreuen – gestalten. Worauf es ankommt, ist vor allem, dass ich mir den *vergegenwärtige*, dessen Gegenwart ich mit der Gemeinde feiere; nur so werde ich dazu beitragen, dass auch die Mitfeiernden *„aufmerken" zu ihm hin.*

Ich muss mir nicht mehr Zeit nehmen für Gott, ich muss ihn nur *mehr hineinnehmen in meine Zeit*, in die Freizeit, in die Gebetszeit (!) und in die Arbeitszeit, in die „Aktion" und in die „Kontemplation".

Ich muss mit ihm *reden*! Mit *ihm*, nicht mit dem Seelsorger zuerst oder einem geistlichen Begleiter, nicht nur mit den Kollegen im Pastoralteam, den Mitbrüdern in der Bischofskonferenz oder den Teilnehmern am gemeinsamen Bibelgespräch. Mit *ihm*! Und ihm *zuhören*. In ihm bleiben.

Wenn zwei oder drei das tun, sind sie Kirche – die *kyriaké*. Nicht die vollkommene, aber die authentische, die von Jesus so sehr ersehnte.

Der Astronaut, der als erster Mensch den Mond betrat, sagte: „Ein kleiner Schritt für mich, aber ein großer Schritt für die Menschheit!"

# VOM PSEUDO-CHRISTLICHEN

# ZUM EVANGELIUM

*„Derzeit ist die Kirche leider*
*mehr im Verdacht,*
*die Menschen zu verschrecken und*
*ihnen das Leben zu vermiesen,*
*als sie für Gott und*
*füreinander freizusetzen.*
*Diesem Grundverdacht muss*
*energisch entgegengewirkt werden."*

*Joachim Wanke*

## *„Den Weizen bringt in meine Scheune!"*

Religiös sein ist nicht in sich schon etwas Gutes.
Es kann den Menschen aufrichten, aber auch niederdrücken, es kann ihn reicher machen, es kann
ihn aber auch belasten und verbiegen. (Merkt er
es nicht selbst, so merken – und erleiden – es doch
die anderen.) Der Christ ist davon nicht ausgenommen. Nicht alles, was als „gut katholisch" oder
„ganz protestantisch" gilt, ist der Menschlichkeit
des Menschen förderlich. Denn in der Realität des
Glaubenslebens ist das Christliche nicht selten mit
dem Pseudo-Christlichen vermischt. Und das ist
nicht erst heute so.

Die Kirche hat, als Gemeinschaft konkreter Menschen, von Anfang an nicht nur das reine Evangelium verkündet. Sie hat ebenso auch Verhaltensweisen und Auffassungen weitergetragen, die nicht im ursprünglichen und eigentlichen Sinne christlich sind. Die Not aber, in der wir uns derzeit befinden, ist deshalb so groß und für viele von uns so bedrückend, weil wir die Erfahrung machen müssen, dass die Gabe, das eine vom andern zu unterscheiden, trotz des immensen Erkenntnisfortschritts in der Theologie und in den Humanwissenschaften so manchem unter den leitenden und einflussreichen Persönlichkeiten in Seelsorge und Verkündigung zu fehlen scheint. Der so oft beklagte „Plausibilitätsverlust" der Kirchen, nach innen und nach außen hin, hat darin eine seiner Wurzeln.

## I.

Jesus selbst hat Klartext über die Wirklichkeit des religiösen Lebens geredet. Vor seinem Gottes- und Menschenbild konnten bestimmte Denk- und Verhaltensmuster nicht bestehen. Er hat sie als unheilvoll entlarvt, im individuellen wie im strukturellen Bereich, und konnte dadurch viele, die ihm zuhörten, befreien und heilen. Zugleich aber hat er erleben müssen, wie hartnäckig sich althergebrachte Vorstellungen halten können und eingefahrene Gleise nicht gern verlassen werden. Auch diese Tatsache hat er beim Namen genannt. Das Evangelium vom Reich seines Gottes, das er aussät wie ein Bauer das kostbare Saatgut, kann „auf felsigen Boden fallen", es kann „von Dornen erstickt" und „von den Vögeln gefressen" werden.[183]

Und wo die Saat aufgeht, da wächst – auf demselben Ackerland – gleichzeitig mit dem „guten Samen" das „Unkraut" empor.

Gerade das *Gleichnis vom Unkraut im Weizen* – überliefert in Mt 13,24-30 – ist es wert, in diesem Zusammenhang einmal näher betrachtet zu werden. Es ist von bleibender Aktualität und spiegelt erhellend die Krise der Kirche wider, die seit Jahrhunderten schon andauernde wie die gegenwärtige. In seiner Interpretationsgeschichte, die bereits im MATTHÄUS-EVANGELIUM begann, zeigt sich zudem auch recht anschaulich, was aus den Worten Jesu werden kann, wenn der „neue Wein in alte Schläuche"[184] gerät.

Die kleine Parabel beginnt mit den Worten: „*Mit dem Reich der Himmel ist es wie ...*" Gemeint ist das „Reich Gottes", jenes zentrale Wort in der Verkündigung Jesu, das Matthäus fast immer das „Reich der Himmel" (in deutschen Übersetzungen: „Himmelreich") nennt, und die Rede ist hier, wie in den anderen Gleichnissen im selben Kapitel 13, vom Reich Gottes in seiner jetzigen, irdischen Gestalt.

Ein Landmann, so erzählt Jesus dann, hat Weizen ausgesät, und mit dem Weizen wächst auch das Unkraut heran, das ein feindlich gesinnter Nachbar heimlich über den Acker verstreute.

Die Zuhörer in Galiläa, mit dem Landleben vertraut, wussten damals selbstverständlich ganz genau, was Jesus hier in Gegenüberstellung brachte: den *Weizen*, das wertvolle Brotgetreide, das, anders als die genügsame Gerste, sehr guten Boden braucht, und – so wörtlich im griechisch überlieferten Text – den *Taumellolch* (zizanion). Nicht von „Unkraut" allgemein sprach Jesus nämlich, sondern von einer ganz bestimmten Unkrautart: von einem Gewächs, das damals im jüdischen Volk als „entarteter Weizen" galt.[185] Die Botaniker nennen es „Lolium temulentum", im deutschen Sprachraum ist es als Rauschgras, Tollkorn oder Schwindelweizen bekannt. Es ist ein Gras, das, so ein Experte, „dem jungen Weizen sehr ähnlich" sieht und auf dessen Körnern sich fast immer ein Pilz ansiedelt, der „das giftige Alkaloid Temulin $(C_7H_{12}N_2O)$" produziert.[186] Geraten die Lolchkörner in entsprechender Konzentration mit ins Mehl hinein, führt das zu „Schwindel und anderen unangenehmen Folgen, gelegentlich sogar zum Tod"[187]. Ebenso – das also will die Gegenüberstellung von Lolch und Weizen sagen – ist es mit dem Reich Gottes in dieser Welt: Da ist der gute, nahrhafte „Weizen", und dicht daneben, dem Echten und Nahrhaften sehr ähnlich, gedeiht das Giftige, Krankmachende und Tötende.

Aber die Geschichte geht weiter. Die Knechte kommen und fragen ihren Herrn: „Sollen wir gehen und den Lolch ausreißen?" – Ich stelle mir die Gesichter der Landleute aus Galiläa vor: Schallend gelacht werden sie haben, als Jesus das erzählte! Auf eine solche Idee, so werden sie einander zugerufen haben, können auch nur Tagelöhner aus der Stadt kommen! Oder aber Knechte, die ein Getreidefeld bisher nur von weitem gesehen haben. Natürlich kann man den Lolch nicht jäten! Man würde dabei das Getreidefeld zertreten und mit dem breitwurzeligen Lolch auch den Weizen aus dem Boden reißen. – Ein herrlicher Scherz, den sich Jesus da hat einfallen lassen! Und didaktisch sehr klug. Denn nun wissen die Zuhörer vom Lande ganz von selbst, wie die Erzählung weitergehen muss. Ihr Lachen über das Unverständnis der Knechte weckt das eigene Verstehen. Sie wissen sehr gut: Der Lolch muss ausgelesen werden, dann bei der Ernte; er kann, in dicken Bunden nach Hause getragen, bestenfalls noch zum Feueranzünden im Herd von Nutzen sein. So kannten sie es von Kindheit an.

Und auch der Schluss der kleinen Geschichte verstand sich für sie nun von selbst: Der Weizen, nur der saubere Weizen darf in die Scheune gebracht werden! Zum einen, damit keiner ins „Taumeln" kommt, sich den Magen verdirbt oder gar krank wird, wenn aus dem Mehl das Brot gebacken und verzehrt wird. Zum anderen, damit der Lolch, wenn ein Teil des Weizens im nächsten Jahr wieder ausgesät wird, sich nicht von neuem vermehrt.

Eigentlich verlangt dieses Gleichnis nach keiner weiteren Erklärung. Es ist „aus sich selbst heraus" verständlich (Hubert Frankenmölle)[188] und will sagen: Neben dem kostbaren „Weizen" des Reiches Gottes wächst immer auch der „Lolch" empor, der dem Echten und Kostbaren des Evangeliums auf den ersten Blick *zum Verwechseln ähnlich* sieht und doch *Gift* ist und krank macht – auf jedem

Acker: dem Acker der Welt, dem Acker der Kirche, dem inneren Ackerland des Menschenherzens.

Und diesem erhellenden Bild folgt im Schlusssatz, auf den die ganze Erzählung hinausläuft, die Moral von der Geschicht'. Sie hat ihre Gültigkeit auch heute, in der gegenwärtigen Krise des religiösen und kirchlichen Lebens: *Gebt Acht, was ihr in eure Scheunen bringt! Achtet darauf, wovon ihr euch und eure Kinder ernährt – und darauf, was ihr in Pastoral und Glaubensverkündigung aussät auf den Acker der Welt!*

Die Verse, die einige Zeilen später dem Gleichnistext folgen (in Mt 13,36-43), geben der Auslegung allerdings eine andere Deutungsrichtung vor. „Der gute Samen", so heißt es hier, „das sind die Söhne des Reiches; der Lolch sind die Söhne des Bösen." Das Gleichnis wird allegorisch – Bildelement für Bildelement – übertragen, und zwar so, dass die Ernte zum (apokalyptisch gedachten) Weltgericht wird, bei dem „die Gerechten im Reich ihres Vaters wie die Sonne leuchten", die anderen aber in den „Feuerofen" geworfen werden, wo sie „heulen und mit den Zähnen knirschen".

Bis heute bestimmt dieser Deutungstext die Auslegung des Gleichnisses in der kirchlichen Verkündigung. Selbst in der bibelwissenschaftlichen Exegese gibt es meiner Kenntnis nach bisher kein einziges Kommentarwerk, das bei der Erklärung des Gleichnisses nicht von dieser Deutung abhängig bliebe. Das verwundert, da doch in der Forschung ein breiter Konsens darin besteht, dass die Deutungs-Verse nicht auf Jesus selbst, sondern auf Matthäus zurückgehen (oder auf einen anderen frühchristlichen Interpreten, von dem sie der Evangelist dann übernommen hätte). „Gleichnis jesuanisch, Deutung sekundär ist die verbreitetste Auffassung", vermerkte bereits der katholische Exeget Joachim Gnilka in seinem Matthäus-Kommentar von 1986.[189] Einer der Gründe für diese inzwischen kaum noch angezweifelte Sicht ist die Feststellung, dass Jesus seine Beispielgeschichten niemals in der Form einer Allegorie erzählt hat.[190] Das kannte, zu seiner Zeit, die jüdische Erzählweise noch nicht. Die Allegorese[191] ist griechische Tradition und findet erst um die Mitte des 1. Jahrhunderts n. Chr. Eingang in die rabbinische Schriftauslegung. Unter ihrem Einfluss aktualisiert dann freilich schon Markus ein Saat-Gleichnis Jesu allegoretisch auf die frühchristliche Gemeindesitutation hin.[192] Matthäus übernimmt es von ihm samt der allegorischen Deutung (im selben 13. Kapitel[193]) und verfährt in gleicher Weise mit der Weizen-Lolch-Parabel. Schon die Herausgeber der EINHEITSÜBERSETZUNG (1979) erklärten dazu den Bibellesern: „Ursprünglich sind die Gleichnisse Jesu nicht als Allegorien gemeint, die Zug um Zug auf die Wirklichkeit übertragen werden können, sondern sie stellen jeweils als ein Ganzes einen Grundgedanken bildhaft dar."[194] − Eine zweite, ähnlich lautende und vermutlich einige Jahrzehnte später überlieferte Textversion derselben Parabel ist übrigens im sogenannten THOMAS-EVANGELIUM enthalten, das in den 1940er Jahren in Nag Hammadi (Ägypten) aufgefunden wurde; auch sie steht für sich und kennt eine allegoretische Deutung nicht.[195]

Sicher ist jedenfalls, dass die Deutung des Matthäus von den „Höllenpredigern" aller Zeiten zu Unrecht hergenommen worden ist, um den Gläubigen „die Hölle heiß zu machen". Denn das lag selbst dem Autor (oder Überlieferer) der Deutungs-Verse fern. Ihm ging es nicht, so erläutert z. B. der protestantische Exeget Ulrich Luz, um eine Einteilung der Menschheit in Unkraut- und in Weizen-Menschen; vielmehr „appelliert (Matthäus) an alle Menschen, inner- und außerhalb der Gemeinde, Weizen zu sein und nicht Taumellolch"[196].

Fatal bleibt dennoch, dass durch die allegorische Umdeutung, für die Matthäus in seiner Gemeinde ja durchaus aktuellen Anlass gesehen und berechtigten Grund gehabt haben mag, der ursprüngliche Sinn des Gleichnisses aus dem Blick geraten ist. Seine „Sinnspitze" liegt nicht in der Androhung des Gerichts. Auch nicht, wie von Matthäus beabsichtigt, in einer Gerichtsandrohung um der Ermahnung zum Guten willen.

Ebenso wenig liegt der Aussagesinn der Parabel in der Aufforderung, dem Urteil Gottes über die „Söhne des Bösen" nicht vorzugreifen – eine Auslegung, die heute in der Glaubensverkündigung gang und gäbe ist. So wichtig und richtig eine solche Belehrung der Sache nach ist: Sie bleibt doch der Deutung des Matthäus verhaftet, denn sie wird mit der Brille seiner Deutungs-Verse in das Gleichnis Jesu hineingelesen; die eigentliche Botschaft aber bleibt ungehört.

„Der Sämann sät das Wort", sagt Markus.[197] Das *Wort* (Gottes) sät er, nicht „Söhne des Reiches", unter die dann „der Teufel" die „Söhne des Bösen" ausstreut! Auch für Matthäus selbst ist der Same „das Wort vom Reich (Gottes)"[198]. Nicht anders darf folglich die Weizen-Lolch-Parabel ausgelegt werden. Steht sie doch bei Matthäus unmittelbar im Kontext des Gleichnisses vom Sämann. Der Weizen – das ist die Frohbotschaft Jesu von seinem Abba-Gott. Und der Lolch – das ist all das fromm und religiös sich Gebende, das dieser Gottesbotschaft zwar ähnlich sehen mag, den Menschen aber krank macht und zerstört.

*„Sammelt zuerst den Lolch und bindet ihn in Bündel, um ihn zu verbrennen; den Weizen aber bringt in meine Scheune"* – das ist die Pointe des Gleichnisses. Und in dieser Pointe liegt auch sein Aussagesinn.

Es soll also durchaus etwas voneinander geschieden werden: das Echte nämlich vom Unechten, das Nahrhafte vom Giftigen, das Christliche vom Pseudo-Christlichen.

Wache Christen wussten das, auch wenn sie sich dabei nicht mehr oder noch nicht auf das Weizen-Lolch-Gleichnis berufen konnten, immer schon, durch alle Jahrhunderte hindurch und von der Frühzeit der Kirche an. „Liebe Brüder, traut nicht jedem Geist, sondern prüft die Geister, ob sie aus Gott sind", mahnt der Verfasser des ERSTEN JOHANNESBRIEFES.[199] Auch in der späteren geistlichen Tradition des Christentums ist die „Unterscheidung der Geister" von Anfang an ein Hauptthema gewesen. Wir können den Weg der Einigung nur als einen *Weg der Reinigung* gehen, betonen die alten Meister, und das heißt: Wir müssen uns – als Einzelne, als Familie, als Gemeinde, als Ordenskonvent, als geistliche Gemeinschaft und als die ganze Kirche Jesu Christi – stets von neuem fragen: *Wovon ernähren wir uns, von „Weizen" oder von „Lolch" – und was geben wir als Nahrung weiter?*

Übrigens: Diesem ursprünglichen Aussagesinn des Gleichnisses bin ich nicht allein durch exegetische Studien auf die Spur gekommen. Von meinem Vater, einem alten Bauern aus Liebe und Leidenschaft, der aus seiner Jugendzeit die Lolch-Plage noch bestens kennt (heute ist sie durch chemische Unkrautbekämpfung beseitigt), habe ich gelernt, den wunderbaren Witz und Humor in dieser Parabel zu entdecken. Daraufhin erst erschloss sich mir, mit Hilfe der bibelwissenschaftlichen Literatur, das Gleichnis in seiner ganzen Aktualität.

Der lachende und scherzende Jesus wartet noch immer darauf, von uns Christen erkannt zu werden. An noch so mancher anderen Stelle in seinen Gleichnissen und Reden will er die todernst-feierlichen Mienen beim Vortragen und Hören der Evangelien zum Schmunzeln bringen – und zur tieferen Erkenntnis seiner *Froh*-Botschaft.

## II.

Es ist *„Zeit zur Aussaat"*. So betitelte die Deutsche Bischofskonferenz ein programmatisches Schreiben aus dem Jahr 2000. „Missionarische Pastoral", „missionarische Gemeinde" und „missionarisch Kirche sein", sind die großen Leitworte dieses vielbeachteten Dokuments.[200] Schreiben ähnlichen Inhalts richteten zur Jahrtausendwende auch die Arbeitsgemeinschaft Christlicher Kirchen[201] und die Synode der Evangelischen Kirche in Deutschland[202] an ihre Gläubigen. „Wir sind Missionsland geworden", mit diesem prophetischen Satz von Alfred Delp (geschrieben 1941!) beginnen die katholischen Bischöfe dann im Herbst 2004 ein gemeinsames Wort an die Gemeinden, in dem sie zur Mission aufrufen.[203] Selten habe ich einen Hirtenbrief so gern und ohne jeden inneren Vorbehalt im Gottesdienst verlesen wie diesen.

Es ist Zeit zur Aussaat! Mag auch der Anlass für eine so „spektakuläre pastorale Positionsbestimmung" (Matthias Sellmann)[204] die gegenwärtige Notsituation sein: Die Zeit ist wirklich reif, das Wort des Evangeliums auszusäen! So viele Menschen, kirchennahe und kirchenferne, getaufte und religionslose, hungern nach einer Nahrung, die die Seele nährt. Die Bischöfe und Kirchenleitungen wissen das. Ihre Situationsanalysen lassen meines Erachtens nichts zu wünschen übrig. Und mag der Begriff „Mission" auch mit vielen negativen, zum Teil sogar schrecklichen und für uns Christen beschämenden Erfahrungen belastet sein: Das damit Gemeinte ist das Uranliegen Jesu und der frühen Kirche – besonders ausdrücklich auch des Matthäus. Eine christliche Gemeinschaft würde ihre Identität verlieren, wüsste sie sich nicht mit einer Botschaft für alle Menschen in die Welt hinein gesandt.

Sehr betont nimmt ZEIT ZUR AUSSAAT Bezug auf das Bild vom Sämann[205] – es zieht sich wie ein roter Faden durch das gesamte Dokument – und auf das Gleichnis von der selbstwachsenden Saat[206]. Die „Gelassenheit des Sämanns ..., sein Vertrauen in die Kraft des ausgestreuten Samenkorns und schließlich seine Bereitschaft, sich nicht durch Bedenken oder mangelnde Erfolgsaussichten vom Werk der Aussaat abbringen zu lassen"[207], wird den Christen von heute ermutigend vor Augen gestellt. „Ohne Bedenken", so heißt es da, „wird das Korn ausgesät: Im Vertrauen auf eine gesunde Erde, die wohlwollende Natur und den Segen von oben, der die Saat wie von selbst wachsen lässt."[208] Immer wieder wird die Frage nach der Beschaffenheit des *Bodens* gestellt, auf den der Same fällt: „Wie und wo findet das Evangelium in einer Gesellschaft, die manchmal durch die Überfülle von Angeboten und Bedürfnissen, Gütern und Wünschen geprägt ist, den guten Boden, um zu wachsen, zu reifen und Frucht zu bringen?"[209] Und auch dieser Hinweis fehlt nicht: „Selbstverständlich wissen die Christen, dass sie unvollkommen und sündhaft sind und dass manches ausgesäte Korn durch schuldhaftes Handeln auf harten Boden oder unter Dornen fällt."[210]

Nur eines fehlt in diesem Text, wie ebenso in den Dokumenten der Evangelischen Kirche und der Freikirchlichen Gemeinden: das dritte Saatgleichnis Jesu, das vom Taumellolch im Weizenfeld. Und damit die Frage nach der Beschaffenheit des *Saatgutes*, das wir da aussäen (sollen) in die Herzen der Menschen von heute hinein.

Ohne Zweifel: Unsere Scheunen sind voll von kostbarstem Weizen, und wer sich dessen bewusst ist, ja wem das Brot des Evangeliums zur unverzichtbaren und besten Nahrung für Zeit und Ewigkeit geworden ist, der wird – ohne sich aufzudrängen oder gar anzubiedern – mit allen in der „religiös ausgehungerten Öffentlichkeit" (EKD-Text)[211] teilen wollen, was er für sich selbst gefunden hat.

Aber auch das ist wahr: In unseren Scheunen ist der Weizen mit dem Lolch gemischt. Und mit mancherlei Unkräutern mehr. Das Religiöse mit dem Pseudo-Religiösen und das Christliche mit dem Pseudo-Christlichen.

Die Ursachen sind vielfältiger Art. Zum Teil wurden sie in den vorangegangenen Kapiteln bereits angesprochen. Ihnen im Einzelnen nachzugehen, würde hier den Rahmen sprengen. Auf wissenschaftlicher Ebene ist dies nicht zuletzt die Aufgabe der Geistlichen Theologie und der Religions- und Pastoralpsychologie. Die Geistliche (oder Spirituelle) Theologie fragt nach Ursachen, die sich aus Fehlformen geistlichen Tuns und aus Fehlauffassungen von christlicher Spiritualität herleiten; die Pastoralpsychologie schaut auf die (meist unbewussten) Motive und inneren Einstellungen, aus denen heraus ein Mensch religiös lebt und handelt. Beide Fachrichtungen der Glaubenswissenschaft ergänzen einander, so wie sich das Psychische und das Spirituelle auch im Menschen gegenseitig bedingen und sich das eine auf das andere heilvoll oder unheilvoll auswirkt.

Manches Gemisch lagert als Altlast seit Jahrhunderten schon in unseren Speichern und wartet darauf, gereinigt zu werden. Anderes stammt aus jüngster Ernte, eingebracht in einer Zeit des Relativismus, in der viele Menschen ihr „Brot" aus allem backen, was auf den Feldern des „Religiösen" und „Spirituellen" wächst; eingebracht auch aus den Früchten einer konservativ-bewahrenden Gegenwehr, der es nur allzu oft an geistlicher und theologischer Tiefe mangelt.

Und das betrifft, in den alten wie in den jüngeren Lagerbeständen, die *Glaubenslehre* wie die *Glaubenspraxis*.

Viele Unkrautpflanzen sind der Kirche seit Jahrhunderten bekannt. Viele haben, auch in der theologischen „Botanik", längst einen lateinischen Namen erhalten, wurden unter die Gattung der *Häresien* gezählt und könn(t)en identifiziert werden, wo immer sie auftreten in der weiten Welt. Und sie treten auf, beharrlich und stets wieder neu, wie Unkraut es eben an sich hat.

Die widerstandsfähigsten Unkräuter wachsen im Bereich der Glaubens*praxis*:

Nirgends kann das Unkraut im Weizen so gut gedeihen wie im Gewand von Kirchlichkeit und Frömmigkeit. Seit Jahrzehnten schon weisen katholische und protestantische Theologen darauf hin, dass die Kirchenleitungen zwar immer eifrig über die Ortho*doxie*, die rechte Glaubenslehre, gewacht, die theologische Reflexion über die Ortho*praxie*, den ganzen Bereich der Frömmigkeit und des geistlichen Lebens dabei aber arg vernachlässigt haben.[212] Diese Vernachlässigung hat dazu geführt, dass die „kryptogamen", unerkannt bleibenden Häresien im praktischen Glaubensleben unbesehen weitergetragen werden. „Auf raffinierte Weise verborgen", können sie, so schreibt Fernando Urbina, ein spanischer Theologe, „Geist und Stil ganzer religiöser und apostolischer Bewegungen beeinflussen, so dass (diesen Gemeinschaften) trotz großer Ausbreitung und großen Erfolges in der Aktion ein Handeln eigen ist, das von der Wurzel her entstellt ist, da es nicht mehr um den Geist des Evangeliums geht, sondern um ‚Macht und Ehre' dieser Welt."[213] Das religiöse Klima einer ganzen Gemeinde, einer Ordensgemeinschaft, ja eines Bistums oder einer Landeskirche kann von solchen Fixierungen her verdorben und vergiftet sein.

Geradezu „gebündelt" kann der Lolch in geistlichen Gemeinschaften auftreten, sowohl in alten, traditionsreichen als auch in neu entstandenen der Gegenwart. Deren jeweiligen Lebensidealen und spirituellen Akzenten entsprechen oft spezifische Irrauffassungen, den Lichtseiten auch erhebliche Schattenseiten, wie so viele Beispiele – im katholischen wie im protestantischen und freikirchlichen Raum – bis heute zeigen. (Auch meine Ordensgemeinschaft, der Teresianische Karmel, ist davon nicht ausgenommen.) Das sollten diejenigen Bischöfe und Verantwortlichen in den Kirchenleitungen bedenken, die ihre Hoffnung für eine Erneuerung des Christentums allzu unbesehen auf die (neuen) geistlichen Bewegungen setzen.

Da ist zum Beispiel die *Leistungsfrömmigkeit*, theologisch unter Namen wie „Pelagianismus", „Werke-Frömmigkeit" oder „Jansenismus" bekannt: eine Glaubenspraxis, die aus Gott eine Art Geschäftspartner macht, der seine Gaben – seine Liebe, seine Vergebung, die Gebetserhörung ... – nach dem Maß unserer „Verdienste" oder der Anzahl der Gebete und der Beter austeilt.

Da ist der *religiöse Utilitarismus*, eine Haltung, die – so hat sie Meister Eckhart (1260-1328) in einer Predigt karikiert – Gott als „Kuh" betrachtet, für die man sich eigentlich nur „wegen der Milch und wegen des Käses und überhaupt wegen des eigenen Nutzens" interessiert.[214] Diese Haltung des Benutzens und Ausnutzens Gottes findet sich auch in modernen Formen der Religiosität wieder, zum Beispiel im „Sich-Zunutze-Machen ‚göttlicher Energien' in selbstverwirklichungsorientierten Meditationsprogrammen" (Jürgen Werbick)[215].

Und da ist der *Formalismus*, der – so Johannes vom Kreuz schon vor 450 Jahren – das „Vertrauen mehr auf die haargenaue Verrichtung als in das Lebendige des Betens"[216] setzt. „Und in das Lebendige des Liturgiefeierns", wäre hier zu ergänzen.

Da ist der *Dualismus*, eine Pflanze, die der Kirche seit dem 1. Jahrhundert schon ihr kostbares Saatgut verdirbt. Seinen vielen Spielarten ist die Haltung gemeinsam: Gott ist gut, die Welt ist schlecht – und „Gott" ist dabei alles, was religiös und kirchlich ist, „Welt" ist alles, was nicht kirchlich ist.

Da ist der *Sakramentalismus*, der aus den „Zeichen der Liebe Gottes", die wir empfangen, *weil* wir geliebt sind, die *Bedingung* für Gottes Heilshandeln an den Menschen macht.

Da ist der schon genannte *Ekklesialismus*, eine „Kirchlichkeit", der Strukturen und Ämter, Traditionen und Bräuche wichtiger geworden sind als

Gott und die Menschen, weil zu beiden die wirkliche, gelebte Beziehung fehlt, die doch die Kirche, auch wenn sie immer das unvollkommene, das „wandernde Volk Gottes" bleibt, erst zur *Kirche* macht.

Da ist der *Altruismus*, jene missverstandene Nächstenliebe, mit der man sich „aufopfert" für den anderen und ihn mit einer „Liebe" überschüttet, die ihm die Freiheit und die Würde nimmt.

Und da ist, geradezu als ein Markenzeichen christlicher Gemeinschaften, die nicht weniger missverstandene *„christliche Liebe"*, die um der „Harmonie" willen – nach innen wie nach außen hin – Konflikte oder begangenes Unrecht „mit dem Mantel der Liebe" zudeckt, damit aber deren Aufarbeitung verhindert und so die Beziehungen vergiftet.

Alle krankmachenden Pflanzen aufzuzählen und detailliert zu beschreiben, einschließlich ihrer Symptome und ihrer Folgen, würde wohl ein dickes Kompendium füllen.[217]

Ihren Nährboden finden diese Fehlformen der Glaubenspraxis in der Regel in einem (verschuldeten und unverschuldeten) Mangel an Liebeserfahrung und, als Folge davon, in mangelnder menschlicher Reife, in Ich-Bezogenheit und ängstlicher Enge – und so oft, wie Tilmann Moser in seinem Buch GOTTESVERGIFTUNG bekennt, in „kindlichem Unglück"[218].

Ihren Dünger aber erhalten die Unkräuter des religiösen Lebens nicht zuletzt aus den Fehlauffassungen in der Glaubens*lehre*:

Und da ist es vor allem, wie schon dargestellt, das *ambivalente Gottesbild*, das – weil es den „Gott und Vater Jesu Christi" aus der Mitte des Glaubens verdrängt hat – zum Ausgangspunkt vieler verhängnisvoller Missverständnisse geworden ist.

Zum Lolch im Weizen der Glaubenslehre gehören zum Beispiel die *Opfer- und Sühnevorstellungen* in der Deutung des Kreuzestodes Jesu. Was in den neutestamentlichen Schriften als hermeneutisches Interpretament, d. h. als Deutungshilfe für damalige Judenchristen, den Tod Jesu als Erlösertod zu verstehen, verwendet wird, ist im Laufe der Geschichte zur Glaubenslehre selbst geworden.[219] Die Rückwirkungen auf das Gottesbild und die Auswirkungen auf das Leben der Christen sind bis heute in allen Konfessionen verheerend. Dass die Opfer- und Sühnepraktiken der Religionsgeschichte, die diesen biblischen Deutungshilfen zugrunde liegen, bereits durch die Propheten Israels in Frage gestellt und von Jesus überwunden wurden, nehmen leider auch manche Theologen (noch) nicht wahr.

Zum Lolch im Weizen der Glaubenslehre gehört, um ein weiteres Beispiel zu nennen, auch die Art und Weise, wie so mancher Prediger von den „letzten Dingen" spricht und Gläubige über Himmel, Hölle und Fegefeuer, über Gericht und ewiges Leben denken. Wenn auch die Zeit der „Höllenpredigten" hinter uns liegt, so ist doch nicht zu übersehen, dass – in gegenläufigem Pendelausschlag – über kein Glaubensthema farbloser gedacht und formelhafter gesprochen wird wie über das Ziel des menschlichen Lebens. Dass ein solches Saatgut alles andere als gefragt ist und materialistische oder reinkarnatorische Deutungen selbst vielen Christen überzeugender – und für das Leben hilfreicher – erscheinen, ist nur verständlich.

Vieles noch wäre zu nennen, was das Brot des Glaubens, der Liebe und der Hoffnung verdirbt. Viele „Abschiede von überlieferten Glaubensvorstellungen", wie sie etwa, hier vor allem im Blick auf das protestantische Christentum, der evangelische Theologe Klaus-Peter Jörns aufgelistet hat, sind notwendig, wenn sich „das Christentum aufschwingen will zu ... dem ihm eingegebenen Bild von sich selbst", ja sich besinnen will „auf seinen Kern, der mit Jesus Christus vorgegeben ist".[220]

Dem Pseudo-Christlichen ist letztlich alles zuzurechnen, was das Antlitz Gottes, der sich in Jesus als „die Liebe"[221] offenbarte, verstellt und verzerrt, und alles, was dazu führt, dass wir uns, wie Paulus schreibt, „immer noch fürchten"[222] müssen. „Die Bibel spricht von einem guten Gott. Und dieser gute Gott ist der Vater aller Menschen. Wenn man diesen Gedanken konsequent durchdenkt", sagte kürzlich in einem Rundfunk-Interview der katholische Professor für neutestamentliche Exegese in Luzern, Walter Kirchschläger[223], „und auch die biblischen Texte dazu mal ernst nimmt, dann müssten wir vieles aus unserer Verkündigung in den Hintergrund rücken, also diese ganze Strafverkündigung, die wir sehr gerne praktiziert haben, was im Prinzip ein pädagogischer Missbrauch Gottes ist." Das setze freilich einen ernsthaften Umgang mit der Bibel voraus: „Wenn wir kleine Kinder sind, lernen wir zuerst Dreirad fahren, später lernen wir Fahrrad fahren, allmählich steigen wir dann von den zwei Rädern auf vier Räder um, und dann lernen wir Auto fahren. Die Art und Weise unserer Bibellektüre jedoch bewegt sich weitgehend oder in sehr vielen Fällen auf der Ebene von Dreirad bis Zweirad fahren. Aber Auto fahren mit der Bibel tun wenige Menschen." Es gehe dabei „nicht um Bildung, sondern um Bibelbildung. Ich möchte das betonen, damit ja nicht der Eindruck entsteht, um Bibel zu lesen, müsse man gelehrt sein. Nein! Es genügt Hausverstand, und es genügt, wenn wir für die Bibellektüre jene Mühe aufwenden, die wir in unserem täglichen Leben an den Tag legen." Und gerichtet an die Theologenzunft und an die Kirchenleitungen fügt der Neutestamentler hinzu: „Da begehen wir, denke ich, Fehler, da begehen wir Nachlässigkeiten, da ist es Aufgabe der Theologie, neue Sprachentwürfe, neue Sprachmodelle zu gestalten. Da ist es aber dann auch Aufgabe des Leitungsamtes in der Kirche, sich mit diesen Entwürfen auseinander zu setzen, nicht sie ganz einfach wegzuschieben als nicht ganz orthodox, sondern sich damit auseinander zu setzen und das Brauchbare davon in die Verkündigung zu übernehmen."

Wohlgemerkt: Es ist nicht das Evangelium, und es sind nicht die Dogmen und Glaubenswahrheiten, die der Korrektur bedürfen; es ist die *Auslegung* der biblischen Botschaft und das *Verständnis* der aus ihr hergeleiteten Glaubenslehren, die dringend einer Reinigung bedürfen.

Warum denn stehen Glaube und Kirche in der Öffentlichkeit, bei aller Anerkennung der kirchlichen Leistungen im sozialen und kulturellen Bereich, so niedrig im Kurs? An der vielbeschworenen Unfähigkeit des modernen Menschen zur Transzendenz ist sicherlich etwas dran. Aber kann es nicht auch sein, dass unsere Landsleute eine gesunde Nase haben und sich die muffig riechenden Sprüche, die wir Glaube nennen, schlicht und einfach vom Leibe halten? Wie sie, gemessen an früheren Zeiten, sensibler geworden sind für alles, was der körperlichen Gesundheit dient oder schadet, so nehmen sie auch wacher wahr, was der Gesundheit der Seele und dem gesunden Miteinander abträglich oder förderlich ist. Das ist erfreulich, und ich sehe auch darin den Geist Gottes am Werk. − Bevor wir also auch nur einem einzigen Mitmenschen die Fähigkeit zur Transzendenz absprechen, sollten wir uns genauer ansehen, ob es wirklich die Reich-Gottes-Botschaft ist, die wir ihm da als Alternative zu seinem „Unglauben" anbieten. Und bei alldem sollten wir bedenken: Wir Christen haben nichts in der Hand, keinen Gottesbeweis und kein einziges Argument, das den, der nicht glauben kann oder möchte, zum Glauben bringen wird. Wir haben nur eins: *das, was der Glaube aus uns macht.* „Das Zeugnis des Wortes, das zur Zustimmung des Herzens und damit zur Glaubenszustimmung führt, vermag seine Kraft nur zu entfalten, wenn es vom Zeugnis des Lebens mitgetragen wird" (Zeit zur Aussaat).[224]

„Derzeit ist die Kirche", so schreibt Bischof Joachim Wanke (Erfurt) in einem Brief, der dem Dokument der Bischofskonferenz angefügt ist, „leider mehr im Verdacht, die Menschen zu verschrecken und ihnen das Leben zu vermiesen, als sie für Gott und füreinander freizusetzen. Diesem

Grundverdacht muss energisch entgegengewirkt werden."[225] Wir müssen das Saatgut reinigen, das wir aussäen, und das Mehl prüfen, mit dem wir das Brot backen, von dem wir uns und andere ernähren.

Das *Kriterium* für die Echtheit des Christlichen ist nicht das Aufgehen der Saat. Weizen und Lolch gedeihen gleichermaßen gut auf dem Ackerland der Menschenherzen, wobei „auf allen Böden Pseudoreligion anscheinend leichter und besser anwächst als echte Religion" (Eckhard Türk)[226] – auch das gehört zur Realität unserer Gesellschaft am Beginn des dritten Jahrtausends. Maßstab und Unterscheidungskriterium in der Schriftauslegung wie im Verständnis der Glaubenslehre kann allein die Mitte der Gottesverkündigung Jesu sein: *der Gott der grundlosen, bedingungslosen, herausfordernden und heraus-fördernden Liebe.* – Und zur „ersten Hilfe" kann die Grundregel dienen, die die geistliche Tradition der Kirche bereithält, ja die schon der gesunde Menschenverstand uns lehrt: *Zum „Weizen" gehört, was nährt, was aufbaut und was heilt; dem „Unkraut" ist zuzurechnen, was den Hunger nach Wahrheit nicht stillt, was gekünstelt und gestelzt daherkommt, was Angst und eng macht und was deformiert.*

Religiös leben, christlich verstanden, heißt nicht, bei Gott etwas erreichen und von Gott etwas haben wollen oder mit den Mitteln der Religion, mit Gebet, Aszese und Meditation sich selbst finden wollen, sondern: *mit Gott leben – einfach, weil so zu leben in sich ein hoher Wert ist! Weil dieser Gott es wert ist!* Der Mensch wird dabei nicht zu

kurz kommen, im Gegenteil: Erst diese unver-
zweckte Art, religiös zu sein, macht ihn frei, macht
den Menschen zum Menschen. Alles andere hält
ihn im Knechtsdasein – und degradiert Gott in der
Tat zur „Milchkuh"! Der Weizen – das ist die Art
von Glaube und Spiritualität, die zuallererst, vor
jeder Theologie und vor jeder Frömmigkeitsform,
Gott die Liebe glaubt, die er zu uns – zu mir – hat.
Es ist die Art von Menschsein, die auf den „Gott
und Vater Jesu Christi" baut und ihn zum Lebens-
gefährten zu machen wagt, in guten und in leidvol-
len Tagen.

## III.

Und der jetzt mögliche und nötige Schritt? Was wir
tun können, ist dies: *den Reinigungsprozess anstre-
ben*, der in eine zwar immer menschlich-unvoll-
kommene, aber ehrliche und echte Gottesfreund-
schaft führt. Das sind wir uns selbst schuldig und
unserem in Jesus von Nazaret Mensch gewordenen Gott. Das ist auch das Wichtigste, was wir tun
können, um dem für so viele Menschen hierzulande nichtssagend und sogar abschreckend gewordenen Glauben das authentische Gesicht wiederzu-
geben.
   Dazu braucht es, so sagen die Meister des geistlichen Lebens, eine wachsame Unterscheidung der
Geister, aber ebenso auch den Mut, das Unkraut
beim Namen zu nennen. Und eine *gesunde Aszese*,

die sich um des Echten willen vom Unechten trennt – Gott zuliebe, der Gesundheit der eigenen Seele zuliebe und denen zuliebe, die wir, in welcher Form und Funktion auch immer, begleiten und „missionieren".

In meinen Exerzitienkursen gebe ich gelegentlich den Rat, einmal alle religiösen Vorstellungen, die niederdrücken und Angst machen, danach zu überprüfen, ob sie mit dem Gottes- und Menschenbild Jesu vereinbar sind oder ihm widersprechen; eine solche „Inventur" sollte alle Mühen wert sein. „Was Sie guten Gewissens als unvereinbar mit dem ‚Gott und Vater Jesu Christi' erkennen", so sage ich den Kursteilnehmern, „das schreiben Sie auf einen Zettel. Lesen Sie es – betend – Jesus, dem auferstanden Gegenwärtigen, vor. Und dann: Zerreißen Sie das Blatt! Gemeinsam mit ihm."

Wenn mir zu solcher Aszese der Mut fehlt, sollte ich mein Unkraut wenigstens nicht dem Nachbarn über den Acker blasen. Und wenn ich das kleine Stück Gartenland gieße, das mir anvertraut ist – mein eigenes Herz und die Herzen derer, die mit mir und von mir leben – sollte ich darauf achten, dass ich die Wasserkanne wenigstens nicht über das Unkraut halte ...

*„Das Reich Gottes ist euch*
*auf den Leib gerückt!"*

*Heinz Schürmann*

# *Das Reich Gottes –*
# *in meiner Hand*

Fünf kleine Schritte in einen großen Glauben.
Warum *fünf?* Und warum *nur* fünf? Es ist wahr, ich
hätte auch von sieben Schritten sprechen können,
von fünfzehn oder fünfundzwanzig sogar. Noch
um viele Seiten hätte dieses Buch erweitert werden können. Längst nicht alle Not, unter der wir
Christen heute leiden, ist zur Sprache gekommen,
und längst nicht alle Schritte, die Jesus und die
frühe Kirche uns weisen – sehr konkrete Schritte!
–, sind hier aufgezeigt worden. Aber die Fünf-Zahl
ist nicht ohne Grund gewählt:

Als man im Volk Israel begann, sich an den
Zehn Geboten zu orientieren – lange, bevor sie als
göttliche Weisung in den beiden biblischen Fas-
sungen niedergeschrieben wurden[227] –, nahm man
die *zehn Finger* zu Hilfe, um sie sich zu merken
und sich ihrer immer wieder zu erinnern.[228] Wie

die „Zehn Worte"[229], so sollen auch diese „fünf kleinen Schritte in einen großen Glauben" an den Fingern abzählbar sein und leicht erinnert werden
können. – Die Zehn-Zahl der Gebote ist freilich
auch „als symbolische Zahl der Vollständigkeit"[230]
zu verstehen. Um Vollständigkeit aber war ich in
meinen „Exerzitien-Anleitungen" nicht bemüht.
Darum sollen hier die Finger *einer* Hand genügen.
An der zweiten Hand mögen Sie, lieber Leser und
liebe Leserin, sich darüber hinaus Ihr eigenes,
ganz persönliches „Einübungsprogramm" gestalten, das Ihnen hilft, Schritte in ein Christsein vom
Ursprung her zu gehen.

Ich selbst halte mir die fünf Schritte in die
christliche Art, Mensch zu sein, gern folgendermaßen präsent:

• Denke größer von Gott, sage ich mir am *Daumen*
meiner Hand; denke nie kleiner und geringer von
ihm, als dass er der „Gott und Abba Jesu Christi",
der Gott grundloser, bedingungsloser, absoluter
Liebe ist! Wie meine Hand nicht richtig greifen
könnte, hätte ich den Daumen nicht – schon ein
paar Testübungen auf dem Schreibtisch machen
mir das bewusst –, so würde ich deine Botschaft,
Jesus, nicht „begreifen" können, fehlte mir ihre
Mitte und ihr Angelpunkt ...

• Höre, Reinhard! Das merke ich mir am *Zeigefinger*, und wie ich mit ihm auf die Dinge um mich
herum, auf eine Zeile im Buch oder aus dem Fenster hinaus in die Landschaft weise, so weist du, Heiliger Geist, mich Stunde um Stunde und Tag um Tag

mit deiner Weisheit immer tiefer in das Geheimnis des Lebens hinein. Zuhören will ich dir ...

• Der *Mittelfinger* ragt über die anderen Finger hinaus. Er erinnert mich, Abba-Vater, an meine Würde vor dir. Nie wieder krümmen und demütigen will ich mich lassen, weder von den Blicken anderer noch von meinen Selbstverurteilungen, und von keinem Götzen, der dein Antlitz verstellt. Aufrecht stehen will ich vor dir, Abba, als dein geliebter Sohn, und an deiner Seite gehen, Jesus, der du mich – obwohl du alles über mich weißt – deinen Freund nennst und nicht Sklave, Tagelöhner oder Knecht. Dann wird auch meine Achtung anderen gegenüber echt sein, frei von Eigennutz ...

• Am nächsten Finger tragen Eheleute den Ring, den sie einander ansteckten als Zeichen ihrer Liebe und ihrer Treue. Am *Ringfinger* verinnerliche ich mir, dass ihr, Abba, Jesus und Heiliger Geist, mich jetzt und ewig mit eurer Liebe umschließt. Und dass ich meinerseits in eurer Liebe bleiben und immer wieder von neuem in sie zurückkehren will – nicht indem ich nur über euch rede, sondern indem ich das Gespräch mit euch suche von Ich zu Du ...

• Für den *kleinen Finger* bleibt der fünfte Schritt. Eine Hand voll Weizen könnte ich nicht festhalten, die Körner würden mir aus den Fingern rinnen, hätte ich den kleinen Finger nicht, um unter dem Ringfinger den Hohlraum der Hand zu schließen. Deinen Weizen, Jesus, den du auf den Acker der

Welt aussätest, möchte ich bewahren, für mich und für alle, die von ihm haben möchten durch mich. Und sorgsam will ich immer wieder die Lolchkörner auslesen aus dem kostbaren Brotgetreide in meiner Hand ...

*„Die Zeit ist erfüllt, das Reich Gottes ist nahe. Kehrt um – denkt größer –, und glaubt an das Evangelium (über Gott)!"*, rief Jesus den Leuten in Galiläa zu.[231] Das griechische Verb „engiken", das in den meisten Bibelausgaben mit „ist nahe" übersetzt wird, meint, so weiß die wissenschaftliche Exegese heute, eher eine „räumliche" als eine zeitliche Nähe, oder besser: ein *wesenhaftes* Nahesein. Ich erinnere mich, wie der Erfurter Neutestamentler Heinz Schürmann (gest. 1999) von der „Wesensnähe" des Gottesreiches sprach und uns in einer Vorlesung den Sinn dieses Jesuswortes mit der etwas freieren Übertragung verdeutlichte: „Das Reich Gottes ist euch auf den Leib gerückt!"

Aufschlussreich war für mich auch die Auskunft der Sprachforschung. Das griechische „engiken", so erläutert ein Fachmann, bedeutet von seinem Wortstamm (engys) her: *„ist in der Hand befindlich".*[232] – Das Reich Gottes – in meiner Hand!

# Anmerkungen

1     Internetseite von RADIO VATICAN, Meldung am 12. 4. 2004.

2     Konfessionslos! Eine neue Konfession?, in: *D. Cyranka / H. Obst (Hg)*, „... mitten in der Stadt". Halle zwischen Säkularisierung und religiöser Vielfalt, Halle 2001 (199-212) 211.

3     Vom Zusammenleben der Religionen in Deutschland. Probleme, Konflikte, „schonender Ausgleich", in: ZUR DEBATTE 4/2004 (28-30) 28.

4     Laut Umfrage des ALLENSBACHER INSTITUTS FÜR DEMOSKOPIE im November 2001 finden sich die Kirchen unter den „Hoffnungsträgern", denen die Bevölkerung zutraut, die Gesellschaft voranzubringen, auf dem 11. Platz einer Zwölferliste wieder; s. in: Trendmonitor „Religiöse Kommunikation 2003", hg. v. *Institut für Demoskopie Allensbach u. der Medien-Dienstleitung GmbH München*, München 2003, 16.

5     AaO. (s. Anm. 3) 28.

6     *M. Spieker*, Gespaltenes Missionsland, in: *B. Vogel (Hg.)*, Religion und Politik. Ergebnisse und Analysen einer Umfrage, Freiburg i. B. 2003 (92-126) 100; vgl. auch die tabellarischen Umfrage-Ergebnisse und die weiteren Kommentare in diesem Band.

7     Lk 12,32.

8     Vgl. Offb 2,3f.

9     Mk 6,34.

10    Kirche: Fremde Heimat?, Unterrichtshilfen/ImpulseHefte, hg. v. *Erzbistum Köln*, Heft 2/2003, 4.

11    Joh 15,15.

12    Der Jubelsenior (von 1797), in: *Jean Pauls* Sämtliche Werke, Bd. 1/5, 471; wörtlich: „Bücher sind nur dickere Briefe an Freunde; Briefe sind nur dünnere Bücher für die Welt."

13    Zt. nach: *G. Lohfink*, Braucht Gott die Kirche?, Freiburg ⁵2002, 379.

14    Wort. Wo bist du? Gedichte, Tübingen 2000, 98.

15    Die Dunkle Nacht (s. Anm. 137), II 16,8.

16    Siehe dazu: *I. Cabraja*, Der Gedanke der Umkehr bei den Synoptikern, St. Ottilien 1985, sowie die Zusammenfassung des gegenwärtigen Forschungsstandes in: *B. Lang*, Art. Umkehr, in: Neues Bibel-Lexikon, hg. v. *M. Görg u. B. Lang*, Bd. 3, Benziger 2001, 953-958.

17    Vgl. *B. Lang*, ebd. 955.

18    Röm 12,2.

19    Ist die Bibel richtig übersetzt?, Bd. 1, Gütersloh ⁶1986, 117f.

20    Vgl. *B. Lang*, aaO. (s. Anm. 16) 955.

21    Mk 1,14.

22    Jesus als messianischer Lehrer der Weisheit, in: *M. Hengel u. A. M. Schwemer*, Der messianische Anspruch Jesu und die Anfänge der Christologie, Tübingen 2001 (81-131) 88.

23    Ps 103,17f.

24    Ps 145,20.

25    Ex 20,5f; Dtn 5,9f.

26    Mt 3,7; Lk 3,7.

27    Lk 3,9.

28    Mk 1,4.

29    Lk 3,21.

30    Vgl. Mt 10,16.

31    Gen 8,11.

32    Hld 1,15; 4,1.

33    Ps 2,7.

34    Jes 42,1.

35    Siehe z. B.: EINHEITSÜBERSETZUNG u. rev. LUTHERBIBEL.

36    Seit den einschlägigen Veröffentlichungen von *J. Jeremias* und *G. Schelbert* sind sich die Fachleute darüber einig, dass Jesus von Gott immer als dem Abba gesprochen hat, wenn es auch – so *G. Theissen* u. *A. Merz* – nicht sicher, aber auch „nicht ausgeschlossen" sei, dass es sich dabei im gesamten palästinensischen Judentum um ein „absolut singuläres Phänomen" handle. – Siehe: *J. Jeremias*, Neutestamentliche Theologie. Erster Teil: Die Verkündigung Jesu, Gütersloh ²1971, darin bes.: Die Gottesanrede Abba (67-73) u. Das neue Beten (180-196); *G. Schelbert*, Sprachgeschichtliches zu „abba", in: *P. Casetti u. a. (Hg.)*, Mélanges Dominique Barthélemy (OBO 38), Fribourg-Göttingen 1981, 395-447; *G. Theissen u. A. Merz*, Der historische Jesus, Göttingen 1996, 459.

37    Siehe v. a.: Gal 4,4-6 u. Röm 8,14f.

38    Jes 61,2.

39    AaO. (Anm. 22) 123.

40    Mt 5,45.

41    Lk 6,35.

42    Q 6,27f.35c-d, in: Die Spruchquelle Q. Studienausgabe Griechisch und Deutsch, hg. u. eingel. v. *P. Hoffmann u. Ch. Heil*, Darmstadt/Leuven 2002, 58/59.

43    Lk 10,9.

44    Ex 3,14.

45    1 Joh 1,5.

46    1 Joh 3,20.

47 1 Joh 4,16b.

48 2 Kor 1,3; Eph 1,3 u. 4,6; Phil 4,20; s. auch 1 Petr 1,3.

49 Unter den einschlägigen Veröffentlichungen des Frankfurter Pastoralpsychologen s. zuletzt: Gottesbilder. Wie sie krank machen – wie sie heilen, Würzburg 2004.

50 „Es hat mir immer sehr fern gelegen zu denken, daß Gottes Barmherzigkeit sich an die Grenzen der sichtbaren Kirche binde. Gott ist die Wahrheit. Wer die Wahrheit sucht, der sucht Gott, ob es ihm klar ist oder nicht." – Selbstbildnis in Briefen II (ESGA Bd. 3), Freiburg-Basel-Wien 2000, 300 (Brief Nr. 542 vom 23. 3. 1938 an Adelgundis Jaegerschmid).

51 *Bruder Roger von Taizé,* Gott kann nur lieben. Aufforderung an die Jugendlichen, Frieden zu stiften durch innere Versöhnung, Publikationsdatum: Taizé 20. 12. 2002; s. auch: *Frère Roger Schutz,* Gott kann nur lieben. Erfahrungen und Begegnungen, Freiburg-Basel-Wien 2002.

52 Siehe u. a.: Die Entdeckung des Christentums. Der alte Glaube und das neue Jahrtausend, Freiburg-Basel-Wien 2000; Einweisung ins Christentum, Düsseldorf 1997; Die Neuentdeckung des Glaubens, Stuttgart 2004; Der obdachlose Gott. Für eine Neubegegnung mit dem Unglauben, Freiburg i. Br. 2005.

53 Die Entdeckung des Christentums (s. Anm. 52), 261.

54 Grundkurs des Glaubens. Einführung in den Begriff des Christentums, Freiburg i. Br. 1976, 277.

55 Gebete des Lebens, Freiburg-Basel-Wien 1984/2004, 53.

56 Der zornige Gott. Die Bedeutung einer anstößigen biblischen Tradition, Darmstadt 2002, 161.

57 Die dunklen Seiten Gottes, 2 Bde., Neukirchen-Vluyn 1995 u. 2000, Bd. 1, 149.

58 *R. Miggelbrink,* Gott will nicht den Tod des Sünders. Warum vom Zorn Gottes zu sprechen ist / Zur Diskussion gestellt – nach der Flut, in: CHRIST IN DER GEGENWART 7/2005 (53-54) 54.

59 Die Ekklesiologie der Konstitution Lumen Gentium, in: *J. Card. Ratzinger,* Weggemeinschaft des Glaubens. Kirche als Communio. Festgabe zum 75. Geburtstag, hg. vom Schülerkreis, Augsburg 2002 (107-131) 108.

60 Vortragsskript; im Internet veröffentlicht unter: www.teresianischer-karmel.de

61 Umkehr zum Leben für alle. Eröffnungsreferat bei der Herbst-Vollversammlung der Deutschen Bischofskonferenz am 20. September 2004; im Internet veröffentlicht unter: www.dbk.de

62 In meinem Buch: Das Vaterunser. Spiritualität aus dem Gebet Jesu, Leipzig ²2003 habe ich mich damit näher auseinanderge-

setzt; s. bes. Kap. 6 u. 7 (88-128) und die dort angegebenen Literaturhinweise.

63  Siehe dazu: *D. Kosch*, Zärtlichkeit und Zorn – Der Gott Jesu, in: *F. Annen (Hg.)*, Gottesbilder. Herausforderung und Geheimnis, Freiburg/Schweiz 2002, 33-61.

64  Mt 5,43-48.

65  Lk 6,36.

66  Mt 5,22ff.

67  Spr 14,1.

68  Jak 3,17.

69  Siehe: Spr 7-9.

70  Wsh, des Öfteren ab Kap. 2.

71  Der Begriff stammt von *W. Burkert*, s.: The Problem of Ritual Killing, in: *G. Hamerlon-Kelly (Hg.)*, Violent Origins, Stanford 1987 (156-188) 163 u. 171.

72  Siehe z. B.: *M. Eliade*, Geschichte der religiösen Ideen, Bd. 2, Freiburg-Basel-Wien 2002, 222-227.

73  Töten und Lieben. Gewalt und Gewaltlosigkeit in Religion und Christentum, München 1994, 57.

74  Ps 94,9.

75  Vgl. dazu u. zum Folgenden: *E. Zenger*, Der Monotheismus Israels. Entstehung – Profil – Relevanz, in: *Th. Söding (Hg.)*, Ist der Glaube Feind der Freiheit? Die neue Debatte um den Monotheismus, Freiburg 2003, 9-52.

76  Ex 3,1 - 4,17.

77  Ist die Bibel richtig übersetzt?, Bd. 1 (s. Anm. 19), 33f.

78  Die Schrift. Aus dem Hebräischen verdeutscht v. *M. Buber u. F. Rosenzweig*, 4 Bde., Stuttgart 1992.

79  AaO. (s. Anm. 77 u. 19) 34.

80  Seit dem 3. Jahrhundert v. Chr. wurde der Gottesname nur noch vom Hohenpriester einmal im Jahr, am Versöhnungstag, im Allerheiligsten des Tempels ausgesprochen.

81  Dogmatische Konstitution über die göttliche Offenbarung (DEI VERBUM), Nr. 12.

82  *A. Luciani (Johannes Paul I.)*, Vaterunser. Gedanken zum Gebet des Herrn, Graz 1995, 11.

83  Joh 15,26.

84  Ebd.

85  Joh 16,13.

86  Eph 1,17.

87  Vgl. Mt 4/Lk 4.

88  Eph 1,17-19.

89  Joh 1,14.

90    1 Kor 1,30.
91    Gebete des Lebens (s. Anm. 55), 53.
92    Vgl. Mk 7,21ff.
93    1 Joh 4,8.16b.
94     Joh 16,13.
95    Mt 5,17.
96    Z. B. Mt 11,15.
97    Leipzig 2004; s. vor allem Kap. 4 u. 5.
98    Joh 6,63.
99    Apg 4,20; 1 Joh 1,3.
100   Röm 10,17.
101   Phil 2,8.
102   Hebr 5,8.
103   In Phil 2,8.
104   In Hebr 5,8.
105   So leider *K. Berger* im Kapitel „Wie denkt Jesus über Gott?" in:
      Jesus, München 2004, 99-149, in dem gewiss berechtigten
      Bemühen, einer „naive(n) Rede von der Liebe Gottes" (99) ent-
      gegen zu treten. – Die Tendenz, Gottesvorstellungen aus den
      unterschiedlichsten Schichten der biblischen Überlieferung
      gleichwertig nebeneinander zu stellen, sehe ich z. B. auch bei
      *W. Groß*, „Ich schaffe Finsternis und Unheil" (Jes 45,7) – Die
      dunkle Seite Gottes, in: *F. Annen (Hg.)*, Gottesbilder (s. Anm.
      63), 62-101, s. die Schlussreflexion, 100.
106   Die Entdeckung des Christentums (s. Anm. 52), 260; Hervor-
      hebung: R. K.
107   Ebd. 83.
108   Gotteskrise. Versuche zur „geistigen Situation der Zeit", in:
      Diagnosen zur Zeit. Düsseldorf 1994 (76-92) 77.
109   Z. B. bei *W. Jäger*, Die Welle ist das Meer. Mystische Spirituali-
      tät, Freiburg-Basel-Wien 2000, bes. 82-85.
110   *G. Hasenhüttl*, Glaube ohne Mythos, Bd 1: Offenbarung – Jesus
      Christus – Gott, Mainz ²2001, 704.
111   „(Der) Charakter der Andeutung, in der der Begriff zum bloßen
      Hindeuten, das Begreifen zum bloßen Ausgreifen nach dem
      Ungreifbaren wird, ließe sich exakt anhand der kirchlichen For-
      meln selbst und ihrer Vorgeschichte darstellen ... (Die) großen
      Grundbegriffe der Trinitätslehre ... gelten nur, indem sie gleich-
      zeitig als unbrauchbar gekennzeichnet sind, um so als armseli-
      ges Gestammel – aber auch nichts mehr – zugelassen zu wer-
      den." – Einführung in das Christentum. Vorlesungen über das
      Apostolische Glaubensbekenntnis, München 1968, 133 (Neu-
      ausgabe: München 2000, 160).

112 Spr 14,1.

113 Apk 2,11 u. a.

114 *A. A. Tomatis*, Der Klang des Lebens. Vorgeburtliche Kommunikation – die Anfänge der seelischen Entwicklung, Reinbek 1990.

115 Ganz Ohr sein, in: KARMEL*impulse* 3/2004, 10f.

116 In: Messlektionar für die Bistümer des deutschen Sprachgebietes, Lesejahr A (11*-40*) 18*.

117 Das Messlektionar vermerkt am Beispiel des Ersten Adventssonntages nach jeder der beiden Lesungen und nach dem Evangelium: „Wo nach der Lesung/dem Evangelium ein Ruf der Gemeinde üblich ist, lautet dieser ...“ – Ebd. 4, 5 u. 9.

118 Die Lehre vom christlichen Vollkommenheitsstreben, Freiburg 1953, 285.

119 U. a. mit seinem Buch: Ignatius von Loyola und das geschichtliche Werden seiner Frömmigkeit, Graz 1947.

120 Zur Form der karmelitanischen Exerzitien s. unter: www.teresianischer-karmel.de

121 Wege zur inneren Stille, in: Die Frau (ESGA Bd. 13), Freiburg-Basel-Wien 2000, 43-45.

122 Wsh 6,12-16.

123 Ebd.

124 Mt 5,17. – Das griechische „plerosai“ meint nicht, wie in deutschen Übersetzungen meist wiedergegeben, „erfüllen“ (im Sinne von: das Gesetz erfüllen), sondern: „voll machen“, „vollzählig machen“, „ergänzen“ – und zwar (in der Form des Aorist) im absoluten Sinne; vgl. Sprachlicher Schlüssel zum Griechischen Neuen Testament, nach d. Ausgabe v. *E. Nestle*, bearb. v. *F. Rienecker*, Giessen-Basel [19]1992, 10.

125 3 Joh 1,15.

126 3 Joh 1,1f.

127 Im Neuen Testament: Tit 1,1; Jak 1,1.

128 Z. B.: Röm 1,1; Gal 1,10.

129 Lk 1,38; 1,48.

130 Hos 11,1: „Als Israel jung war, gewann ich ihn lieb, ich rief meinen Sohn aus Ägypten.“

131 Gal 4,5.

132 Röm 8,14f.

133 Stuttgarter Neues Testament. Einheitsübersetzung mit Kommentar und Erklärungen, Stuttgart 2000, 152.

134 Mt 6,26.

135 Joh 15,12; s. auch: Joh 13,34 u. 15,17; vgl. weiter: Mk 12,31; Mt 19,19; Lk 10,27; Eph 5,2; Kol 3,14 u. ö.

136 Gedanken zum Hohenlied, Prol. 1 (Ges. Werke Bd. 3) 54-127, 55.

- Vollständige Neuübersetzung aller Schriften Teresas v. Ávila, hg., übers. u. eingel. v. *U. Dobhan OCD u. Elisabeth Peeters OCD*, Freiburg-Basel-Wien seit 2001. – Die Teresa-Zitate in diesem Buch sind meistens dieser Neuübersetzung entnommen.

137   Vollständige Neuübersetzung aller Schriften in 5 Bdn., Freiburg-Basel-Wien seit 1995, hg., übers. u. eingel. v. *U. Dobhan OCD, Elisabeth Hense, Elisabeth Peeters OCD*. – Die Johannes-vom-Kreuz-Zitate in diesem Buch sind meistens, jedoch nicht immer, dieser Neuübersetzung entnommen; der Geistliche Gesang B (eine von Johannes v. Kreuz überarbeitete Zweitfassung) liegt in deutscher Übertragung vor in: *Johannes vom Kreuz*, Das Lied der Liebe, übertr. v. *I. Behn*, Einsiedeln 1963 (21979).

138   Die Urkraft des Heiligen. Christlicher Glaube im 21. Jahrhundert, Stuttgart-Zürich 2003, 393.

139   Geistl. Gesang B (s. Anm. 137) Str. 4.

140   Aufstieg auf den Berg Karmel (Ges. Werke, Bd. 4; s. Anm. 137) II 5,3.

141   Geistl. Gesang B (s. Anm. 137) 38,4.

142   Röm 8,22.

143   Vgl.: Vier Anweisungen für einen Ordensmann, 3, in: Worte von Licht und Liebe (Ges. Werke, Bd. 4; s. Anm. 137) 165f.

144   Geistl. Gesang B (s. Anm. 137) Str. 5.

145   Dunkle Nacht (Ges. Werke, Bd. 1; s. Anm 137) Str. 3-5.

146   Ansprache im Institut für Spiritualität TERESIANUM, Rom, am 22. April 1979.

147   Geistl. Gesang B (s. Anm. 137) 20/21,14.

148   Lk 17,21.

149   Apg 4,32.

150   Weg der Vollkommenheit (Ges. Werke Bd. 2; s. Anm. 136) 26,5.

151   Mit sich selbst befreundet sein. Von der Lebenskunst im Umgang mit sich selbst, Frankfurt/M. 2004, 15.

152   Ebd. 112f; vgl. Mk 12,31 u. par.; Lev 19,18.

153   *J. Kard. Ratzinger*, Das Salz der Erde. Christentum und katholische Kirche an der Jahrtausendwende. Ein Gespräch mit *P. Seewald*, München 1996, 302.

154   Gal 3,26-28.

155   Siehe: De Triplici Via / Über den dreifachen Weg, lat. – dt., übers. u. eingel. v. *M. Schlosser*, Freiburg-Basel-Wien 1993 (Reihe: FONTES CHRISTIANI I/14).

156   Vor allem in: Aufstieg auf den Berg Karmel u. Die Dunkle Nacht (s. Anm. 137).

157   Joh 16,13.

158   Joh 15,2.

159  So *R. Schnackenburg*, Das Johannesevangelium, III. Teil, Frei-
     burg 1975, 214ff; später z. B. auch *B. Schwank*, Evangelium
     nach Johannes, St. Ottilien 1996, 414ff.
160  AaO. (s. Anm. 159) 217.
161  Brief 122, in: *Elisabeth v. Dijon*, Licht, das mich führt. Geistliche
     Botschaft, Freiburg-Basel-Wien 1986, 26.
162  Das Neue Testament. Übers. v. *F. Stier*, aus dem Nachlass hg. v.
     *E. Beck, G. Miller u. E. Schwarz*, München 1989.
163  S. th. II II q. 83 a. 3.: „Oratio est proprie religionis actus."
164  Aufstieg auf den Berg Karmel (Ges. Werke, Bd. 4; s. Anm. 137)
     II 5,3.
165  Lebendige Liebesflamme (Ges. Werke, Bd. 5; s. Anm. 137) 4,3-6.
166  Ich gehe ins Leben ein. Letzte Gespräche der Heiligen von
     Lisieux, Leutesdorf 1979, 93 (Aufzeichnung vom 11. 7. 1897).
167  Zur Bedeutung und zur Begriffsgeschichte des „Inneren
     Betens" s. mein Büchlein: Was ist inneres Beten?, Münster-
     schwarzach, 2., überarb. u. aktualisierte Aufl. 2002 (MKS 116).
168  Das Buch meines Lebens (Ges. Werke, Bd. 1; s. Anm. 136) 8,5.
169  Apg 17,28.
170  Buch der Klosterstiftungen (Ges. Werke, Bd. 4; s. Anm. 136) 5,13.
171  Ausrufe der Seele zu Gott (Ges. Werke, Bd. 3; s. Anm. 136) 2,1.
172  Zt. nach: *E. Hug u. A. Rotzetter OFMCap*, Franziskus und Klara.
     Bilder einer Freundschaft, in: CHRISTLICHE INNERLICHKEIT 3+4/
     1989 (168-178) 173.
173  AaO. (s. Anm. 159) 231.
174  Predigt beim Kreuzfest in Bad Schwalbach am 19. 9. 2004, zt.
     nach: MAIN-RHEINER vom 20. 9. 2004.
175  In einem Bericht des RHEINISCHEN MERKUR vom 17. 02. 2005 über
     eine Tagung der Katholischen Akademie Schwerte zum Thema
     „Aus Leidenschaft für Gott – unsere Welt braucht Priester" heißt
     es: „Jahr für Jahr sinkt in Deutschland die Zahl derer, die sich
     zum Priester weihen lassen. Seit 1989 hat sich die Zahl der neu
     aufgenommenen Priesterkandidaten halbiert. ... Und auch in der
     evangelischen Kirche gibt es ähnliche Entwicklungen, wenn sie
     auch andere Ursachen haben. Die Zahl der Theologiestudenten,
     die sich für den Pfarrerberuf entscheiden, ist immens zurückge-
     gangen. Pfarrer zu werden ist kein attraktives Ziel mehr."
176  Jes 29,13.
177  Mk 7,6; Mt 15,8.
178  1 Kor 12,12ff; vgl. Eph 4,15f.
179  Geistlicher Gesang B (s. Anm 137) 29,3.
180  Zt. nach: *J. Bours*, Nehmt Gottes Melodie in euch auf, Freiburg-
     Basel-Wien 1985, 96.

181  Die Ekklesiologie der Konstitution Lumen Gentium (s. Anm. 59), 110.

182  Siehe dazu auch die Anregungen in meinem Aufsatz „Hirten-spiritualität. Alte Erfahrungen für eine neue Zeit", in: *R. Körner*, „Liebst du mich?" Impulse für eine Not-wendende Hirtenspiri-tualität, Leipzig ²1997, 15-45.

183  Mt 13,4-9.

184  Mk 2,22.

185  *H. Strack u. P. Billerbeck*, Kommentar zum Neuen Testament, aus Talmud und Midrasch (4 Bde.), München 1922ff, Bd. I, 667.

186  *F. N. Hepper*, Pflanzenwelt der Bibel, Stuttgart 1992, 88.

187  Ebd.

188  Matthäus-Kommentar, Bd. 2, Düsseldorf 1997, 176.

189  Das Matthäusevangelium, 1. Teil, Freiburg i. Br. 1986 (Neuaufl. 2000), 489, Anm. 2.

190  Siehe dazu zusammenfassend: *H.-J. Klauck*, Art.: Allegorese, in: Neues Bibel-Lexikon (s. Anm. 16), 75-77.

191  Allegorese (= etwas anderes sagen, als gemeint ist) ist die Über-tragung eines Textes (in diesem Fall einer Gleichnis-Erzählung) in allen einzelnen Teil-Elementen auf einen anderen Sachverhalt.

192  Mk 4,3-9 (das Gleichnis) u. 4,14-20 (die Deutung).

193  Mt 13,3-9 (Gleichnis) u. 13,18-23 (Deutung).

194  Fußnote zu Mk 4,1-34. – Heute steht unter den Fachexegeten nicht mehr die sekundäre Deutung, sondern, wenn überhaupt, die jesuanische Herkunft des Gleichnisses selbst in Frage; so zusammenfassend z. B. *L. Schenke*, Die Botschaft vom kommen-den „Reich Gottes", in: *ders. u. a.*, Jesus von Nazaret – Spuren und Konturen, Stuttgart 2004, 122.

195  EvTh 57. – Text des Thomas-Evangeliums s. z. B. in: *K. Ceming/ J. Werlitz*, Die verbotenen Evangelien. Apokryphe Schriften, Wiesbaden 2004, 126-150.

196  Die Jesusgeschichte des Matthäus, Neukirchen-Vluyn 1993, 105.

197  Mk 4,14.

198  Mt 13,19.

199  1 Joh 4,1.

200  „Zeit zur Aussaat". Missionarisch Kirche sein (Die deutschen Bischöfe 68), hg. v. *Sekretariat der Deutschen Bischofskonferenz*, Bonn, 26. Nov. 2000.

201  Gemeinsam zum Glauben einladen. Aufbruch zu einer missio-narischen Ökumene (Texte aus der Ökumenischen Centrale 3), hg. v. der *Arbeitsgemeinschaft Christlicher Kirchen in Deutsch-land*, Frankfurt a. M. 1999.

202  Reden von Gott in der Welt: Der missionarische Auftrag der Kirche an der Schwelle zum 3. Jahrtausend, hg. v. *Kirchenamt der Evangelischen Kirche in Deutschland*, Frankfurt a. M. 2001.

203  Der missionarische Auftrag der Kirche. Gemeinsamer Hirtenbrief der deutschen Bischöfe anlässlich des Bonifatius-Jubiläums, 24. Sept. 2004; im Internet unter: www.dbk.de

204  *M. Sellmann (Hg.)*, Deutschland – Missionsland. Zur Überwindung eines pastoralen Tabus, Freiburg-Basel-Wien 2004: Einführung, 11.

205  Hier nach Mk 4,3-9.

206  Mk 4,26-29.

207  Zeit zur Aussaat (s. Anm. 200), 14.

208  Ebd. 11.

209  Ebd. 13.

210  Ebd. 12.

211  Reden von Gott in der Welt (s. Anm. 202), 34.

212  *Hans Urs von Balthasar* datierte den Beginn der „Diastase von Theologie und Spiritualität" bis in das 14. Jahrhundert zurück; s. *ders.*, Einfaltungen. Auf Wegen christlicher Einung, Leipzig 1969, 13. – *Josef Sudbrack SJ* sieht den „Ehebruch zwischen Theologie und Spiritualität" (F. Vandenbroucke) bereits „im 12./13. Jahrhundert ... mit dem Aristotelismus offenkundig" werden; s. *ders.*, Im Angesicht des Absoluten. Hinführung zur Mitte christlicher Spiritualität, Würzburg 2004, 7.

213  Die dunkle Nacht – Weg in die Freiheit. Johannes vom Kreuz und sein Denken, Salzburg 1986, 47f.

214  Predigt 16, in: *Meister Eckhart*, Deutsche Predigten und Traktate, hg. u. übers. v. *J. Quint*, München 1979 (225-228) 227.

215  Den Glauben verantworten. Eine Fundamentaltheologie, Freiburg-Basel-Wien 2000, 102.

216  Aufstieg auf den Berg Karmel (Ges. Werke, Bd. 4; s. Anm. 137) III 43, 2.

217  Etwas ausführlicher habe ich darüber geschrieben in: Liebst du mich? Impulse für eine Not-wendende Hirtenspiritualität, Leipzig 1994 (²1997), Kapitel: Gott-Vergessenheit. „Kryptogame Häresien" im geistlichen Leben (46-60) und in: „Wenn der Mensch Gott sucht ...". Glaubensorientierung an der Berg-Karmel-Skizze des hl. Johannes vom Kreuz, Leipzig 2001, vor allem Kap. 5: Die Irr-Wege (54-71).

218  Gottesvergiftung, Frankfurt 1976, 12.

219  Siehe dazu das sehr informative Heftchen des Kath. Bibelwerkes Stuttgart: *F. Porsch u. A. Hecht*, Durch seinen TOD erlöst? Der Sühnetod Christi, 2004, mit Angabe der wichtigsten theolo-

gischen Literatur zu dieser Thematik. Siehe auch: *E Biser*, Die
Entdeckung des Christentums (s. Anm. 52), 256-266.

220 Notwendige Abschiede. Auf dem Weg zu einem glaubwürdigen
Christentum, Gütersloh 2004 (bes. 69-341), 69.

221 1 Joh 4,8.

222 Röm 8,15.

223 Dokumentiert in MEMO 11/2004 (Ökumenischer Manu-
skriptdienst für religiöse Sendungen im ORF): „Jetzt lasst mal
Luft in die Kirche!", 33-37; gesendet am 2. Oktober 2004 (Ö1).

224 AaO. (s. Anm. 200) 16.

225 Ebd. 35-42, 41.

226 Wer missioniert denn uns? Die Mission durch neureligiöse
Gruppierungen und die christliche Identität, in: *M. Sellmann
(Hg.)*, Deutschland – Missionsland (s. Anm. 204), 183.

227 Dtn 5 im 8. – 6. Jh. und Ex 20 um 400 v. Chr.; eine gut lesbare
Zusammenfassung des Forschungsstandes über Herkunft und
Deutungsgeschichte der Zehn Gebote s. in: WELT UND UMWELT
DER BIBEL, Heft 17, 3/2000, hg. v. *Kath. Bibelwerk Stuttgart.*

228 Vgl. ebd. 13, im Beitrag von *L. Schwienhorst-Schönberger*, Die
Zehn Gebote – Der Freiheit eine Form geben, 9-14. – Zum
gründlicheren Verständnis der geistigen Bedeutung der fünf
Finger, die den Menschen der Antike wohl noch vertraut war, s.
*E. Finke*, Die Wiederentdeckung der sozialen Intelligenz. Balan-
ce der Interessen in einer zukunftsfähigen Gesellschaft, Stutt-
gart 1997, u.: *ders.*, Gesang gegen die herrschende Meinung.
Das Vaterunser – ein Fingerreim, Stuttgart 2000.

229 Ex 34,28; Dtn 4,13 u. 10,4.

230 *Ch. Frevel*, Gottes Grundgesetz, in: WELT UND UMWELT DER BIBEL
(s. Anm. 227), 17-23, 23.

231 Mk 1,15.

232 Sprachlicher Schlüssel zum Griechischen Neuen Testament (s.
Anm. 124), 84 (zu Mk 1,15).